"十三五"职业教育新能源发电工程类专业系列教材

全国电力职业教育教学指导委员会新能源发电专业委员会推荐

风力发电设备原理

主　编　李　昆

副主编　周德平　黄鹏飞　陈　楠

参　编　李向菊　郭小进　王育玲

主　审　郑　宁

中国电力出版社

CHINA ELECTRIC POWER PRESS

内 容 提 要

全书共分九个项目，主要内容包括风力发电设备概述、机组基础及塔架、风轮及叶片、主传动系统及设备、液压传动系统及设备、偏航系统及设备、制动系统及设备、发电系统及设备、控制与安全系统及设备。并附有风力发电运维行业标准、叶片冬季除冰防冻和风力发电机组故障的典型案例。

本书可作为高职高专院校新能源发电工程（风力发电）专业、机电一体化技术（新能源方向）和电气自动化技术（新能源方向）的教材使用，同时也可作为企业技术类培训参考教材。

图书在版编目（CIP）数据

风力发电设备原理/李昆主编 . —北京：中国电力出版社，2019.3（2024.9 重印）
"十三五"职业教育新能源发电工程类专业规划教材
ISBN 978-7-5198-1553-0

Ⅰ.①风…　Ⅱ.①李…　Ⅲ.①风力发电－发电设备－职业教育－教材　Ⅳ.①TM621.3

中国版本图书馆 CIP 数据核字（2017）第 307930 号

出版发行：中国电力出版社
地　　址：北京市东城区北京站西街 19 号（邮政编码 100005）
网　　址：http://www.cepp.sgcc.com.cn
责任编辑：李　莉　（010-63412538）
责任校对：黄　蓓　朱丽芳
装帧设计：左　铭
责任印制：钱兴根

印　　刷：北京九州迅驰传媒文化有限公司
版　　次：2019 年 3 月第一版
印　　次：2024 年 9 月北京第二次印刷
开　　本：787 毫米×1092 毫米　16 开本
印　　张：14.5
字　　数：356 千字
定　　价：45.00 元

前　言

2016年第一季度，国际权威机构预测世界风电今后十年仍将继续保持强劲增长势头。中国新增风电装机并网容量在2016年到2025年期间将达到惊人的2.6亿kW，占全球新增风电装机并网容量的43％。随着风电利好政策的发布以及电网投资的推进，新增并网容量将在2016年以后稳中有升，中国2018年风电累计并网装机容量达到1.84亿kW。

进入"十三五"时期，我国风电市场增速开始趋缓，随之伴生的风电运维产业，成为风电行业新的发展焦点。一般来说，风电整机的质保期约2～5年。即使按照最长的五年质保期计算，到目前已经有大量风电机组不在质保期内，这给风电运维带来了发展机会。风机的维修费用相当昂贵，在出质保后，必须要依赖运维企业来降低故障回收成本。据预计，如果风电装机容量在2020年达到2亿kW，风电运维市场规模至少千亿起步。由此可见，风电运维的市场潜力之大。同时，风电行业内从制造商到运营方相关技术人才极为紧缺，需要培养大量对风力发电机组原理、结构及设备熟悉，具备风电机组运行维护能力的高素质技能人才，这也是本书的编写目的所在。

本书依托电力行业并充分展示校企合作的成果，充分体现高等职业教育新能源发电工程类专业课程改革成果，凝结了湖北省"十二五规划课题"新能源专业改革建设研究的成果。教材内容设计围绕风力发电设备的原理及其装调、运行与维护所需要掌握的知识技能点进行编写。内容编排上以适用为度，尽可能地避免出现过多的纯理论和计算推导环节，贴合我国新能源发展实际并遵循职业教育人才培养的认知特点和学习习惯；充分考虑使用者的多样性、实用性，通过大量引入相关案例，选用最新数据，对风力发电机组尤其是中大型水平轴风力发电机组设备进行介绍。教材资源建设上，采取校际协同、校企合作、合力共建的方式，不断汇集前沿的教育资源、技术资源，建设较为完整的数字资源，指导教师在教学过程中逐步增加生产案例教学比重，推动综合职业能力培养和技术技能训练相结合。教材在作为高职高专院校新能源发电与风力发电专业的教学用书的同时，也可作为企业培训技术类培训参考教材，以及企业专业技术人员的参考工具书。

本书由李昆、周德平、陈楠、黄鹏飞等共同编写，由天津中德应用技术大学郑宁教授担任主审。教材中选用的数据、图片、案例大量采用国内近年风电行业现场典型素材和案例，教材的编写过程中得到了国网省电力技术培训中心（武汉电力职业技术学院）、北京电子科技职业学院、华润新能源湖北分公司、天津中德应用技术大学（原中德职业技术学院）、湖北能源集团股份有限公司、电力行指委"新能源发电技术企业生产实际教学案例库"项目组等多位领导、专家和老师的支持与帮助，他们为本教材的编写提供了大量宝贵的经验和资料，在此表示由衷的感谢。

本书的数字资源结合了风力发电虚拟实训系统，按照本书的体系进行构建，主要内容包括三维动画、工程案例库、相关规程和规范等内容，结合风力发电企业生产实际案例，相关资源会随信息技术发展和产业升级情况及时做出动态更新。

由于作者水平有限，书中不妥之处在所难免，恳请读者批评指正。

编　者

2019 年 3 月

目　　录

项目1 风力发电设备概述

任务1 风力发电行业的发展现状

学习背景

随着全球传统的化石能源枯竭、供应紧张、气候变化形势日益严峻，世界各国都认识到了节能减排对人类生存的重要意义，对可再生能源尤其是对风电发展的重视程度也越来越高，世界风电产业得到迅速发展。自1996年以后，全球风电装机年均增长率一直保持在25％以上，随着近十来年的高速发展，风能已经成为世界上增长最快也是最具有潜力的清洁能源。本任务将就近些年风力发电装机容量、技术进步、装备制造、经济性和行业发展趋势等方面对风力发电行业发展进行介绍。

学习目标

1. 了解近年来风力发电的发展状况。

2. 掌握风电装机容量、风电技术进步、风电装备产业、风电经济性等方面的风电发展动态。

3. 了解风电行业发展主要趋势。

一、风电行业发展概述

1891年，世界上第一座风力发电站在丹麦建成，标志着人类对风能的利用进入高级阶段。此后，美国、德国、丹麦、苏联、法国等国家均开展了风电研发和应用，但总体进展缓慢。自20世纪七八十年代，全球发生两次严重的石油危机以来，在常规化石能源供应紧缺和全球生态环境恶化的双重压力下，风电利用逐步受到世界各国的重视。

中国的可再生能源事业发展迅猛。我国2015年风电并网装机超过1亿kW，居全球首位，累计装机占全球25.9％，而这一数字在2005年才仅为2.0％。2015年至今，以中国为首的亚洲仍然是风电增长的主动力地区。

风电的迅速发展主要归因于我国环境问题严重，能源迫切转型的需求。从国家能源局获悉，"十二五"期间，我国清洁能源快速发展，水电、核电、风电、太阳能发电装机规模分别增长1.4倍、2.6倍、4倍和168倍，带动非化石能源消费比重提高了2.6个百分点。我国人均用能和人均用电分别提高了15.7％和29％，居民用气人口提高了1.8倍。而风电在新能源利用中相对成熟，这使得我国风电发展还有巨大空间。

可以说，风电的迅速发展不仅向中国各地输送了绿色清洁能源，同时也催生了中国风电产业链的繁荣发展。

根据《中国风电发展路线图2050》，总体来看，我国并网风电发展分为四个阶段，见表1-1。

表 1 - 1　　　　　　　　　　　　　我国并网风电发展的四个阶段

时间	内容
早期示范阶段 (1986—1993 年)	此阶段主要是利用国外赠款和贷款,建设小型示范性质的风电场,政府的扶持主要在资金方面,如投资风电场项目以及支持风电机组的研制
产业化探索阶段 (1994—2003 年)	此阶段开始首次探索建立了强制性收购、还本付息电价和成本分摊制度鼓励风电的发展,由于投资者利益得到了保障,贷款发展风电场开始在我国发展,但随着 1988 年电力体制向市场竞争方向改革,政策变得不明朗,风电的发展又趋于缓慢
产业发展阶段 (2003—2007 年)	此阶段主要是通过实施风电特许权招标项目确定风电场投资商、开发商和上网电价。通过施行《中华人民共和国可再生能源法》及其细则,建立了稳定的费用分摊制度,从而迅速提高了风电开发规模和本土风电装备制造能力
大规模发展阶段 (2008 年至今)	在特许权招标的基础上,国家颁布修订了陆地风电上网标杆电价政策;在风能源初步详查基础上,提出建设 8 个千万千瓦风电基地,启动建设海上风电示范项目。根据规模化发展需要,修订了《中华人民共和国可再生能源法》,要求制定实施可再生能源发电全额保障性收购制度,以应对大规模风电上网和市场消纳的挑战

二、风电装机容量的发展

1. 世界风电装机容量的增长情况

21 世纪初,欧洲和北美洲是全球风电发展最快的地区,近年来亚洲风电快速崛起,逐渐成为全球风电的主要市场。2006 年后,我国风电装机呈现爆发式增长。

2013 年,世界风电装机容量为 3.2 亿 kW,约占发电总装机容量的 5.6%;风电发电量约 6400 亿 kWh,约占总发电量的 2.9%。1996~2013 年,世界风电装机容量和发电量均增长了 52 倍,年均增长 25.0%。2001~2017 年世界风电装机容量如图 1 - 1 所示。

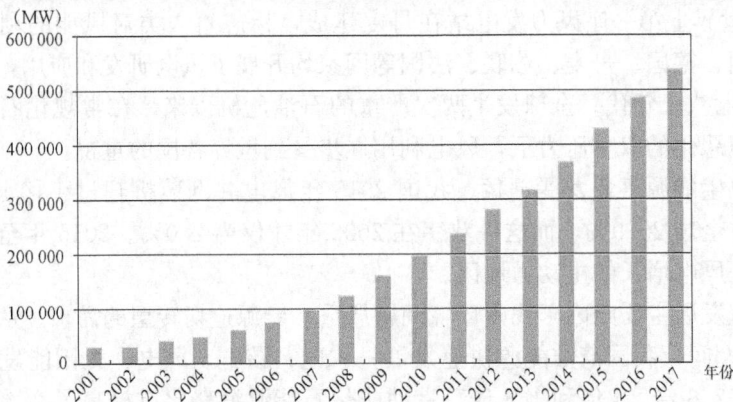

图 1 - 1　2001~2017 年世界风电装机容量一览

截至 2018 年年底,根据世界风能协会(WWEA)的最新初步数据统计,全球风电产业新增装机 53.9GW,相比 2017 年(52.55GW)有微弱增长。其中,中国风电新增装机容量达 25.9GW。到 2018 年年底,全球风电累计装机容量首次突破 600GW 大关,所发电量占全球电力需求的 6%。

全球风电累计装机容量居前十位的国家中,中国排名第一,成为首个风电装机容量突破

200GW 的国家，第二名美国的风电装机容量刚刚突破 100GW，排在之后的是德国、印度、英国、巴西和法国。2017 年全球风电新增及累计装机容量的基本情况如图 1-2 所示。

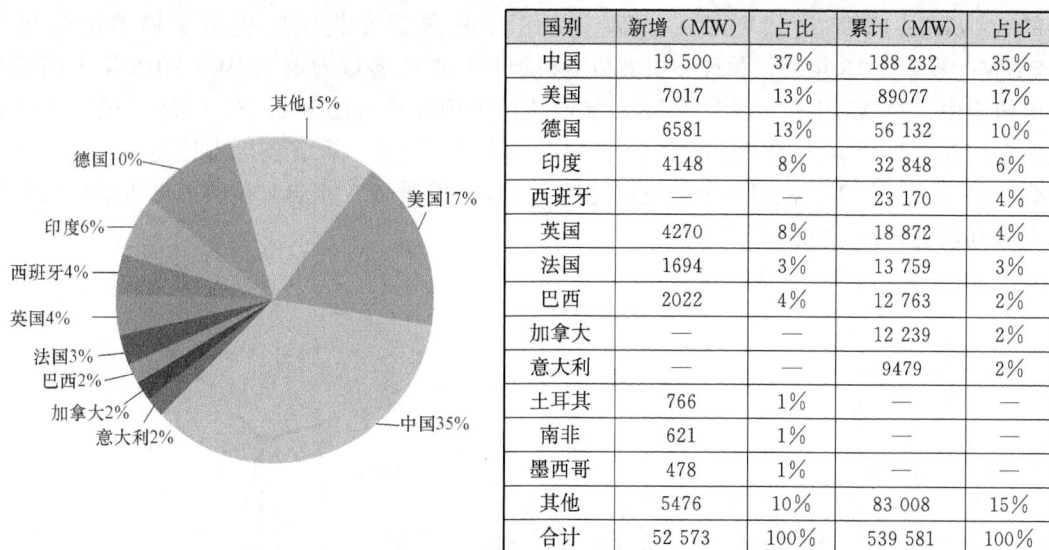

国别	新增（MW）	占比	累计（MW）	占比
中国	19 500	37%	188 232	35%
美国	7017	13%	89077	17%
德国	6581	13%	56 132	10%
印度	4148	8%	32 848	6%
西班牙	—	—	23 170	4%
英国	4270	8%	18 872	4%
法国	1694	3%	13 759	3%
巴西	2022	4%	12 763	2%
加拿大	—	—	12 239	2%
意大利	—	—	9479	2%
土耳其	766	1%	—	—
南非	621	1%	—	—
墨西哥	478	1%	—	—
其他	5476	10%	83 008	15%
合计	52 573	100%	539 581	100%

图 1-2 2017 年各国风电新增及累计装机容量占比情况

值得一提的是我国风电尽管累计装机容量稳居世界第一，但是占全国发电总量的比例很小。全球已有 103 个国家和地区在开发和利用风电，特别是一些欧美国家风电已经占到较高比例。风电已成为丹麦和西班牙的最大电源，风电占用电量的比重分别达到 34%、21%，在葡萄牙、爱尔兰、德国，风电占总用电量的比重也分别达到 20%、16%、9%。

2. 我国风电装机容量的增长情况

"十三五"期间，我国风电产业将逐步实行配额制与绿色证书政策，并发布了国家五年风电发展的方向和基本目标，明确了风电发展规模将进入持续稳定的发展模式。

2017 年我国风电新增并网装机容量占全部电力新增并网装机容量的比例为 14.6%，累计并网装机容量占全部发电装机容量的比例为 9.2%。风电新增装机容量占比近几年均维持 14% 以上，累计装机容量占比则呈现稳步提升的态势。

发电量方面，2016 年全国风电发电量 2410 亿 kWh，占全部发电量的 4.1%，2017 年全国风电发电量 3057 亿 kWh，占全部发电量的 4.8%，发电量逐步增加，市场份额不断提升，风电已成为继煤电、水电之后我国第三大电源。

风电"十三五"规划要求，加快中东部和南方地区陆上风能资源的规模化开发，到 2020 年，新增风电并网装机容量 42GW，累计并网容量达到 70GW，较"十二五"期间同比增长 150%。截至 2017 年，"三北"地区风电累计装机容量占全国比例达 66.56%。

三、风电技术水平的发展

风力发电技术主要包括风能资源评估与预测、风电装备制造技术、风电机组测试、并网技术等，其中风电装备制造技术最为核心，其发展与突破是实现风电大规模商业化开发的关键。近 20 年来，世界主要风机制造商加大了技术攻关力度，风电装备制造技术日趋成熟，风能利用效率、技术水平、系统友好性等持续提升。

（1）风电机组单机容量持续增大，提高了风能利用效率，降低了单位成本，扩大了风电场规模效应，减少了风电场占地面积。20 世纪 80 年代生产的风电机组单机容量仅为 20～60kW。近年来，世界风电市场中风电机组的单机容量持续增大，世界主流机型已经从 2000 年的 500kW～1MW 增加到 2～3MW。2018 年我国新安装风电机组平均单机容量为 2.2MW；截至 2018 年底，累计装机的风电机组平均单机容量为 1.7MW。2018 年中国新增风电机组中，2MW 以下（不含 2MW）新增装机市场容量占比为 4.2%，2MW 风电机组装机占全国新增装机容量的 50.6%，2～3MW（不含 3MW）新增装机占比达 31.9%，3～4MW（不包括 4MW）机组新增装机占比达 7.1%。根据 IEA 报告，世界风电机组单机容量和轮毂高度变化情况如图 1-3 所示。

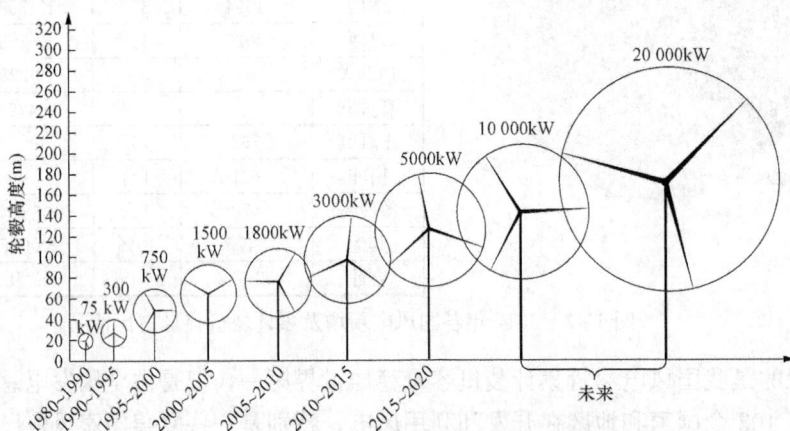

图 1-3　世界风电机组单机容量和轮毂高度变化情况

在市场需求和竞争的推动下，中国风电设备制造业技术升级和国际化进程也日益加快。2018 年，我国向海外出口风电机组 131 台，容量为 376MW。

2010 年 8 月，上海东海大桥 10.2 万 kW 海上风电示范项目风电场全部风电机组完成 240h 预验收考核，为我国第一座海上风电场；2011 年 12 月，国电龙源江苏如东 15 万 kW 海上示范风电场一期工程正式投产发电；2014 年 5 月，上海临港海上风电场一期 10 万 kW 项目获得上海市政府核准，2018 年 5 月 8 日举行开工仪式，建设周期约 1 年，预计年上网电量 26 720 万 kWh。

（2）变桨距功率调节技术取得重大进展，进一步提升了风电机组的平稳性、安全性和高效性。采用变桨距功率调节技术后，叶片安装角可以根据风速的随机变化而改变，气流攻角在风速变化时可以保持在一个合理范围内，特别是在风速大于额定风速条件下，仍可保持输出功率平稳。变桨距功率调节方式近年来在风电机组特别是大型机组上得到了广泛应用。结合变桨距功率调节技术的应用以及电力电子技术，多数风机制造商开始使用变速恒频技术，并开发出了变桨变速风电机组，使风电机组的转速可以随风速变化而变化，进一步提高了风电机组的效率。目前，全球所安装的风电机组 90% 以上采用了变速恒频技术，而且比例还在逐渐上升。

（3）系统友好型风电场技术快速发展，风电的可控性、可调节性日益增强，与常规电源、电网的协调性逐步提升。

风能资源具有高度的随机波动性和间歇性，大规模风电接入会对电力平衡、电网安全、电能质量等带来诸多严峻挑战。传统风电场更多关注风电机组的发电功能，忽视了风电机组和风电场内其他电气设备的协调以及风电机组和风电场满足电网安全稳定运行所要求的并网特性,严重影响了资源的充分利用和电网的安全运行。

现代风电场的设计和控制技术能够使风电场具备与常规发电厂类似的特性,最大限度地满足发电性能和电网安全稳定运行两方面的要求。系统友好型风电场一般具备三个特征:风电场拥有风功率预测系统,具备短期和超短期功率预测能力,满足调度运行需要;风机具有有功无功调节和低电压穿越能力,确保电网发生波动时风机不解列;集中优化配置有功功率和无功功率控制系统,实现风机的远程调节控制。

四、风电装备产业的发展

随着风电市场需求的不断增长,风电装备制造业快速发展,我国企业更是进步神速。

2013 年底,全球风机整机制造年产能约 5500 万 kW,风机制造商主要集中在中国、美国、德国、丹麦、西班牙等国家,中国风机整机年产能约占全球总产能的 50%。2013 年全球排名前十位的风机制造商中,中国和德国各 3 个,美国 1 个,丹麦 1 个,西班牙 1 个,印度 1 个。

到 2015 年,我国的风电企业金风科技凭借 7.8GW 的全球新增装机,跃居全球最大风电整机制造商;丹麦的维斯塔斯(Vestas)位列第二位,其装机容量达到 7.3GW;美国通用电气(GE)新增装机容量为 5.9GW,排名全球第三,其中 62% 的新增装机容量来自于美国本土市场;西门子(Siemens)全球新增总装机容量共计 5.7GW,位列第四,其中西门子海上风电新增装机容量达 2.6GW,凭借海上风电的独特优势,领跑全球海上风电市场;西班牙歌美飒(Gamesa)和德国安耐康(Enercon)分列第五和第六位,新增总装机容量分别为 3.1GW 和 3.0GW。

近年国外风电市场的并购不断,市场集中度进一步提升:①2015 年 9 月,通用电气(GE)以 123.5 亿欧元收购阿尔斯通电力及电网业务;②2016 年 6 月,西门子(Siemens)收购歌美飒(Gamesa);③2016 年 4 月,恩德(Nordex)以 7.85 亿欧元收购安迅能(Acciona)风能业务;④2016 年 9 月,西门子(Siemens)以 6000 万欧元收购 Adwen;⑤2016 年 8 月,Senvion 并购 Kenersys。

2018 年,全球陆上风电产业前四大整机制造商维斯塔斯(丹麦)、金风科技、通用电气(美国)、西门子歌美飒(西班牙)囊括全球 57% 的新增陆上风电市场。前 10 大全球整机制造商中,中国制造商囊括一半席位,具体情况见表 1-2。其中:维斯塔斯 2018 年陆上风机新增装机容量高达 10.09GW,以 22% 的全球陆上风电新增市场份额遥遥领先。2018 年维斯塔斯于全球 32 个国家实现新增装机,其中美国为其最大的市场。

金风科技为 2018 年全球第二大陆上风电整机制造商,其 2018 年全球陆上风电市场份额为 15%。2018 年金风科技实现智利、巴基斯坦等国的风机出口。

通用电气 GE 以 4.96GW 的新增装机容量成为第三大陆上风电整机制造商,西门子歌美飒位列第四,其 2018 年新增装机容量为 4.08GW。相较于其他整机制造商,西门子歌美飒的陆上风电市场分布最为均衡。美国、印度分别为其最大的两个市场。

远景能源——中国第二大整机制造商远景能源以 3.28GW 的陆上风电装机容量首次跻身全球前五大整机制造商行列,其 2018 年全球陆上风电市场占比为 7%。

除此之外,安耐康(Enercon)、明阳智慧能源、恩德(Nordex)、国电联合动力及运达风电分列全球第六至第十大陆上风电整机制造商。

表 1 - 2　　　　　　　　　2018 年全球前十大陆上风电整机制造商新增装机容量

排名	制造商	国家	全球新增装机容量（GW）
1	维斯塔斯（Vestas）	丹麦	10.09
2	金风科技（Goldwind）	中国	6.66
3	通用电气（GE）	美国	4.96
4	西门子歌美飒（Siemens Gamesa）	西班牙	4.08
5	远景能源（Envision）	中国	3.28
6	安耐康（Enercon）	德国	2.53
7	明阳智能	中国	2.44
8	恩德（Nordex）	德国	2.43
9	国电联合动力	中国	1.29
10	运达风电（Windey）	中国	0.94

2018 年，中国风电市场有新增装机记录的整机制造企业共 22 家，新增装机容量 2114 万 kW。其中，金风科技新增装机容量达到 671 万 kW，市场份额达到 31.7%；其次为远景能源、明阳智能、联合动力和上海电气，前五家市场份额合计达到 75%。

五、风电经济的发展

经济性取决于风力发电成本，主要影响因素包括投资成本、运行维护成本、风能资源条件、电网消纳能力等。风电机组是风电系统中最主要的部分，成本约占风电场建设投资的 70%。风机成本下降一方面依赖于规模化程度，另一方面依赖于技术进步。过去 10 年，风电成本下降主要得益于规模化发展，未来则更多地要依靠技术创新和突破。

近年来，风电装备市场竞争激烈，风机价格总体呈下降趋势。随着风电市场需求的快速增长和风电装备制造产能的大幅扩张，特别是 2008 年国际金融危机之后，风机市场价格大幅下降。2008～2010 年中国风电机组整机价格累计下降 37%。近两三年来，全球风电市场经过重组整合，产能无序扩张势头得到遏制，市场竞争回归理性，风机价格下降趋势放缓。风电成本和每千瓦投资降低的趋势见表 1 - 3。

表 1 - 3　　　　　　　　　风电成本和每千瓦投资降低趋势

年份	2000	2010	2030	2050
风电成本［元/（kWh）］	0.47	0.32	0.22	0.20
每千瓦投资（元/kW）	8000～10 000	5500～6900	3600～4550	3100～3900

总体来看，世界风电成本呈逐年下降趋势。1980～2005 年，世界风力发电的成本降幅超过 90%。预计到 2020 年，陆上风机的总体造价还可以下降 20%～25%，海上风电的造价可以降低 40% 以上，发电成本也会同步下降。随着风电技术进步和开发规模扩大，风电成本有望接近甚至低于传统化石能源发电成本，具备较强的市场竞争力。

六、各国风电发展现状

为应对气候变化、优化能源结构、培育战略性新兴产业，各国纷纷出台推动风电发展的激励政策，逐步扩大风电市场规模。世界风电已经进入大规模发展阶段，一些国家和地区发布了风电规划目标，风电将呈加速发展趋势。

1. 美国

美国主要通过生产税抵免政策和可再生能源配额制等政策鼓励风电发展。生产税抵免政策相当于为风电项目提供度电补贴，而各联邦州实行的可再生能源配额制则以法律形式规定了可再生能源发电占电力消费量必须达到一定比重。2008年，美国能源部开展了《20%风能目标可行性研究》，认为2030年美国风电占总消费电量20%是切实可行的。

2. 欧洲

欧洲各国主要通过提供度电补贴的方式鼓励风电发展。其中一种形式是直接制定固定上网电价，电网企业按照政府规定的上网电价收购风电电量；另一种形式是风电项目参与市场竞价，政府在市场电价基础上给予一定补贴。根据2010年欧盟各成员国提交的《可再生能源国家行动计划》，2020年欧盟各国风电装机容量将超过2亿kW，风电发电量将达到5000亿kWh，占当年电力消费总量的12.7%。土耳其政府规划到2020年风电装机容量达到2000万kW。

3. 印度

印度成立了国家清洁能源基金会，为清洁能源领域的技术研究和项目提供资金支持。25个联邦电力监管委员会的17个成员共同颁布了可再生能源采购义务法，18个联邦已经发布了风电上网电价机制。此外，印度还将风力发电设备部分零部件的进口关税从10%下调至5%，对有关原材料的采购免征4%的特别附加税。

4. 中国

我国出台了《中华人民共和国可再生能源法》，建立了包含优先上网、标杆电价、成本分摊等相关内容的可再生能源政策体系。自2009年起将全国分为四类风能资源区，分别制定了0.51、0.54、0.58、0.61元/kWh的标杆上网电价，2014年底将Ⅰ、Ⅱ、Ⅲ类资源区标杆上网电价分别下调0.02元/kWh，Ⅳ类资源区电价保持不变。通过随终端销售电价征收可再生能源电价附加方式，为风电等可再生能源发展筹集补贴资金。2020年，中国陆上风电装机容量将在现有基础上翻一番，达到2亿kW。

七、风电行业发展趋势

1. 风电及零件关税降低，风电设备市场竞争愈加激烈

价格昂贵的进口风机凭借其质量优势和技术优势近年来保持着稳定的增长速度，2014年进口风机累计装机占比约10%。2016年元旦开始，风电机组、风机发动机零件、风电设备零件进口关税税率将分别由8%、8%、3%下降至5%、5%、1%，关税降低一方面利好我国国产风电设备成本下降，另一方面也将使进口风机与国产风机之间的竞争更加激烈。

2. 风电造价降幅将放缓

获益于风电机组设备价格、原材料价格走低。与光伏设备有较清晰的成本下降趋势不同，风电机组目前暂无突破性技术可以大幅降低机组成本，占整个风电项目成本近一半的风机购置成本下降空间较小。

风电重点开发区域由限电严重的"三北地区"逐渐转向华南、西南、华东地区，此类地

区海拔高、建设条件复杂，导致风电建安成本显著高于北方草原、丘陵地区。此外，因土地资源紧张、开发难度增大，征地成本、前期费用也呈逐年上升的趋势。

3. 电网友好型风电场将成为主流

近年来可再生能源接入比例逐年提高导致电力供应侧波动性逐渐升高，为保证电力系统安全，电网必须同时应对供应侧、需求侧双向的大幅波动。目前多地电网已出台政策，要求风电项目安装有功功率控制（AGC）、无功功率控制（AVC）、风功率预测等设备，并通过激励手段鼓励发电曲线预测准确率高、预测及控制设备齐全的电网友好型风电场先发、多发。

短期内限电情况无法解决的前提下，风电企业借助大数据、云计算等手段提高风功率预测精准度，争取优先调度的主动权将有助于提升企业效益。

此外，电改配套文件提出建立辅助服务交易机制，风电企业可以结合自身符合特性与提供调峰、调压等辅助服务商签订服务合同，提高优先发电级别。

4. 风电环评、用地审批将更为规范

风电大规模发展初期，某些风电项目在建设期间给当地生态环境造成了负面的影响，已经引起了国家和各级政府的高度重视，未来风电项目环评、用地审批将逐步规范，手续办理进度将成为影响项目建设周期的重要因素。

目前国家"加快发展风能"的政策导向明确，风电不会出现"寒冬"或"酷夏"。随着风电技术不断进步，近负荷、低风速地区的风电场更具开发价值，陆上风电建设、风电场开发、风电售后和智能微网建设有较好发展前景。

任务 2   风力发电机组的分类

学习背景

人类开发利用风能的历史超过上千年，风力发电技术至今已经有 100 多年，在这个过程中相继出现了很多不同利用风能的类型，采用不同技术的风力发电机组。本任务根据风力发电机组的结构类型、特征、组合等的不同就目前已应用的风力发电机组类型及其各种类机型特点进行介绍。

学习目标

1. 了解风电机组的主要分类方法。

2. 掌握不同类型机组结构类型和特征等。

一、根据主轴布置方向分类

风电机组根据主轴的布置方向可以分为垂直轴式风电机组和水平轴式风电机组。

1. 垂直轴式风力发电机组

垂直轴式风电机组的风轮旋转轴与水平地面垂直，设计较简单，风轮不必随风向改变而调整方向，可减小风轮对风时的陀螺力损耗。

垂直轴风电机组具有如下几方面特点：

（1）安全性更好。采用了垂直叶片和三角形双支点设计，并且主要受力点集中于轮毂，因此叶片脱落、断裂和叶片飞出等问题得到了较好的解决。

（2）噪声低。采用了水平面旋转以及叶片应用飞机机翼原理设计，使得噪声降低到在自然环境下测量不到的程度。

（3）抗风能力强。水平旋转和三角形双支点设计原理，使得它受风压力小，可以抵抗45m/s的超强台风。

（4）回转半径更小。由于其设计结构和运转原理的不同，比其他形式风力发电具有更小的回转半径，节省了空间，同时提高了效率。

（5）发电曲线特性更优。启动风速低于其他形式的风力发电机，发电功率的上升幅度较平缓，因此在低空风速范围内（5～8m），它的发电量相较其他类型的风力发电机高10%～30%。

（6）利用风速范围广。采用了特殊的控制原理，使它的适合运行风速范围扩大到2.5～25m/s，在最大限度利用风力资源的同时获得了更大的发电总量，提高了风电设备使用的经济性。

（7）刹车装置结构简单。可配置机械手动和电子自动刹车两种，在无台风和超强阵风的地区，仅需设置手动刹车即可。

（8）运行维护更方便。采用直驱式永磁发电机，无需齿轮箱和转向机构，定期（一般每半年）对运转部件的连接进行检查即可。

尽管垂直轴式风电机组在同等风速和高度下一般比水平轴式风电机组表现更好，但是垂直轴式风电机组的技术复杂性也比水平轴式风电机组高，更为复杂。同时，由于垂直轴承风力发电机组的技术研发水平相对滞后，至今结构形式很多，但是没有被业界广为认可的成熟机组类型，使其在兆瓦级大型风力发电机市场占有率不高。

所以现在国内外正在使用的大部分风电机组多是水平轴式的，垂直轴式风电机组所见很少。垂直轴式风电机组的实际应用主要集中在小型机上。中大型的垂直轴式风电机组优越性不多，现在已经基本退出了市场。

2. 水平轴式风电机组

水平轴式风电机组的风轮轴线基本与地面平行安置在垂直地面的塔架上，风轮旋转轴与水平面平行，工作时，风轮旋转平面应与风向垂直。风轮上的叶片径向安装，与旋转轴垂直，并与风轮旋转平面呈一角度φ（安装角）。水平轴式风力电机组的叶片数大多为2片或3片。

水平轴式风电机组是当前使用最广泛的机型，目前已经占有风电行业95%以上的市场份额。它具有风能转换效率高、转轴较短在大型风电机组上更凸显了经济性等优点，这使它成为世界风电发展的主流机型。

所以，水平轴式风力发电机组是本书主要介绍的机组类型，它根据桨功率传递的机械传递方式、桨叶是否能调节及其受力方式等特性又可以继续分类，进一步介绍如下。

二、根据功率传递方式分类

水平轴式风电机组根据功率传递的机械传递方式主要可分为有齿轮箱型风力发电机组和无齿轮箱直驱型风力发电机组两类。

两种类型的机组主要区别在有没有齿轮箱的结构，齿轮箱质量和体积均较大，所以这种分类方式也是目前水平轴机组各种分类方式中最容易从外观上进行区分的类型。有齿轮箱型风力发电机组机舱部分体积很大，而无齿轮箱直驱型风力发电机组机舱部分尤其是机舱尾部体积很小，如图1-4和图1-5所示。

图1-4　有齿轮箱型风力发电机组　　　　图1-5　无齿轮箱直驱型风力发电机组

1. 有齿轮箱型风电机组

有齿轮箱型风电机组的桨叶通过齿轮箱、高速轴及万能弹性联轴器将转矩传递给发电机的传动轴。联轴器具有很好的吸收阻尼和振动的特性，可吸收适量的径向、轴向和一定角度的偏移，并且联轴器可阻止机械装置的过载。目前大中型风电机组主要是这种结构，也是本教材主要介绍的机型种类。

在有齿轮箱型风电机组中，目前应用最多的是双馈式风电机组。双馈式风力发电机组的特点是采用了多级齿轮箱驱动有刷双馈式异步发电机。它采用的双馈绕线型异步发电机风力发电系统发电机转速高，转矩小，同时具有如下优点：

（1）因变频器仅需对转子功率进行变频控制，而转子功率约为总功率的20%～30%，故变频器功率小，变频损耗小，变频器成本低，控制系统体积小。

（2）变频控制灵活，具有良好的调节特性。通过调节转子绕组的频率、相位、幅值和相序，可以较为方便、平滑地控制发电机有功、无功、功率因数等，使其具有良好的动态和暂态特性，实现有功和无功的解耦控制。

（3）良好的稳定性及转速适应能力。在定子电源频率一定时，通过改变转子励磁频率就可以实现对转速的调节，发电机的运行转速既可高于同步转速，也可低于同步转速，有利于系统最大限度捕获风能。

双馈型风力发电机组主要缺点如下：

（1）需要采用双向变频器，变速恒频控制回路多，控制技术复杂，电气维护成本高。

（2）发电机需安装集电环和刷架系统，且须定期维护、检修或更换。

（3）齿轮箱的运行存在机械运行损耗，机械维护成本高。

2. 无齿轮箱直驱型风电机组

无齿轮箱直驱型风电机组由叶轮直接驱动发电机，配合采用了多项先进技术，结构上免去齿轮箱这一传统部件，这种发电机采用多极电机与叶轮直接连接进行驱动的方式。桨叶的转矩可以不通过齿轮箱增速而直接传递到发电机的传动轴，使风力发电机发出的电能同样能并网输出。这样设计的风力发电机组结构具有如下优点：

（1）控制回路少，控制比较简单，系统稳定性高，减少了故障概率，维护费用低。

（2）省去了增速用齿轮箱或仅需一级低速齿轮箱，低风速时高效率、低噪声、高寿命，大大减小了机组体积。

（3）永磁同步发电机无需集电环和刷架系统，维护更加方便。

同时，直驱型风力发电机组主要缺点如下：

（1）需要对发电机输出的全部功率进行变频控制，故需配备全功率变频器，变频器成本较高，控制系统体积相对变大；

（2）直驱型所用永磁发电机使用高导磁率的钕铁硼和钐钴等，这些磁性材料价格很高；

（3）永磁发电机功率因数特性差，必须由变频器来进行补偿；

（4）要求永磁材料具有很高的稳定性，而高温以及电枢反应等原因可能导致永磁材料失磁。

三、根据桨叶是否可调分类

风力发电机组根据桨叶是否能调节可分为定桨距风力发电机组和变桨距风力发电机组。

1. 定桨距风力发电机组

定桨距风力发电机组的桨叶与轮毂的连接是固定的。当风速变化时，桨叶的迎风角度不能随之改变。这一特点使得，当风速高于风轮的设计点风速（额定风速）时，桨叶必须能够自动地将功率限制在额定值附近，桨叶的这一特性称为自动失速性能。通过对桨叶自动失速性能的特殊设计，定桨距风力发电机组的叶片在不同的风速下可以依靠其气动特性保持叶轮转速相对不变，所以定桨距风力发电机组又称为失速型风力发电机组。

图 1-6 为定桨距失速型风电机组的功率曲线图，从图中可以看到，定桨距风力发电机组在风速达到额定值以前就开始失速，到额定点时的功率系数已经相当小。调整桨叶的节距角，只是改变桨叶对气流的失速点。

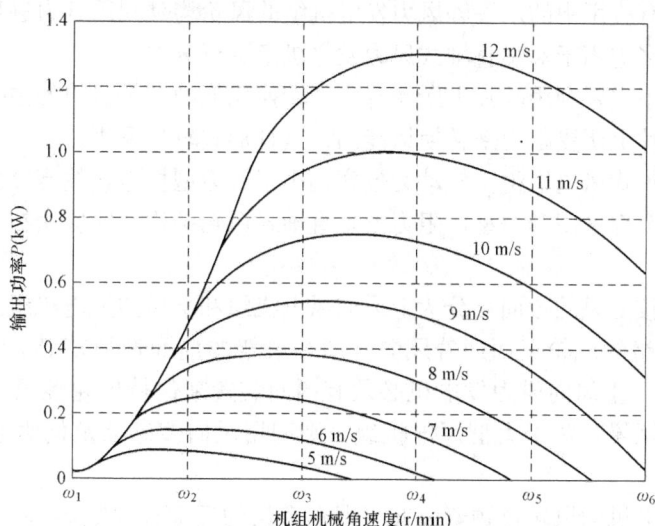

图 1-6　定桨距失速型风电机组输出机械功率和机械角速度间的关系曲线

定桨距失速型风电机组的最大优点是控制系统结构简单，制造成本低，可靠性高，在风能开发利用的初期曾经占据主导地位。但失速型风电机组的风能利用系数低，叶片上有复杂的液压传动机构和扰流器，叶片质量大，制造工艺难度大，当风速跃升时，会产生很大的机械应力，需要比较大的安全系数。

节距角越小，气流对桨叶的失速点越高，其最大输出功率也越高。故定桨距风电机组在不同的空气密度下需要调整桨叶的安装角度。

2. 变桨距风力发电机组

变桨距风力发电机组的特点是桨叶与轮毂之间通过轴承相连，所谓变桨距是指桨叶可以在液压或者伺服装置的驱动下沿轴向 0°至 90°的范围内旋转变化，变桨距风机一般在中大型风力发电机组上的应用较多，是目前国内外风机的主流产品。

变桨距风力发电机组按变桨执行机构的动力形式可继续分为：电动变桨控制机组和液压变桨控制机组。定桨定速型风机和采用双馈发电机的风机，由于其额定转速较高，必须要采用齿轮箱来增速，而永磁同步发电机可采用多极化设计，发电机转速可低至十几转，因而可采用直驱式。

对机组进行变桨距控制主要有两个作用：一是在高于额定风速的情况下通过增大桨距角改变气流对叶片的攻角，将输出功率稳定在额定功率下，保证功率曲线的平滑，防止风机过负荷。二是在风机失电脱网等紧急状态下进行空气动力制动，配合高速轴制动器对风机叶轮快速刹车。这部分内容将在项目七中详细介绍。

四、其他分类方式

风力发电机组除了以上分类方式之外还可以根据叶片受力方式、机组接受风的方向、桨叶数量、风轮转速是否恒定、采用的发电机类型、风力发电机的额定功率、风力发电机的输出端电压高低等方式进行分类。由于这些分类大多只是应用在某些特定研究应用之中，所以只进行简单介绍。

（1）根据桨叶受力方式可分为升力型风电机组和阻力型风电机组。

目前基本上所有应用中的水平轴风力发电机组的风轮均是利用升力进行旋转，所以按桨叶受力方式分类更多应用于对垂直轴式风力发电机组进行分类。

升力型风电机组主要利用叶片上所受升力来转换风能的，是目前的主要形式；阻力型风电机组主要利用叶片上所受阻力来转换风能的，这种形式较少采用。

阻力型的垂直轴式风电机组空气动力效率远小于升力型机组，故当今大型并网型垂直轴式风电机组的风轮全部采用升力型，阻力型垂直轴式风轮结构一般应用在风力传感器和中小型机组当中。

（2）根据风轮接受风的方向可分为上风向风电机组和下风向风电机组。

上风向风电机组的风轮正面迎着风向（即在塔架的前面迎风旋转），大部分风力发电机采用上风向形式。上风向风力发电机必须有调向装置来保持风轮迎风。对于小型风电机组，对风装置采用尾翼；对于大型风电机组，则利用风向传感器及伺服电动机组成的偏航系统。

下风向风力发电机的风轮背顺着风向（即在塔架的后面迎风旋转），一般用于小型风力发电机。下风向风力发电机则能够自动对准风向，免去了调向装置。但对于下风向风电机组，由于一部分空气通过塔架后再吹向风轮，这样塔架干扰了流过叶片的气流而形成所谓塔影效应，使性能有所降低。

目前下风向风力发电机应用较少，只在一些中、小功率机型中出现过。

（3）根据桨叶数量可分为单叶片、双叶片、三叶片和多叶片型风电机组。

叶片的数目由很多因素决定，其中包括空气动力效率、复杂度、成本、噪声、美学要求等。

大型风力发电机组可由 1、2 或者 3 片叶片构成。叶片较少的风电机组通常需要更高的转速以获得风的能量，因此噪声比较大。而如果叶片太多，它们之间会相互作用而降低系统效率。目前 3 叶片风电机组是主流。同时，从美学角度上看，3 叶片的风力发电机看上去较为平衡和美观。

（4）根据风轮转速是否恒定可分为恒速风力发电机组和变速风力发电机组。

恒速风力发电机组设计简单可靠，造价低，维护量少，可直接并网；但空气动力效率低，结构载荷高，容易造成电网波动，从电网吸收无功功率。

变速风力发电机组空气动力效率高，机械应力小，功率波动小，成本效率高，支撑结构轻；但功率对电压敏感，电气设备的价格较高，维护量大。现主要应用于大容量的风力发电机组，是风电发展的主流方向。

（5）根据采用的发电机类型可分为异步发电机型和同步发电机型。

只要选用适当的变流装置，以上两种发电机型都可用于变速运行风力发电机组。

异步发电机按其转子结构不同又分为：①笼型异步发电机，转子为笼型，结构简单可靠、廉价、易于接入电网，在中小型机组中得到大量的使用；②绕线型双馈异步发电机，转子为绕线型。定子直接向电网输送电能，同时绕线型转子也经过变频器控制向电网输送有功或无功功率。

同步发电机按其产生旋转磁场的磁极类型又分为：①电励磁同步发电机：转子为线绕凸极式磁极，由外接直流电流来产生磁场。②永磁同步发电机：转子为铁氧体材料制造的永磁体磁极，通常为低速多极式，不用外界激磁，简化了发电机结构，具有多种优势。

（6）根据风力发电机的额定功率可分为大型、中型、小型、微型风力发电机组。

如根据风电机组的额定功率进行划分，一般可分为：10kW 以下的风电机组为微型风电机组；10～100kW 的风电机组为小型风电机组；100～1000kW 的风电机组为中型风电机组；1000kW 以上的风电机组为大型风电机组。

（7）根据风力发电机的输出端电压高低可以分为高压风力发电机和低压风力发电机。

高压风力发电机的输出端电压为 10～20kV，甚至 40kV，可省掉风力发电机的升压变压器直接并网。它与直驱型永磁体磁极结构一起组成的同步发电机总体方案，是目前风力发电机中一种很有发展前途的机型。

低压风力发电机输出端电压为 1kV 以下，目前市面上大多为此类机型。

任务 3　风力发电系统基本结构

学习背景

风力发电机组一般由风轮、发电机、传动系统、偏航系统、液压系统、制动系统、控制与安全系统、机舱、塔架和基础等组成。风力发电系统的基本结构类型很多，本任务选用已经规模化应用的大中型水平轴风力发电系统为代表，将就风力发电机组以上各个主要组成部分进行简要介绍，为后面内容学习打下基础。

学习目标

1. 能够简要说明中大型水平轴风力发电系统的结构组成。
2. 掌握大中型水平轴风力发电系统各部分的基本功能。

一、中大型风电机组概述

并网运行的风力发电技术是 20 世纪 80 年代兴起的新能源发电技术，受到世界各国的高度重视，迅速实现了商品化、产业化，特别是随着计算机、自动控制、通信等技术的飞速发展，风电技术的发展极为迅速。其单机容量从几千瓦发展到现在的几兆瓦级；控制方式从基本单一的定桨距失速控制向全桨叶变距和变速控制发展；运行可靠性从 20 世纪 80 年代初的 50%，提高到目前的 98%，并且风电场运行可以实现集中控制、远程控制甚至无人值守。

目前，已经运行或正安装调试的大中型风电机组一般由风轮（叶片、轮毂）、发电机、传动系统（风轮轴、齿轮增速箱）、偏航系统、塔架、制动系统和控制与安全系统等组成。大中型风力发电机组的内部结构如图 1-7 所示。

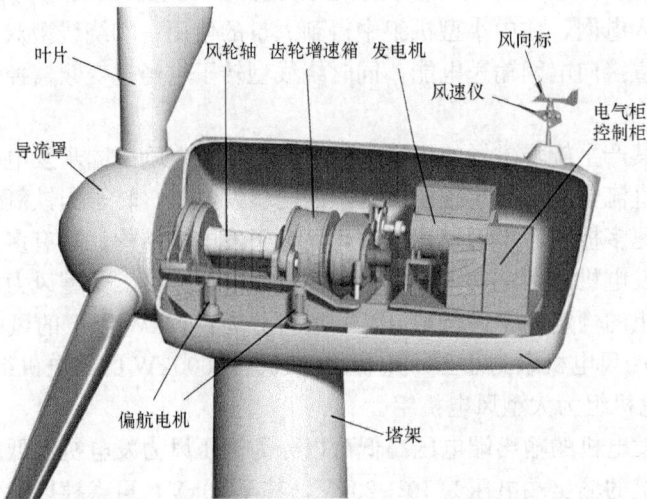

图 1-7　中大型风力发电机组的典型组成

大中型风电机组按其主要技术特点，大致分为三类：

（1）双馈式变桨变速风电机组，是目前主要采用的风电技术，技术已成熟，属风电行业主流的先进技术。像维斯塔斯（Vestas）、金风科技、通用电气（GE）、安耐康（Enercon）、国电联合动力、上海电气等公司都采用这种技术，它是当前的主流应用机型。

（2）直驱永磁式变桨变速风力发电机组，是近几年发展起来的先进技术，技术也已成熟，是未来风电技术的发展方向。

（3）失速型定桨定速风力发电机组，不是目前市场的主流技术，但技术成熟，运行维护经验相对丰富，是以前的主流应用机型。以单机额定功率为上几百千瓦的风电机组为代表。

二、大中型风电机组主要组成

1. 风轮系统简介

风轮是吸收风能并将其转换为机械能的部件，大中型风电机组的风轮多由 2～3 个叶片和轮毂组成。

多年来，风轮大都采用叶片与轮毂刚性连接的结构，即定桨距风轮。近年来，随着风电技术水平的提高，大型风电机组已经普遍采用变桨距风轮，叶片与轮毂通过可转动的轴承根据风速的变化可以调整叶片的功角。当风速超过额定风速后，输出功率可稳定地保持在额定功率附近，在特大风情况下，机组调整为顺桨状态，使叶片和整机的受力状况大为改善。

现在主流的风电机组通常有 3 片叶片，其叶尖速度一般在 50～70m/s 范围之间，3 叶片风轮能够提供最佳的效率。如果采用 2 叶片的风轮，其效率将会降低 2%～3%。从审美的角度看 3 叶片也更令人满意，它的受力更平衡，轮毂结构相对简单，成本也会更低一些。

（1）叶片。叶片的材料决定了风力发电机组的性能和功率，也决定着风力发电的成本。叶片多为玻璃纤维增强复合材料，基体材料为聚酯树脂或环氧树脂。

环氧树脂比聚酯树脂强度高，材料疲劳特性好，且收缩变形小；聚酯材料较便宜，它在固化时收缩大，在叶片的连接处可能存在潜在的危险，即由于收缩变形，在金属材料与玻璃钢之间可能产生裂纹。

超过 40m 长的叶片同时使用玻璃纤维和碳纤维增强复合材料，从长远看，碳纤维增强环氧树脂复合材料是未来风轮叶片材料的发展方向。图 1-8 为玻璃纤维增强环氧树脂复合材料叶片。

图 1-8　玻璃纤维增强环氧树脂复合材料叶片

（2）轮毂。轮毂是风轮的枢纽，是连接叶片和主轴的部件，所有从叶片传来的力，都通过轮毂传到传动系统，再传给发电机。同时轮毂也是控制叶片桨距的所在。

轮毂承受了风力作用在叶片上的推力、扭矩、弯矩及陀螺力矩。常见的轮毂外观如图 1-9 所示。

图 1-9　轮毂外观

轮毂可以是铸造结构，也可以采用焊接结构，其材料可以是铸钢，也可以采用高强度球墨铸铁。由于高强度球墨铸铁具有不可替代性，如铸造性能好、容易铸成、减振性能好、应力集中敏感性低、成本低等，风力发电机组中大量采用高强度球墨铸铁作为轮毂材料。

轮毂的常用形式主要有刚性轮毂和铰链式轮毂。刚性轮毂由于制造成本低、维护少、没有磨损，三叶片风轮一般采用刚性轮毂，且刚性轮毂安装、使用和维护较简单，日常维护工作较少，只要在设计时充分考虑轮毂的防腐蚀问题，基本上是免维护的，是目前使用最广泛的一种形式。

2. 机组发电机简介

(1) 大中型带变速齿轮箱型风电机组发电机。

带变速齿轮箱型风电机组的发电机一般选择双馈异步发电机（即转子绕线式异步发电机），所以这类机组也称为双馈式风力发电机组。

双馈异步发电机的定子绕组接工频电网，转子绕组由具有可调节频率、相位、幅值和相序的三相电源励磁，采用双向可逆专用变频器。双馈发电机可以在不同风速下运行，其转速可以随风速变化做相应调整，使风电机组的运行始终处于最佳状态，提高了风能的利用率。同时，通过控制馈入转子绕组的电流参数，不仅可以保持定子输出的电压和频率不变，还可以调节输入到电网的功率因数，提高系统的稳定性。

变速恒频双馈发电机运行时电机转速与定、转子绕组电压频率关系的数学表达式为

$$f_1 = \frac{p\,n_r}{60} \pm f_2 \tag{1-1}$$

式中：f_1 为定子电压频率，Hz；p 为发电机的磁极对数；n_r 为双馈发电机的转速，r/min；f_2 为转子励磁电压频率。

由式（1-1）可知，当转速 n_r 发生变化时，若调节 f_2 变化，可使 f_1 保持恒定不变，实现双馈发电机的变速恒频控制。在实际工作发电过程中：

当发电机转速小于旋转磁场同步转速时，处于亚同步状态，此时电网通过变频器向发电机转子提供励磁电流，定子发出电能给电网；

当电机转速大于旋转磁场的同步转速时，处于超同步运行状态，此时发电机由定子和转子同时发出电能给电网；当电机转速等于旋转磁场的同步转速时，此时发电机作为同步电机运行，变频器向转子提供直流励磁；当发电机转速变化时，若控制转子供电频率响应变化，可使电流频率保持恒定不变，与电网频率保持一致，实现了变速恒频控制。

双馈异步发电机的特点：

1）由于定子直接与电网连接，转子采用变频器供电，因此，系统中的变频器容量仅取决于发电机运行时的最大转差功率，一般发电机的最大转差率为 25%～35%，因而变频器的最大容量仅为发电机额定容量的 1/4 至 1/3。这样，系统的总体配置费用就比较低。

2）具有变速恒频的特性。

3）可以实现有功功率和无功功率的调节。

4）缺点是有碳刷结构，需要定期更换碳刷。

(2) 大中型直驱型风电机组发电机。

风电机组转速都较低，大中型风电机组转速约每分钟几十转甚至十几转，较多机组用齿轮箱增速来带动发电机。但齿轮箱会降低风电机组效率，齿轮箱是易损件，特别大功率高速齿轮箱磨损厉害、在风电机组塔顶环境下维护保养都较困难。

直驱型风电机组通过专门为其设计制造的低转速交流发电机可以用风轮直接驱动，由于省去了转速齿轮箱结构，发电机端的转速会很慢，所以这种发电机采用多极发电机的结构进行设计，多用永久磁体励磁。图1-10为直驱型风电机组上低速发电机的结构示意。

根据电机理论知，交流发电机的转速（n）与发电机的极对数（p）及发电机发出的交流电的频率（f）有固定的关系，即

$$f = \frac{pn}{60} \tag{1-2}$$

当 $f=50\text{Hz}$ 为恒定值时，发电机转速越低，则发电机的极对数应越多。从发电机结构知，发电机的定子内径 (D_i) 与发电机的极数 $(2p)$ 及极距 (τ) 成正比，即

$$D_i = 2p\tau \qquad (1-3)$$

因此低速发电机的定子内径远大于高速发电机的定子内径。从发电机设计的原理又知，发电机的容量 (P_M) 与发电机定子内径 (D_i)、发电机的轴向长度 (l) 有关，即

$$P_M = \frac{1}{c} n D_i^2 l \qquad (1-4)$$

由式（1-4）可知，当发电机的设计容

图 1-10　直驱型风电机组低速发电机结构示意

量一定时，发电机的转速越低，则发电机的尺寸 (D_i) 越大。对于低速发电机，发电机的定子内径远远大于其轴向长度，所以低速发电机的外形酷似一个扁平的大圆盘。由于定子内径很大，因而转子尺寸及惯量也大，这对平抑风力起伏引起的电动势波动有利。但转子轮缘的结构和其截面尺寸应能满足允许的机械强度及导磁的需要。低速交流发电机转子磁极数多，采用永久磁体，可以使转子结构简单，制造方便。

3. 主传动系统简介

主传动系统由主轴、齿轮箱、联轴器等组成。主传动系统将把风轮传递过来的机械能（通过加速）传递给发电机，使其变成电能，并把风轮传来的载荷传递给底座。这部分将在项目四中详细介绍。

（1）主轴。水平轴风力发电系统的主轴也称低速轴。大中型风力发电机组由于其叶片长、质量大，所以为了使桨叶的离心力与叶尖的线速度不至于太大，其转速一般小于 50r/min，因此主轴承受的扭矩较大。大中型风力发电机组主轴材料可选用 40Cr 或其他高强度的合金钢，以保证钢材在强度、塑性、韧性等方面都有较好的综合力学性能。

（2）齿轮箱。为了实现风轮和发电机匹配，必须采用增速装置。齿轮箱用于增加风轮转速，从 20～50r/min 增速到 1000～1500r/min，驱动发电机。齿轮箱分两种形式：平行轴式齿轮箱和行星式齿轮箱，大型机组中多用行星式（质量和尺寸优势）结合平行轴式的多级变速的齿轮箱，如一级行星齿轮加两级平行轴齿轮共三级增速的齿轮箱。

根据机组的总体布置要求，有时将与风轮轮毂相连的主轴与齿轮箱合为一体。主轴成为齿轮箱的一部分，承担风轮的全部载荷，同时齿轮箱箱体又成为机舱底盘的一部分，减小了机舱底盘的尺寸和重量。采用这种结构的传动系统结构紧凑，轴向尺寸短。因主轴、齿轮箱为一体，同轴度好，省去了连接装置，并且主轴轴承与齿轮箱一起采用油润滑，润滑效果好，维护也很方便。此外，也有将主轴与齿轮箱分别布置，其间利用胀紧套装置或联轴器连接的结构。为了增加机组的制动能力，常常在齿轮箱输入端或输出端设置刹车装置，配合变桨制动共同对机组传动系统进行联合制动。

（3）联轴器。联轴器用于连接齿轮箱输出轴和发电机输入轴，将齿轮箱的输出扭矩传递到发电机。为了减小占地空间，往往将联轴器与制动器设计在一起。风轮主轴与增速器之间也有用联轴器的，称低速轴联轴器。风电机组中的联轴器常采用挠性联轴器，用于补偿齿轮

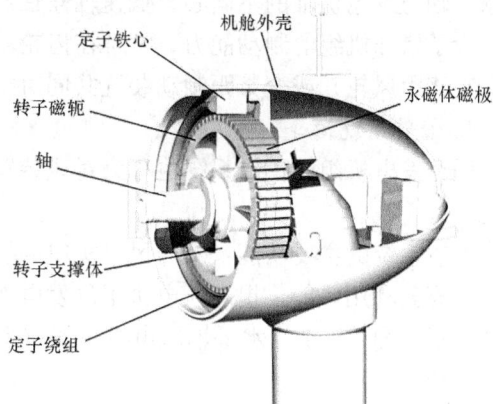

箱输出轴与发电机轴的不同心，低速轴联轴器采用刚性联接。

为了增加机组的制动能力，常常在齿轮箱的输入端或输出端设置刹车装置，配合叶尖制动（定桨距风轮）或变桨距制动装置共同对机组传动系统进行联合制动。

4. 偏航系统简介

风力发电机组的偏航系统也称为对风装置，是上风向水平轴风电机组必不可少的组成系统之一。

偏航系统的主要功能：①与风电机组的控制系统配合，使风电机组的风轮始终处于迎风状态，充分利用风能，提高风电机组的发电效率；②提供必要的锁紧力矩，保障风电机组的安全运行。图 1 - 11 为水平轴风电机组偏航系统示意图。这部分将在项目 5 液压系统中进行详细介绍。

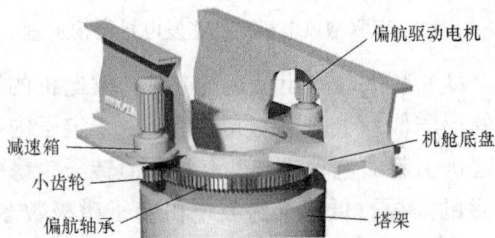

图 1 - 11　水平轴风电机组偏航系统示意图

偏航系统一般由风向标传感器、偏航轴承、偏航驱动装置、偏航制动器、偏航计数器、解缆和扭缆保护装置、偏航液压回路等组成。

（1）偏航轴承。偏航轴承的轴承内、外圈分别与机组的机舱和塔体用螺栓链接。轮齿采用内齿或外齿形式。外齿形式是轮齿位于偏航轴承的外圈上，内齿形式是轮齿位于偏航轴承的内圈上。具体采用哪种形式，应根据机组的具体结构和总体布置进行选择。

（2）驱动装置，一般由驱动电动机或驱动马达、减速器、传动齿轮、轮齿间隙调整机构等组成。驱动装置的减速器可采用行星减速器或蜗轮蜗杆与行星减速器串联。传动齿轮一般采用渐开线圆柱齿轮。

（3）偏航制动器及其偏航液压装置。采用齿轮驱动的偏航系统时，为避免因振荡的风向变化而引起偏航轮齿产生交变载荷，应采用偏航制动器来吸收微小的自由偏转振荡，防止偏航齿轮的交变应力引起齿轮过早损伤。对于由风向冲击叶片或风轮产生偏航力矩的装置，应经试验证实其有效性。

偏航液压装置的作用是拖动偏航制动器松开或紧锁。偏航制动器一般采用液压拖动的钳盘式制动器。

（4）偏航计数器是记录偏航系统旋转圈数的装置。当偏航系统旋转的圈数达到设计所规定的初级解缆和终级解缆圈数时，计数器给控制系统发信号使机组自动进行解缆。

（5）解缆和扭缆保护装置。解缆是风力发电机组的偏航系统所必须具有的主要功能。大多数风力发电机输出功率的同轴电缆在风电机组偏航时一同旋转，为了防止偏航超出引起电缆扭绞，应在偏航系统中设置与方向有关的计数装置或程序对电缆扭绞程度进行检测。检测装置或程序应在电缆达到规定的扭绞角度之前发解缆信号进行自动解缆；当检测到电缆扭绞达到威胁机组安全运行的程度时，使机组紧急停机，并要求人工解缆。

（6）偏航系统工作原理。风向标作为感应元件，将风向变化用脉冲信号传递到偏航电机控制回路的处理器，经过偏航系统调节软件比较后，处理器给偏航电机发出正转或反转偏航命令。为了避免伺服电机连续不停地工作，规定当风向偏离风轮主轴 $\pm 100°$ 至 $\pm 150°$ 时，调向机构才开始动作。调向速度一般为 $10°/s$ 以下。机组容量越大，调向速度越慢，例如

680kW 机组为 0.80°/s，而 1MW 机组则为 0.60°/s 左右。为了减小偏航时的陀螺力矩，电机转速将通过同轴连接的减速器减速后，将偏航力矩作用在回转体大齿轮上，带动风轮偏航对准风向。当对风完成后，风向标失去电信号，电机停止工作，偏航过程结束。

5. 塔架简介

风轮在一定的高度上才能获得较大较稳定的风力，在空中的风轮与机舱要靠塔架支撑，通常塔架的高度约为叶轮直径的 1～1.5 倍，小微型风电机组塔架相对风轮会更高些。塔架既需要高强度又要考虑造价，大型风电机组基本采用管柱型的塔架。

大型风电机组管柱型塔架主要采用钢筋混凝土结构或钢结构，但钢结构塔架运输困难，现场制作的混凝土塔架用得越来越多。塔架内敷设有发电机的电力电缆、控制信号电缆等，塔底有塔门，塔架内分若干层，层间有直梯便于人员上下，如图 1-12 所示。

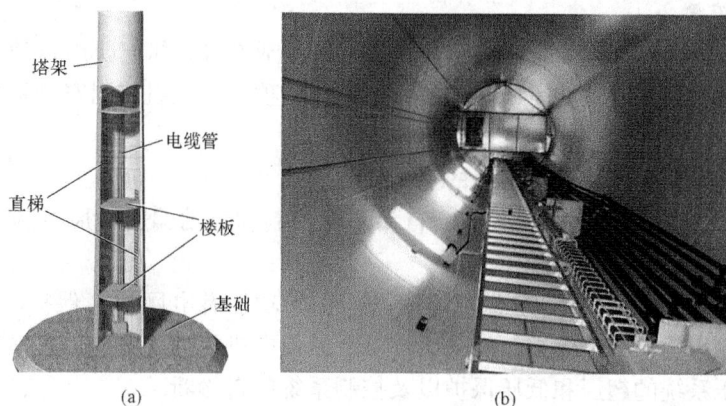

图 1-12　塔架及内部示意
(a) 塔架；(b) 塔架内部

6. 制动系统简介

制动器是使风力发电机停止运转的装置，也称刹车。风力发电系统通常采用两套独立的制动器：空气制动器和机械制动器。

(1) 空气制动器。空气制动器是风电机组的主制动器之一。空气制动器具有对机组传动系统无冲击、无机械磨损等优点。但空气制动器不能使风轮完全停止转动，在维修或需要风轮完全停止转动的情况下，需要机械制动器配合使用。

定桨距风电机组的空气制动器采用叶尖扰流器结构。安装在每根叶片根部的液压缸通过连接在液压缸活塞杆和叶尖轴之间的钢丝绳，驱动叶尖运动。正常运行时，液压缸驱动叶尖收回，使叶尖与叶片主体靠拢并成一整体工作。制动停机时，液压系统泄压，叶尖在离心力和弹簧力的作用下弹出，由于叶尖轴上螺旋导槽的作用，叶尖在弹出的同时绕叶尖轴旋转，与叶片主体呈 90°角，起到空气制动器的作用。

变桨距风电机组通过变桨系统的全叶片应急顺桨，实现空气制动，应急顺桨的速度很快，应急顺桨后，桨叶可调至与桨平面约为 90°角。无论采用液压变桨还是电动变桨，变桨系统都具备在电网掉电和控制器故障的情况下，不需要通过变桨控制器而应急顺桨的功能，以保证机组的安全。

(2) 机械制动器。机械制动器是风电机组的辅助制动器，用以配合空气制动器进行制动停机或维修时需要机组安全停止时使用。风电机组一般采用液压制动器。

定桨距风电机组的机械制动器用于配合风力发电机组进行停机操作。正常停机时，叶尖扰流器先工作，当风轮转速下降到大约为额定转速的一半时，机械制动器工作，制动停机。在紧急停机情况下，和主制动器同时制动停机，即使叶尖扰流器失效，也能起到主制动器的作用进行制动停机。定桨距风电机组的机械制动器常安装在齿轮箱高速轴上，有的机组高、低速轴上也安装有制动器。

变桨距风力发电机组的机械制动器在正常停机时一般不工作，在紧急停机时配合主制动器一起制动停机。机械制动器的功能主要包括三个方面：在气动刹车失效时启动刹车以使机组处于安全状态；在紧急情况下和气动刹车系统一起使机组停机；维护时保证机组处于安全状态。

7. 控制系统简介

控制系统是大、中型风力发电机组非常重要的组成部分，风电机组自动启停、并网、自动运行、保护都依靠控制系统完成。这部分内容将在项目 9 机组控制安全系统及设备中进行详细介绍。

（1）风电机组的控制与安全系统的基本功能。

1）自动完成单机自动开停机控制、自动并网控制和自动偏航对风控制，并能通过手动方式完成以上功能。

2）具备完善的保护功能，确保机组安全。保护功能有电网故障保护、风机超速保护、机舱振动保护、齿轮箱的热保护、发电机油泵及偏航电机的过载保护、主轴过热保护、电缆扭绞保护、液压系统的超压和低压保护以及控制系统的自诊断。

3）机组运行状态的自动监测及显示功能。

4）具有以计算机为核心的中央监控系统（上位机），可以对风电场一台或多台风机进行监测、显示及控制，甚至可以实现异地遥控等。

（2）控制系统的基本结构。

风电场一般由多台大中型风力发电机组成。机组多，占地面积大，设备分散，环境恶劣，要求控制系统做到无人值守或少人值守。风电场控制系统由上位机系统和下位机系统两部分组成。上位机系统安装在主控室内，负责监控所有风机运行，具备显示、打印报表与远方遥控等功能；下位机系统安装在每台风机的塔筒内，负责本台机组的运行，实现就地监控。上、下位机之间的通信采用有线或无线通信方式。

下位机系统直接控制每台风机的运行，要求具备高可靠性和高抗干扰能力，因此把二次侧的隔离电路、控制单元的接口驱动电路和计算机单元放在一个柜子中，称为微机柜。将一次侧回路中的互感器和接触器、开关、大功率晶闸管、补偿电容等放在另一个柜子中，称为开关柜。

项目 2 机组基础及塔架

任务 1 机组的基础

学习背景

风力发电机组的基础目前主要为现浇钢筋混凝土独立基础的结构形式，基础的作用是用于安装、支撑风力发电机组，平衡风力发电机组在运行过程中所产生的各种载荷，以保证机组安全、稳定地运行。本任务将就风力发电机组基础部分的技术要求、结构主要形式、设计原理和施工注意事项等方面进行介绍。

学习目标

1. 掌握机组基础部分的要求及主要形式。
2. 了解机组基础部分的设计原理。
3. 了解基础部分现场施工过程及注意事项。

一、基础的主要形式

在风力发电机组的塔架设计和施工基础之前，必须对机组安装现场进行工程地质勘察。充分了解、研究地基土层的成因及构造、物理力学性质等，以确定地基土层的承载能力及施工注意事项。这是进行塔架基础设计的先决条件。同时还必须注意到，由于风力发电机组的安装，将使地基中原有的应力状态发生变化，需要应用力学的方法来研究载荷作用下地基的变形和强度问题。

机组地基基础必须满足以下三个基本条件：

（1）要求作用于地基上的载荷不超过地基容许的承载能力，以保证地基在防止整体破坏方面有足够的安全储备。

（2）控制基础的沉降，使其不超过地基容许的变形值。以保证风力发电机组不因地基的变形而损坏或影响机组的正常运行。

（3）满足塔架在安装时的连接尺寸和结构要求。

在风力发电机组基础的设计中，风力发电机组对基础所产生的载荷主要应考虑机组自重与倾覆力矩。

风电机组基础具有承受来自各个方向重复荷载和大偏心受力的特殊性，对基础的稳定性和结构要求较高。根据风电机组荷载及地质情况的不同，应采取不同的风电机组基础形式。

风电机组基础形式通常有三种：扩展基础、桩基础、岩石锚杆基础，其中扩展基础和桩基础在目前已建风电场风电机组基础中应用较多，岩石锚杆基础则应用较少。

1. 扩展基础

扩展基础是由台柱和底板组成使压力扩散的基础型式，当风场中地基条件较好、地基承载力较高时，如地基土为岩石、角砾等，应优先考虑采用扩展基础。

　　根据底板形状不同，扩展基础一般分为矩形、正八边形及圆形三种，如图 2-1～图 2-3 所示，由于风电机组基础承受 360°各个方向重复荷载，所以圆形扩展基础更有利于适应这种特点，而矩形及正八边形扩展基础在达到同等性能时需耗用更多的混凝土方量，因而圆形扩展基础是最经济合理的扩展基础形式。

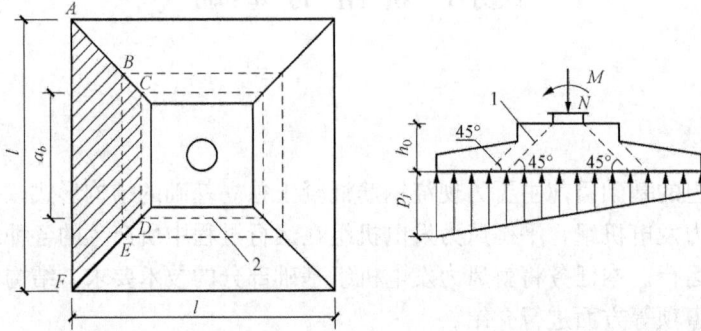

图 2-1　矩形扩展基础设计图

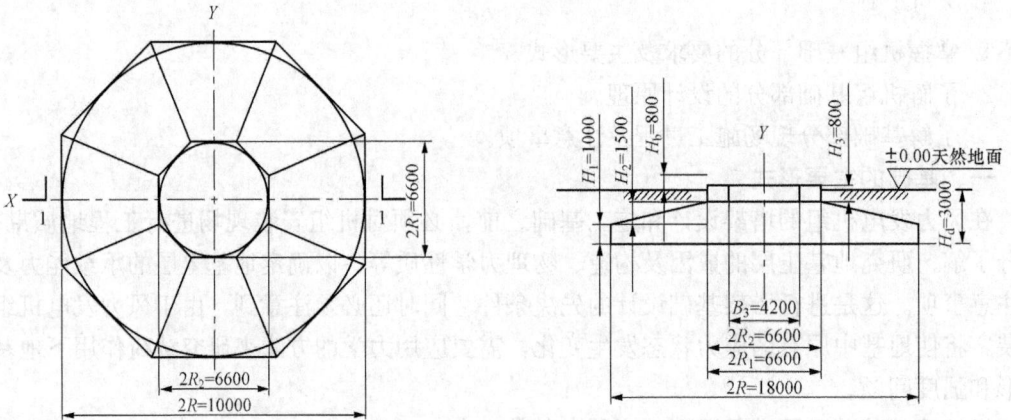

图 2-2　正八边形扩展基础设计图（单位：mm）

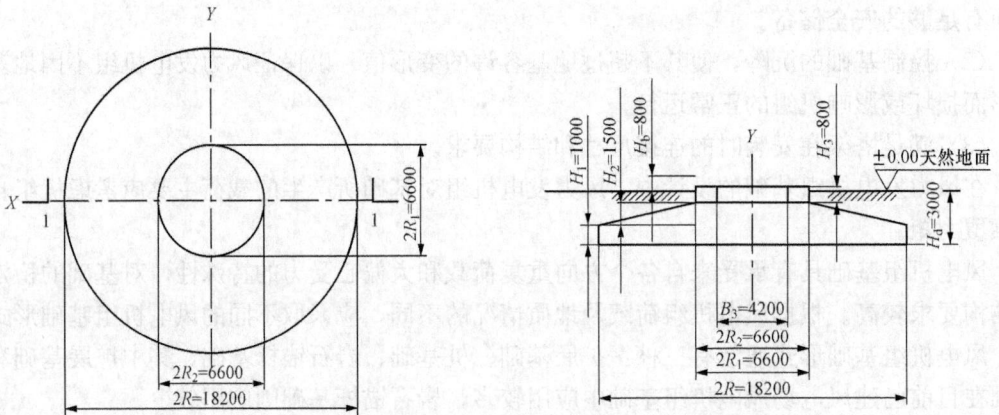

图 2-3　圆形扩展基础设计图（单位：mm）

2. 桩基础

桩基础是指由设置于岩土中的桩和连接于桩顶端的承台组成的基础，如图 2-4 所示。当风场中地基条件较复杂、地基承载力较低时，如地基土为黏土、粉土、细砂等，采用扩展基础已不能满足地基承载力要求，需对地基进行打桩处理，形成桩基础。

桩基础包括混凝土预制桩和混凝土灌注桩。在已有风电场的建设中，混凝土灌注桩的应用较多。按单个基桩的受力特性，又分为摩擦桩基和端承桩基。对于摩擦桩基础，桩上的荷载由桩侧摩擦力和桩端阻力共同承受，其特点是桩很长，承台梁面积较小；对于端承桩基础，桩上荷载主要由桩端阻力承受，其特点是桩较短，承台梁面积较大。

根据基础与塔架（机身）连接方式又可分为地脚螺栓式和基础环式两种基础类型。其中地脚螺栓基础是将塔架用螺母与尼龙弹性平垫固定在地脚螺栓上，地脚螺栓用混凝土事先浇筑在基础的承台上，地脚螺栓形式又分为单排螺栓、双排螺栓、单排螺栓带上下法兰圈等；而基础环式基础是将塔架法兰与基础环用螺栓对接，基础环用混凝土浇筑在基础的承台上。地脚螺栓形式又分为单排螺栓、双排螺栓、单排螺栓带上下法兰圈等。

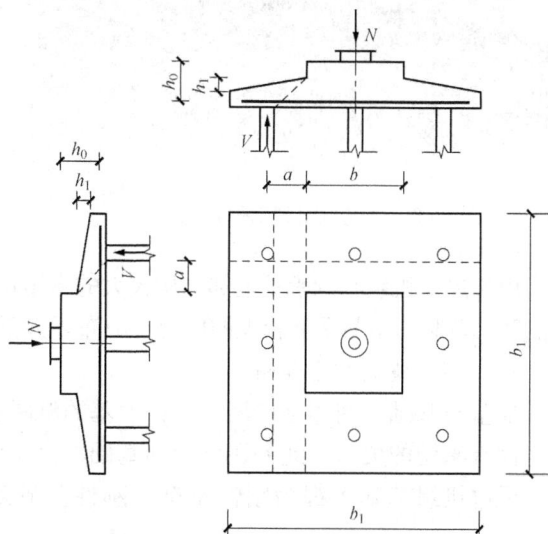

图 2-4 桩基础示意

二、风电机组基础设计原理

1. 风电机组基础结构

图 2-5 所示为风电机组八边形基础。考虑安全和防止倾覆等条件，基础的整体尺寸依据标准规范进行设计；极限特殊载荷条件必须考虑，相关地基的稳定性也必须考虑，例如地基土的孔隙水压力，也可作为基础整体尺寸确定的部分控制条件。由于特殊

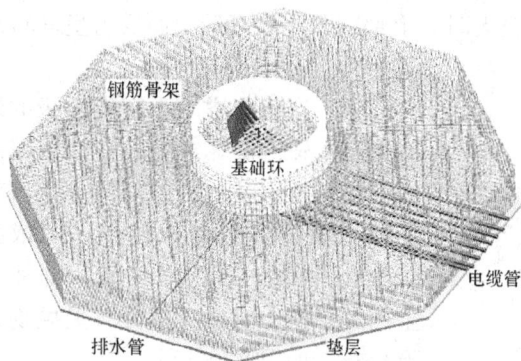

图 2-5 风电机组基础结构示意

载荷的作用，土的接触压力增大，导致地基破碎，整个机组倾倒。风电机组基础的结构类似于普通建筑物基础，但是由于其所处的独特工况条件，其结构又区别于一般基础，主要区别在基础与上部结构连接、基础受力特性、基础结构要求等方面。

首先特别考虑基础环与基础之间的联接，以确保塔架与基础之间载荷的传递。

其次为了满足基础承受大倾覆大弯矩的工况条件，基础顶板和底板需要配置大量钢筋（见图 2-6），以满足安全性要求，尤其是基础顶板，基础上表面除了切向受力筋以外，为减小基础环的上拔，还需要径向钢筋锚固至基础环内部的混凝土。因此，基础环上要有允许钢筋通过的开孔，并配置大量钢筋于基础顶板（见图 2-7）。

图 2-6　风电机组基础顶板钢筋

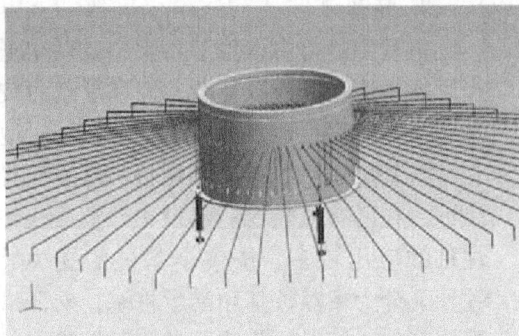

图 2-7　风电机组基础顶板钢筋与基础环连接

由于风电机组基础承受上部结构较大的弯矩作用，会使基础受到倾覆的危险，上表面的径向筋和抗弯竖向吊筋承受较大的应力，应布置大量架力钢筋，而且布置得与基础环越近越好。

2. 地基-基础相互作用

地基与基础之间相互作用包括：地基的沉降和基底反力大小与分布及基础的内力与地基的特性有密切的关系，此外还要受到基础本身刚度的影响。

风电机组基础大都为刚性基础，刚性基础对基础与地基相互作用的影响主要有以下方面：

（1）刚性基础本身具有极大的抗弯刚度，在上部结构载荷作用下不产生挠曲。

（2）当基础沉降时，基础底面仍然保持为一个平面，当基础承受中心载荷时基础均匀沉降，当基础承受偏心荷载时基础沉降为一倾斜面。

（3）当风电机组基础埋置较深和底板面积较大时，上部荷载不大基础底面反力呈马鞍形分布，如图 2-8 所示。

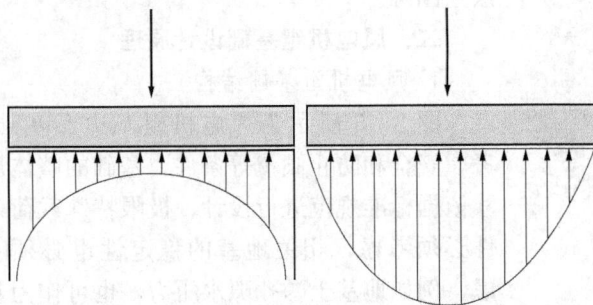

图 2-8　载荷较小时基础底板土压力分布图

（4）当载荷增加，底板边缘的地基土产生塑性破坏。随着塑性区域的增大，其所承受的力越来越小，这就使应力集中到载荷作用周围，依据 Prandtl-Busiman，当载荷达到地基土的承受能力时，应力分布呈抛物线形分布，如图 2-8 所示。

（5）风电机组基础作为刚性基础，基底反力与载荷分布情况无关，仅仅与荷载合力大小与作用点位置相关，如载荷偏心较大时，离合力作用点近的基底边缘反力很大，而远离基底边缘反力为零，甚至基底可能局部脱离地基土。

三、基础部分的施工

在风力发电机组基础部分的施工过程中，其承台上的预埋件水平度偏差，按相对高差计算应不大于±1～2mm，塔架越高允差越小。因为塔底根部连接法兰（即预埋件上部法兰）水平度的微小倾斜，就会造成塔体顶部中心与垂直轴线之间的严重位差，从而使塔体垂直方向载荷偏移，影响塔体的垂直稳定性能。也就是说，预埋件上部法兰水平度是确保塔体安全的重要指标，也是施工方案予以重点考虑的技术关键。

1. 基坑开挖与坑底处理

（1）基坑开挖与钻桩孔。

基坑开挖是塔架基础施工的第一步，基坑的开挖应按风力发电机制造厂商提供的图样要求进行。因为塔架基础开挖工作量大，一般采用机械开挖。开挖过程中必须根据土质条件，进行合理地安全支护，防止边坡塌方造成不必要的人员、设备或工时损失。在钻桩孔过程中规定，必须按一定的时间间隔对桩机的水平度和高层位置进行跟踪测量，发现数据超标应及时修正，以保证桩孔对水平面的垂直度。

（2）坑底处理。

基坑挖好后，坑底应夯实、找好水平，然后根据图纸要求进行防渗层施工。

对于松软地层，坑底夯实后，应在混凝土垫层下部摊铺一定厚度的大块毛石，以提高坑底的承载能力，减少浇筑时的不均匀沉降。

提高施工垫层混凝土厚度，并敷设足够的钢筋与桩基钢筋笼相连。

2. 钢筋绑扎与支模板

（1）钢筋加工在现场钢筋场进行，主筋采用闪光对焊连接，板块钢筋采用冷搭接。基础底板钢筋施工完毕进行沉头插筋施工，插筋应保证位置准确。基础板块钢筋及承台插筋施工完毕，组织一次隐蔽工程验收，合格后方可浇筑混凝土。

（2）承台上的型钢、法兰或地脚螺栓应与钢筋网连接牢固，并要浇入混凝土内。由于承台钢筋层数、排数较多，绑扎时应自内向外分层分排绑扎。

（3）承台与平板块连接钢筋的绑扎，承台部分的钢筋自平板块内伸出，有竖直向、斜向及曲线形，竖向和斜向筋以插筋形式伸出，伸出长度应使钢筋接头错开 $30d$（d 为钢筋直径），错开数量50%为准；曲线部分与直线部分焊接，接头数量及错开距离按规范实施。

（4）支模板应按照相关标准进行，基础板块和承台用组合钢模板支模，不合模数部位采用木模板支模。

（5）将基础板块上表面标高做明显标记，供浇筑混凝土时找平用。模板内表面应涂水性蜡质脱模剂以保证拆模后不发生黏皮现象。

3. 混凝土浇筑

塔架基础体积很大、大体积混凝土的施工技术要求比较高，特别在施工中要防止混凝土因水泥水化热引起的温度差产生温度应力裂缝。因此需要从材料选择、技术措施等有关环节做好充分的准备工作，才能保证基础底板大体积混凝土顺利施工。

（1）混凝土浇筑前现场准备工作。

1）基础板块钢筋及承台插筋应分段施工完后，进行隐蔽工程验收。

2）浇筑混凝土时预埋的测温管及保温随需的塑料薄膜、草席等应提前准备好。

3）项目经理部应与建设单位联系好施工用电，以保证混凝土振捣及施工照明用。

4）管理人员、施工人员、后勤人员、保卫人员等昼夜排班，坚守岗位，各负其责，保证混凝土连续浇灌的顺利进行。

（2）混凝土浇筑材料选择。

1）水泥。考虑普通水泥水化热较高，特别是应用到大体积混凝土中，大量水泥水化热不易散发，在混凝土内部温度过高，与混凝土表面产生较大的温度差，使混凝土内部产生压应力，表面产生拉应力。当表面拉应力超过早期混凝土抗拉强度时就会产生温度裂缝，因此最好采用水化热比较低的矿渣硅酸盐水泥，标号为 525 号，通过掺入合适的添加剂可以改善混凝土的性能，提高混凝土的抗渗能力。

2）粗骨料：采用碎石，粒径 5～25mm，含泥量不大于 1％。选用粒径较大、级配良好的石子配制的混凝土，和易性较好，抗压强度较高，同时可以减少用水量及水泥用量，从而使水泥水化热减少，降低混凝土温升。

3）细骨料：采用中砂，平均粒径大于 0.5mm，含泥量不大于 5％。选用平均粒径较大的中、粗砂拌制的混凝土比采用细砂拌制的混凝土可减少用水量 10％左右，同时相应减少水泥用量，使水泥水化热减少，降低混凝土温升，并可减少混凝土收缩。

4）粉煤灰。粉煤灰对水化热、改善混凝土和易性有利，但掺加粉煤灰的混凝土早期极限抗拉值均有所降低，对混凝土抗渗抗裂不利。因此粉煤灰的掺量控制在 10％以内，采用外掺法，即不减少配合比中的水泥用量。按配合比要求计算出每立方米混凝土所掺加粉煤灰量。

5）添加剂。减水剂每立方米混凝土 2kg，减水剂可降低水化热峰值，对混凝土收缩有补偿功能，可提高混凝土的抗裂性。

（3）混凝土配合比。

混凝土配合比应提高试配确定。按照国家现行《混凝土结构工程施工质量验收规范》《普通混凝土配合比设计规程》及《粉煤灰混凝土应用技术规范》中的有关技术要求进行设计。

粉煤灰采用外掺法时仅在砂料中扣除同体积的砂量。另外应考虑到水泥的供应情况，以满足施工的要求。

（4）混凝土浇筑。

1）浇筑混凝土前应将基槽内的杂物清理干净。

2）混凝土浇筑时应采用"分区定点、一个坡度、循序推进、一次到顶"的浇筑工艺。即，浇筑时先在一个部位进行，直至达到设计标高，混凝土形成扇形向前流动，然后在其坡面上连续浇筑，循序推进。确保每层混凝土之间的浇筑间歇时间不超过规定的时间，也便于浇筑完的部位进行覆盖和保温。

混凝土浇筑应连续进行，间歇时间不得超过 6h，如遇特殊情况，混凝土在 4h 仍不能连续浇筑时，需采取应急措施。即在已浇筑的混凝土表面上插 12 短插筋，长度 1m，间距 50mm，呈梅花形布置。同时将混凝土表面用塑料薄膜加草席覆盖保温，以保证混凝土表面不受冻。

3）混凝土浇筑时在出灰口处配置 3～4 台振捣器，因为混凝土的坍落度比较大，在几米厚的板块内斜向流淌距离与厚度相近，2 台振捣器主要负责下部斜坡流淌处振捣密实，另外 1～2 台振捣器主要负责顶部混凝土振捣。振捣时间以混凝土粗骨料不再显著下沉，并开始泛浆为准，以避免欠振或过振。

4）由于混凝土坍落度比较大，会在表面钢筋下部产生水分，或在表层钢筋上部的混凝土产生细小裂缝。为了防止出现这种裂缝，在混凝土初凝前和混凝土预沉后采取二次抹面压实措施。

5）现场按每浇筑 100 方（或一个台班）制作 3 组试块，一组做 7 天强度试块，一组做 28 天强度试块归技术档案资料用；一组做 14 天强度试块备用。

除上述的常规混凝土浇筑注意事项外，塔架基础上与塔架对接的预埋件上部法兰水平度偏差的保证，是塔架基础混凝土浇筑的关键技术。

设计规定预埋件上部法兰水平度偏差按相对高差计算不大于±1~2mm，以保证较高的塔体的垂直度。针对基础承台必须一次浇捣成形的设计工艺要求，施工方案中应考虑将预埋件通过 3 点高约 2m 的支腿，事先放置在与承台下底面标高相同的厚约 200mm 的混凝土垫层上，并利用与支腿连接的调节螺杆把预埋筒体上法兰平面的水平度调整到±2mm 范围内，然后再进行承台混凝土浇捣。

（5）大体积混凝土温升与测温。

对基础混凝土进行温度检测：基础混凝土中部中心点的温升峰值高，该温升值一般略小于绝热温升值。此现象一般在混凝土浇筑后 3 天左右产生，以后趋于稳定不再升温，并且开始逐步降温。

根据 GB 50204—2015 规定，对大体积混凝土的养护应根据气候条件采取控温措施，并按需要测定浇筑后的混凝土表面和内部温度，将温差控制在设计要求的范围内；当设计无具体要求时，温差不宜超过 25°。

表面温度的控制可采取调整保温层的厚度实现。

1）基础板块混凝土浇筑时应设专人配合预埋测温管。测温管的长度分为两种规格，测温线应按测温平面布置图进行预埋，预埋时测温管与钢筋绑扎牢固，以免位移或损坏。每组测温线有 2 根（即不同长度的测温线），在线的上端用胶带做上标记，便于区分深度。测温线用塑料带罩好，绑扎牢固，不准使测温端头受潮。测温线位置用保护木框作为标志，便于保温后查找。

2）配备专职测温人员，按两班考虑。对测温人员要进行培训，测温人员要认真负责，按时按孔测温，不得遗漏或弄虚作假。测温记录要填写清楚、整洁，换班时要进行交接。

3）测温工作应连续进行，直到持续测温及混凝土强度达到时间，并经技术部门同意后方可停止测温。

4）测温时发现混凝土内部最高温度与表面温度之差达到 25℃或温度异常，应及时通知技术部门和项目技术负责人，以便及时采取措施。

5）测温采用液晶数字显示电子测温仪，以保证测温及读数准确。

（6）混凝土养护工艺。

1）混凝土浇筑及二次抹面压实后应立即覆盖保温，先在混凝土表面覆盖二层草席，然后在上面覆一层塑料薄膜。

2）新浇筑的混凝土水化速度比较快，盖上塑料薄膜后可进行保温保养，防止混凝土表面因脱水而产生干缩裂缝，同时可避免草席因吸水受潮而降低保温性能。

板块和承台的垂直部位是保温的难点，要特别注意盖严，防止造成温差较大或受冻。

3）停止测温的部位经技术部门和项目技术负责人同意后，可将保温层及塑料薄膜逐层揭掉，使混凝土散热。

4）顶面覆盖养护：覆盖保水养护方法适合于大于 28 天的长间歇顶面养护。具体做法是在养护顶面全面覆盖养护材料，如隔热被、风化砂或土等，给覆盖材料浸水并始终保持覆盖材料处于水饱和状态，即可满足养护要求。覆盖洒水养护适合于夏季正常实施的顶面养护。由于顶面蒸发快，仅采取洒水养护不能满足要求，因此对顶面覆盖材料洒水养护效果较好。

5）有条件的话可进行长期流水养护。根据现行水工混凝土施工规范，混凝土浇筑后养护时间一般为 14 天，重要部位养护到设计期限。喷淋管养护适合于四周垂直面或长间歇期平面养护。

　　具体方法是沿仓位边线在模板上口上铺设喷淋管。喷淋管是在管壁上均匀布钻一排细孔的1/2寸钢管，使用时，将管两端封堵，水雾通过细孔喷出，洒在养护面上。给喷淋管不停地通水，便可保持长流水养护。

　　4. 基础覆土的回填

　　（1）堆筑时对堆土进行分层夯实，以减少自然密实量，缩短自然密实过程。

　　（2）尽可能早一点堆筑，使之有尽量多的时间完成自然密实，需要经历较大的降雨或浇水。

　　5. 施工过程中的主要管理措施

　　（1）拌制混凝土的原材料均需进行检验，合格后方可使用。同时要注意各项原材料的温度，以保证混凝土的入模温度与理论计算基本相近。

　　（2）在混凝土搅拌站设专人掺入添加剂，掺量要准确。

　　（3）施工现场对混凝土要逐车进行检查，测定混凝土的坍落度和温度，检查混凝土量是否相符。严禁混凝土搅拌车在施工现场临时加水。

　　（4）混凝土浇筑应连续进行，间歇时间不得超过3～5h。

　　（5）质检部门设专人负责测温及保养的管理工作，同时配置专职养护人员，实行挂牌上岗。养护实施的记录由养护专业人员及时记载，并做到真实、详尽；发现问题应及时向项目技术负责人汇报。

　　（6）加强混凝土试块制作及养护的管理，试块拆模后及时编号并送入标养室进行养护。

任务2　机组的塔架

学习背景

　　塔架在风电机组的结构系统中的主要起支撑上部机组结构的作用，它将来自于自重、环境和运行过程等的结构载荷传递到基础部分，既为风轮在空间中提供了足够的工作高度，也为整个风电机组的稳定可靠工作提供保障。本任务将就风力发电机组塔架的主要形式、受力情况、性能评价和国内外研究现状等几个方面进行介绍。

学习目标

　　1. 了解风电机组塔架的作用和结构形式。

　　2. 掌握机组塔架受力情况和性能评价。

　　3. 了解风电基础塔架方面的研究现状和发展动态。

一、塔架及主要形式

　　现代风力发电机组向大型化发展的同时，整机的体型也更加庞大，而塔架和基础是其的最主要的承载部件。塔筒（见图2-9）的作用是：首先，将机组支撑安装到一定的高度，这个高度一般为叶轮直径的1～1.5倍，以便更好地利用风能，获得较高且稳定的风速。其次，给风轮及主机（机舱）提供满足功能要求的、可靠的固定支撑。最后，提供安装、维修等工作的平台。

塔架的设计思想：一方面使所用的风轮捕获尽可能多的风能；另一方面满足所处的工况（从机械强度方面考虑）要求；同时做到兼顾风电机组整体制造成本控制。

图 2-9 风力发电机组塔筒

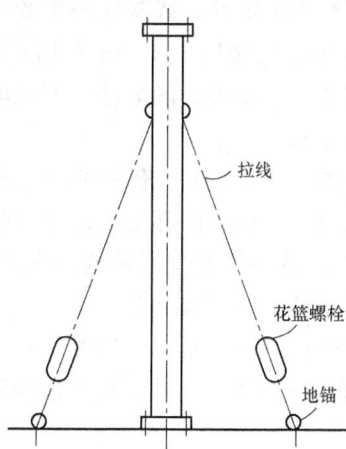

塔架高度限制：塔架高度越高，轮毂中心高度处风力越大，发电量也越高，但并不能无限制增加高度。塔架增高，塔架成本费用也相应提高，两者存在费用比例关系。

目前风电机组所用塔架高度（以轮毂中心高计算）主要为 40、65、70、80、100m。以运行的环境温度划分有低温型（－40℃）、常温型（－20℃）。

塔架的结构分两种：一种是无拉索式塔筒，包括桁架式和钢筒式；另一种是有拉索式塔架，包括四散的基础、无水泥基础、中心相对很小的基础几种形式。目前大型风力发电机组采用的塔架主要为锥形钢筒塔架。

随着机组容量的增加，塔架质量占机组质量的比例越来越大。塔架应有足够的强度和刚度，能够承受台风和暴风的袭击。

所以，风电机组塔架部分质量一般可达百吨以上，成本占总造价的 20％ 左右，是风电机组的重要组成部分。塔架按照结构材料可分为钢结构塔架和钢筋混凝土塔架，按形式分主要有拉索式塔架、桁架式塔架、钢筒式塔架、钢筋混凝土塔架等形式。

（1）拉索式塔架。

拉索式塔架由一根钢管和 3～4 条拉线组成，如图 2-10 所示。它具有简单、轻便、稳定等优点。微型风电机组采用这种形式的塔架较多。

（2）桁架式塔架。

桁架式塔架是由钢管或角钢焊接而成的桁架，或再辅以 3～4 根拉线组成，如图 2-11 所示。桁架的断面形状常见的有等边三角形与正方形两种。小中型风电机组的塔架多采用桁架拉线式结构。

图 2-10 拉索式塔架

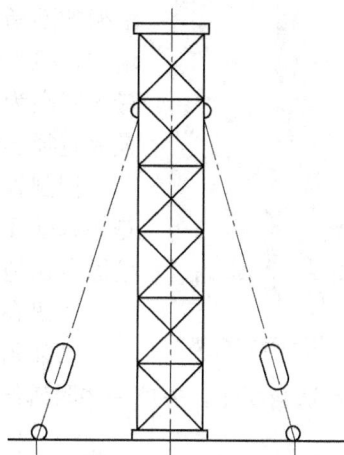

图 2-11 桁架式塔架

（3）钢筒式塔架。

钢筒式塔架是由 2 至多段钢制锥形圆筒通过高强度螺栓在安装现场连接而成，它们每段有 20~30m 长，每段的两端带连接法兰，塔架的各段是先有一系列成对的钢板卷压，然后将这些钢板沿纵向焊接成锥形圆筒，然后将圆筒沿横向焊接成塔架的各段。

现在国内外风力发电机组的主流机型还是兆瓦级，这类机组的塔架部分已经巨大，其体积和质量无论是生产焊接还是运输吊装难度都比较大。所以，在实际运用和设计时，接近兆瓦级别及以上的风电机组塔架更多采用分段设计，通过把整个塔架拆分为若干段，分段生产和分段运输，最后进行集中吊装，这样就很好地解决了上述问题。表 2-1 为国内某 1.5MW 风力发电机组塔架分段后的各部分长度和质量的规格列表。

表 2-1　　　　　　国内某 1.5MW 风力发电机组钢筒塔架长度、质量规格

风力发电机组类型	塔架形式	长度（m）			质量（t）			
		下段	中段	上段	下段	中段	上段	底座
70/1500	65m 高三段式	15	22.8	25	40.377	36.119	25.756	8.595
77/1500	65m 高三段式	13.8	25	22.8	35.223	37.087	22.778	6.823
77/1500	65m 高二段式	30.2	—	31.4	59.465	—	33.443	6.823
82/1500	70m 高三段式	12	16.5	38.1	30.759	33.151	50.986	6.823
82/1500	70m 高三段式	18.7	24.75	24.35	42.671	42.039	28.303	7.309

钢筒式塔架由于结构简单，占地面积小，施工方便快捷等特点，在大型风电机组中应用最为普遍。钢筒式塔架结构是由钢板卷制成环状焊接而成，段与段之间用 L 形法兰连接而成，法兰与各段塔筒焊接而成，塔底段壁厚往往超过 50mm，而法兰盘厚度一般在 100mm 左右。为了尽量减少塔节的数目，减少法兰的数量，结合运输能力每段塔筒长度范围是 20~30m。道路运输的限制、钢塔筒的制造成本等极大地限制了法兰焊接式塔筒的发展。随着开发者对塔架稳定性与不断升高塔架的要求，壁厚的增加对卷制钢板加工工艺及焊接均有更高的要求，带来了其他费用的投入，同时使得每段塔筒的质量增加随之增加了运输成本。随着塔架的不断升高，为了机组稳定性，塔架底段塔筒直径会不断增加，机组塔架最大直径已经接近了 4.4m（我国道路运输的最大限高为 4.5m）。据了解，目前我国某些大型风电机组塔架最大直径已经超过了 4.5m。

图 2-12　钢制管式塔架

钢制管式塔架（见图 2-12）通常有两种固定形式：一种是将基础环预埋件嵌入地下，塔架底部法兰通过高强度连接螺栓固定在地基预埋件上；另一种方式是将螺杆浇铸在混凝土中，塔架底部法兰通过螺杆固定在地基上。

以某兆瓦级风力发电机组塔架基础结构为例，对塔架基础结构模型进行适当简化，去掉一些附属结构比如爬梯、平台等，简化后的几何模型简图如图 2-13 所示。

（4）钢筋混凝土塔架。

钢筋混凝土塔架其中应用最广泛的为钢筋预应力混凝土塔架，主要优点在于其抗腐蚀性

能好（适用于沿海及其他腐蚀性高的地区）、便于施工、维修费用低、节约钢材且不受道路运输条件限制，大大降低了运输成本。但由于其刚度大，现场施工周期长等原因不能适应风电机组大型化的发展趋势，另一方面由于混凝土材料自身抗拉强度约为抗压强度的 $1/8\sim1/20$，这也限制了其在高耸结构中应用。

随着风电机组发展的大型化，风资源被不断开发和利用，陆地上在风电机组安全等级内风速相对稳定、年平均风速较高的风区越来越少的情况下，促使开发者不断提高轮毂中心高度、增大叶轮直径等途径来获取更大的风能。其中提高轮毂中心高度方案，相应促使塔架不断升高，并要求所涉及塔架具有更高的安全系数。然而随着塔架不断升高，运输条件的影响将变得尤为重要，传统型法兰焊接塔筒过于笨重和庞大的特点限制了钢筒式塔架的发展，也阻碍了风电机组不断大型化的发展。为了解决上述问题，新型塔架将逐渐取代传统型法兰焊接塔架并成为未来塔架主要模式。

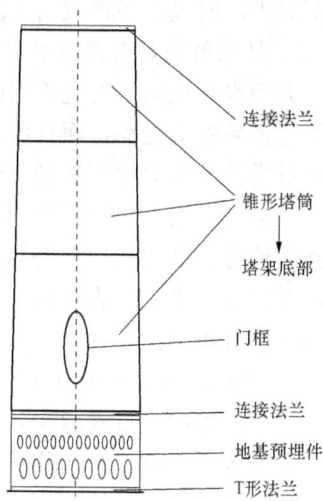

图 2-13　风电机组塔架基础结构的几何模型简化图

二、塔架的性能评价

塔架将机舱与地面连接，为风电机组叶片的运行提供足够的高度。近年来，伴随着单机容量的增加，要求塔筒高度不断提升，由此也导致了作用于塔筒的水平荷载越来越大、越来越复杂。这是因为机组塔架需要承受整个机组的重力，还要承受风轮产生的各种载荷，因此塔架要有足够的强度和刚度，保证风电机组能够正常地运行。

目前中大型风电机组广泛使用的是锥筒式塔架结构。这种结构的塔架一般由若干段锥筒用法兰连接而成，各段锥筒是由一定厚度和规格的钢板滚压成锥筒状，然后将各段锥筒进行焊接而成。这种形式的塔架，底部直径较大，顶部直径较小，也称为圆台式塔架。这种塔架的优点是结构简单，加工制造安装方便，能承受较大的载荷值，是目前广泛使用的塔架形式。

1. 塔架的受力情况分析

风电机组工作时，整个风电机组所产生的载荷都会传递到塔架上，由于叶轮的转动和风速的随机变化，使得作用到塔架上的载荷也是随机变化的，这使得塔架的受力状况更加复杂。风电机组塔架所受的主要载荷如下：

（1）空气动力载荷。包括：①风对叶片产生的推力作用在塔架上产生的轴向推力；②风对风轮产生的转矩会在塔架上产生一个反作用力矩；③由于风速垂直梯度的存在，会对塔架产生一个俯仰力矩。

（2）重力载荷。包括：①除塔架之外的风电机组其他部件产生的重力和对塔架产生的力矩；②塔架的重力。

（3）离心力。包括：①由于叶片质量不均匀产生的离心力和离心力弯矩；②叶轮偏航时产生的陀螺力矩。

塔架所受总力矩为所有转矩、弯矩的矢量和。

对风电机组的塔架进行设计时，需要考虑机组在各种工况下塔架的载荷强度是否满足静强度要求。通过在各种载荷工况下的分析，可以得到塔架的应力分布及位移应变。

2. 塔架的振动情况分析

大型水平轴风力发电机组的塔架多为细长的锥筒形结构，而且多为柔塔，在风载荷的作用下，极易发生振动，而且由于振动还会产生附加的应力和位移，影响塔架的安全性。因此需要对塔架的动力学问题进行分析。

各类型塔架仍然没有解决塔架共振的问题。在保证塔架安全的前提下，使塔架尽量避免共振是传统型塔架和新型塔架都在不断努力解决的问题。对风电机组的塔架进行固有频率计算，可以分析塔架的固有频率是否会与风轮旋转频率和叶片的振动频率重合，主要考虑机组的一阶固有频率。

3. 塔架的质量检测与评价

(1) 机组的质量检验中，塔架部分在其未吊装前检查项目包括对质量文件、完工报告单、平面度、工具（激光测平仪或塞尺）、法兰平面度允许最大误差的检查。

(2) 机组的质量检验中，塔架部分的实物检查项目包括检查法兰面喷锌，法兰孔喷漆；避雷螺柱喷锌（注意：上段顶法兰用于安装接油盘的孔可能有漏钻的情况）；检查塔筒登高梯子（有部分现场使用铝合金的成型梯子，质量较好，但可能有漏焊情况，需要注意检查）；对塔筒外表的油漆检查。

(3) 机组的质量检验中，塔架部分在其吊装完后的检查项目包括：

1) 垂直度检查。当理论正确角度相对于基准面为90°时，称为垂直度公差。

2) 公差带。当以平面为基准时，若被测要素为平面，则其垂直度公差带是距离为垂直度公差值，垂直于基准平面的两平行平面之间的区域。垂直度量测用量角器或垂直度量测仪。上段、中段塔筒允许最大偏差、下段塔筒允许最大偏差、塔筒总的垂直度等。

3) 直线度检查。直线度指直线上各点跳动或偏离此直线的程度。直线度检查主要是测量圆柱体和圆锥体的素线直线度误差、机床和其他机器的导轨面以及工件直线导向面的直线度误差等。常用的测量方法有直尺法、准直法、重力法和直线法等。理想的移动路径为直线，任何在直线水平方向的偏移量称为水平直线度，垂直方向则称为垂直直线度，上、中、下段直线度允许范围等。

任务3 拓展内容：典型机组基础及塔架吊装

学习背景

通过对风电机组基础部分和塔架两个项目的学习，大家应该掌握了风电机组基础和塔架的作用、主要形式和在风电机组运行中的技术指标要求以及相关原理。本任务将结合之前所学知识，向大家详细介绍风电机组塔架吊装过程中塔筒螺栓紧固相关的知识和典型事故案例。

学习目标

1. 掌握机组塔筒螺栓紧固技术规范要求。

2. 了解塔筒螺栓紧固注意事项和事故。

案例一　机组螺栓及其紧固

1. 塔架螺栓的紧固

作为连接上中下段塔架的关键部件，塔架的作用之一是在风电机组的运行过程中，提供满足功能要求的、可靠的固定支撑。

由于实际吊装过程中风电机组的绝大多数塔架均为分段式结构，并由螺栓连接紧固。所以在塔架对机组进行支撑的过程中，塔架连接螺栓将会传递风作用在风电机组上形成的各种载荷，其服役情况将直接影响塔筒的稳定性，进而影响整个风电机组的运行。

所以，为了保证完成吊装（见图 2-14）之后的风力发电机组能够长期安全运行，所有螺栓均必须严格按要求紧固。

风电机组塔架螺栓紧固的配套工具为电动扳手初次紧固，然后再用电动液压扳手紧固到规定

图 2-14　风力发电机组塔架的吊装

力矩。每个不同结合面的螺栓紧固力矩均不同，必须严格按照相应技术手册上的力矩规范执行。

具体操作时，首先调整好电动扳手或液压扳手的力矩，按照对角线方向紧固分别塔架法兰螺栓。螺栓力矩在紧固过程中通常分两到三次打完。如以 3300N·m 的螺栓紧固为例，分别进行第一次 1650N·m，第二次 2475N·m，第三次 3300N·m 紧固操作。而最后一到力矩则在整个风电机组安装到位后，再进行全部紧固并完成。

某风电机组各部分螺栓力矩值规格见表 2-2。

表 2-2　　　　　　　　　　　　机组各部分螺栓紧固力矩表

名称	标准	紧固件	数量	套筒规格	工具/力矩	
塔筒第一节	DIN6914	螺栓 M36×245	144（42CrMoA）	60	电动扳手	600N·m
	DIN6915	螺母 M36	144（35CrMoA）		电动力矩	2000N·m（60）
	DIN6916	垫圈 37（35CrMoA）	288（35CrMoA）		液压扳手	2800N·m（460bar）
塔筒第二节	DIN6914	螺栓 M36×205	136（42CrMoA）	60	电动扳手	600N·m
	DIN6915	螺母 M36	136（35CrMoA）		电动力矩	2000N·m（60）
	DIN6916	垫圈 37（35CrMoA）	272		液压扳手	2800N·m（460bar）
塔筒第三节	DIN6914	螺栓 M36×175	120（42CrMoA）	60	电动扳手	600N·m
	DIN6915	螺母 M36	120（35CrMoA）		电动力矩	2000N·m（60）
	DIN6916	垫圈 37（35CrMoA）	240		液压扳手	2800N·m（46MPa）

名称	标准	紧固件	数量	套筒规格	工具/力矩	
机舱	ISO4014	螺栓 M27×305 （42CrMoA）	84 塔筒与机舱 84 连接	41（臂薄型）	电动扳手（小）	600N·m
	DIN6916	垫圈 28 （35CrMoA）				
	ISO4014	螺栓 M36×320 （42CrMoA）	54 机舱与轮毂 54 连接	55	液压扳手	990N·m（16MPa）
					电动扳手	600N·m
	DIN125	垫圈 37 （45 号）			电动力矩	1340N·m（28）
					液压扳手	2320N·m（37MPa）
叶片		螺母 M30	54/单支（162）	46（半加长）	电动扳手（小）	600N·m
					液压扳手	1100N·m（18MPa）
轮毂起吊吊耳		螺栓 M30×240	10	46	液压扳手	1356N·m（22MPa）
变桨轴承螺栓		双头螺栓 M30×240	10	46	液压扳手	1340N·m（21MPa）

　　上述虽为特定品牌特定机型的下段塔筒施工标准，但有一定代表性。如果对该机组塔筒中段或上段进行吊装施工，其力矩设置和施工要求可能会发生变化。同时，如果风电机组的品牌发生变化或者机组大小发生变化其力矩设置和施工要求也可能发生变动。

　　2. 国内某风电场塔筒螺栓维护计划

　　（1）维护计划。按照规定的维护时间完成所有要求的维护工作，风电场风力发电机组维护计划表见附录一。风力发电机的故障和损坏可以减小到最少。维护工作包括塔架、机舱、发电机、叶轮、控制系统和远程监控。

　　（2）维护清单。表2-3维护清单列出了风力发电机的所有维护工作。其中第一列是维护工作内容，第二列至第四列是维护级别代码。最后一列是维护工作的执行情况记录。

　　在实际记录过程中，填写√表示本项维护工作按要求完成；R 表示本项维护工作有问题，需要记录；X 表示本项维护工作因某种原因没有执行，需要说明原因。

　　涉及塔架和基础部分的维护清单见表2-3。

表 2-3   **总体/塔架部分维护清单（节选）**

检查内容	A	B	C	X	结果
总体检查					
检查防腐、裂纹、破损、渗透情况	A	B	C		
检查运行噪声	A	B	C		
检查防坠落装置、灭火器、警告标志、助力器	A	B	C		
塔架和基础					
检查塔架、基础外观裂纹 - 裂纹、防腐、破损	A	B	C		
检查塔架和基础的连接有无防腐破损，有无进水	A	B	C		
检查塔架门的百叶窗、门、门框和密封是否损坏，门锁的性能（开、闭、锁）	A		C		
检查基础内支架的紧固，有无电缆烧焦、基础内有无进水、昆虫并清洁	A		C		
检查塔架内梯子，平台是否损坏，防腐是否破损并清洁	A	B	C		
检查塔架内电缆和接电线是否完好	A	B	C		
紧固梯子、平台的连接螺栓	A		C		
检查螺栓力矩，底法兰：3300N·m	A		C		
检查螺栓力矩，中法兰：3300N·m	A		C		

（3）维护计划说明。

维护计划是指执行维护清单中列出的维护工作时间表。维护计划列出了风力发电机从开始运行后 20 年的维护工作。

维护时间（年）是从首次运行后开始，确定维护时间表。维护工作分为 4 个级别：

维护 A 为首次运行后 1～3 个月维护，维护 A 是一个单次维护工作，在风力发电机的维护计划中只执行一次，重新紧固所有的螺栓。维护 A 执行的时间误差是 ±1 个月。

维护 B 为半年维护。维护 B 执行的时间误差是 ±1 个月。

维护 C 为一年维护，按照力矩表要求的数量紧固螺栓并做标记以便下次检查时不会重复，如果发现有松动的螺栓，则紧固该项所有的螺栓并作记录。维护 C 执行的时间误差是 ±1 个月。

维护 X 为扩展维护。

（4）维护工作的安排与计划。

除了维护计划外，可以在任何有必要的时候检查风电机组或单个零部件，所有的维护操作和检查都必须完整地记录在维护记录（见表 2-4）中。进行维护和检查工作前，应查阅维护记录，可以了解风电机组当前的状态和一些特殊的情况。

表 2-4   **总体/塔架部分维护计划表**

时间（年）	级别	扩展
1/4	A	—
1/2	B	—
1	C	—

时间（年）	级别	扩展
1/2	B	—
2	C	—
2/2	B	—
3	C	X1
3/2	B	—
4	C	—
4/2	B	X2
5	C	—

3. 机组塔架螺栓紧固操作及注意事项

在保证装配质量的前提下，为进一步提高装配效率，规范高强螺栓的紧固方法需要严格规范执行。

（1）普通螺栓的连接。一般将风力发电机组主机架、机舱框架、机舱罩等结构件之间连接螺栓的紧固划分为普通连接等级。安装前对螺栓组进行检查，确保外观完好、防腐层无脱落。涂抹螺纹润滑剂，使用手动力矩扳手、液压扳手等工具（参照制造厂家提供的工具使用规范）紧固普通部位螺栓一次打至规定力矩值，如图 2-15 和图 2-16 所示。

图 2-15　使用力矩扳手紧固塔筒螺栓　　　　图 2-16　使用液压扳手紧固塔筒螺栓

螺栓紧固完毕后，在螺栓头部做一标记。

（2）重要部位螺栓的紧固。一般将风力发电机组变桨系统、偏航系统、部分主传动系统等部位之间连接螺栓的紧固划分为重要连接等级。

安装前对螺栓组进行检查，确保外观完好、防腐层无脱落。涂抹螺纹润滑剂。使用手动力矩扳手、液压扳手等工具（参照工具使用规范），对连接部位的螺栓进行交叉、分步紧固。

螺栓组呈环形分布的使用交叉、分步紧固方式，一般分 3 次紧固，第一次使用规定力矩的 30%，第二次为 60%，第三次 100%。

螺栓组呈矩形或不规则分布的使用对角或顺序进行多步紧固，一般分为 3 次紧固，紧固方式同上。

螺栓紧固完毕后，在螺栓头部做一标记。

（3）关键部位螺栓的紧固。一般将风力发电机组齿轮箱锁紧盘、胀紧套、联轴器等部位之间连接螺栓的紧固划分为关键连接等级。

1）安装前对螺栓组进行检查，确保外观完好、防腐层无脱落。

2）涂抹螺纹润滑剂。

3）使用手动力矩扳手、液压扳手等工具（参照工具使用规范），对连接部位的螺栓进行对角、分步紧固。

4）胀紧套螺栓按照顺序分步方式紧固。每 100N·m 一增加，直至规定力矩值。

5）锁紧盘螺栓按照对角二同步分步方式紧固。800N·m 前用手动力矩扳手，800N·m以上增加 100N·m 打三圈。

6）螺栓紧固完毕后，在螺栓头部做一标记。

7）塔筒螺栓穿装完毕后，分别用电动力矩扳手和液压扳手进行紧固。

8）在设备吊装前各法兰接触面均要均匀涂抹密封胶。在法兰穿螺栓前螺栓上涂防咬剂。

（4）注意事项。

1）确保螺栓按要求逐个紧固，严禁出现漏打、跳打、重打的现象。

2）确保螺纹润滑剂按润滑剂使用规范涂抹，操作步骤如图 2-17～图 2-20 所示。

3）确保螺栓头部标记清晰、规整。

图 2-17 螺栓螺纹处涂固体润滑膏

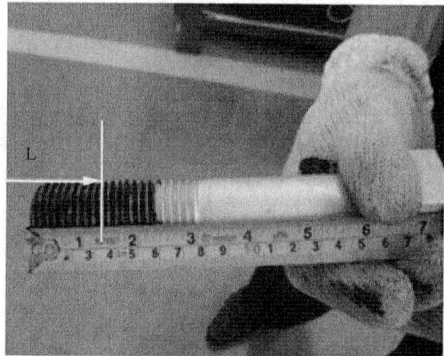

图 2-18 固体润滑膏的涂抹长度

图 2-19 螺栓头部下端涂固体润滑膏

图 2-20 固体润滑膏的涂抹完成后

对带＊标记螺栓的螺纹旋合面和螺母或螺头（扳手转动的一个）与平垫圈接触面涂抹固体润滑膏（MOLYKOTE G‑Rapid Plus）。

固体润滑膏（MOLYKOTE G‑Rapid Plus）使用：用油漆刷在螺栓的螺纹部分薄薄地涂固体润滑膏一周，涂抹长度为螺纹的旋合长度，同时在螺栓头部下端面（与平垫圈接触的面）涂固体润滑膏。

案例二　机组螺栓造成的风电场典型事故

1. 案例陈述

案例事故发生时间为 2010 年 2 月 1 日凌晨 3 点 18 分左右，43 号风电机组发生了倒塌事件。塔筒从中、下段法兰连接处折断倒塌，主机随同塔筒上段和中段朝着主导风向北偏西60°方向，扭曲旋转约180°后倒在大致为北偏西15°方向，法兰盘脖颈距端部12mm 处撕裂近三分之二（连接螺栓83孔），三分之一螺栓断裂（42条），中塔筒下法兰约三分之一撕裂随中塔筒倒下。塔筒中段、上段、风电机组机舱、轮毂顺势平铺在地面上，塔筒上段在中间部分发生扭曲变形。风力发电机摔落在地，且全部摔碎，齿轮箱与轮毂主轴轴套连接处断裂，齿轮箱联轴器破碎，叶片从边缘破裂大量填充物散落在地面上。

图 2-21　倒塌后的 43 号风机机头部分　　　　图 2-22　倒塌后的 43 号风机塔架部分

轮毂主轴套筒断裂损坏的事故发生后，现场将风电机组全停，并进行外观、内部的全面检查。3 月 4 日，检查发现 61 号风电机组中下塔筒法兰连接螺栓断裂 48 根（共 125 根），在螺栓未断裂面的法兰与焊缝间有长度为 1.67m 的裂缝，其异常现象与倒塌的 43 号塔筒情况基本一致。

2. 案例分析

根据现场反映，倒塌的 43 号风机通过了 240 验收，运行时间为两个月左右。该事件的直接原因为：

1）根据对塔筒法兰材料的检测，塔筒法兰的低温冲击韧性远远达不到国标的要求；

2）风场现场施工单位对螺栓力矩没有按照施工要求进行，机组的塔筒连接螺栓大部分存在力矩不足，有些螺栓用手就可以拧动。监理、业主及主机厂家没有进行认真验收；

3）没有按照定检要求对塔筒螺栓力矩进行定期维护。

3. 案例经验推介

以上企业生产实际案例适用于推介给以下工作作为经验参考。

案例适用对象：中大型水平轴/垂直轴式风力发电机组。

案例适用场所：以上风力发电机组的塔筒及其紧固螺栓的安装和维护。

案例适用工作范围：以上工作对象和场所的吊装施工以及日常维护工作。

通过案例总结避免发生类似事故的防范措施有：①充分认识到风电机组塔筒紧固可靠性对机组运行安全的重要性；②设计环节严格按照企业/行业施工标准对紧固零部件以及工具进行质量把关，选用正规厂家的零部件和螺栓，避免在使用过程中出现安全隐患；③不得因工期要求而放松对吊装工作质量的要求与监管；要加强对监理单位、风电机组厂家和吊装单位的管理；④在日常使用与维护中，要严把风电机组定检质量关，严格按照规程规范和主机厂家的定检手册进行定检工作，及时发现潜在危险。

项目 3 风 轮 及 叶 片

任务 1 风轮及叶片相关参数

学习背景

风轮及叶片是风力发电机组负责吸收风能的关键部件,是整个能量传递链条的最前端。风轮的类型主要取决于其叶片的基本几何尺寸与特征参数,如叶片数、风轮直径、叶尖速比;还包括叶片的空气动力参数,如翼型、各叶素弦长、各叶素安装角、叶片外形等。叶片作为运动机构长期暴露在高空自然环境当中,承受着自然界的各类复杂工况,其结构设计、制造工艺、运输安装及辅助机组进行功率调节对风电机组都十分重要。

本任务将就风轮的概念、风轮系统的相关技术参数和几何参数三个方面进行介绍。

学习目标

1. 掌握风轮的概念及不同类型风轮的特点。
2. 掌握机组风轮的技术参数及其意义。
3. 掌握叶片翼型的几何参数及其意义。

一、风轮及其相关术语

风轮是风电机组中将风能转换为旋转机械能的转动部件,由叶片、轮毂等部件组成,是风电机组的关键部件之一。

风轮的空气动力学特性关系到风电机组能量传输效率的高低,它取决于风轮的几何形式,包括风轮系统的叶片数量和叶片的弦长、扭角、厚度分布以及翼型特性等。风轮系统合理地设计需要考虑空气动力学、机械学、结构动力学、材料学、气象学、控制理论以及机组的风载荷特性、材料疲劳特性、试验测试技术等多方面和多个学科的知识。

根据风轮旋转轴的布置不同,风力发电机组分为水平轴风力发电机和垂直轴风力发电机组;根据叶片数量的不同,风力发电机组分为单叶片、二叶片、三叶片和多叶片风电机组;根据风轮受力的不同,风力机分为升力型风力发电机组和阻力型风力发电机组;风力发电机的类型不同,其风轮形状和结构也不同,在大中型风电机组中应用最多是水平轴三叶片风力发电机组,本项目主要针对这类风力发电机的风轮进行介绍(见图 3-1)。

有关风轮的技术参数定义如下。

1. 叶片数量 (Z)

机组叶片数量的确定主要根据风力发电机组的使用目的和当地风能情况来决定。机组风轮系统对其转速要求比较严格,并希望得到较高的风能利用系数。叶片数少的风电机组在高尖速比运行时有较高的风能利用系数,且启动风速较高,适用于发电。另外,叶片数目确定应与实度一起考虑,既要考虑风能利用系数,也要考虑起动性能,总之要达到最多的发电量

图 3-1　水平轴三叶片风力机

为目标。目前用于风力发电的一般属于高速风力发电机组，叶片数较少，一般 Z 取 2～3。其中，叶片数量为 2 的机组载荷较大，叶片数量为 3 的风力发电机组运行更平稳，基本能够保证系统的转矩输出的稳定性。

2. 叶尖速比（λ）

叶尖速比等于叶片顶端叶尖处线速度（圆周速度）与来流风速（风在接触叶片之前很远距离上的速度）的比值；是用来表述风电机组特性的一个十分重要的参数，对风电机组的结构和形状的设计有很大的影响。一般情况叶片越长或叶片转速越快，同风速下的风轮叶尖速比就越大。

根据叶尖速比的不同，可以把风轮分成两类：慢速比风轮机组和快速比风轮机组。慢速比风电机的速度比最大为 2.5。所有依靠风的阻力作用进行旋转的风力机组的叶尖速比都小于 1，属于慢速比风电机。而快速比风电机是风的浮力作用进行旋转的风力机组，其叶尖速比在 2.5 到 15 之间。几乎所有的现代风电机（叶片数量为 1 至 3）都属于此类。

3. 风能利用系数（C_p）

风能利用系数通常用 C_p 表示，它表示了风力发电机将风能转化成电能的转换效率。根据贝兹理论，风力发电机最大风能利用系数为 0.593。风能利用系数大小与叶尖速比和桨叶节距角有关系，C_p 计算公式如下：

$$C_p = \frac{2P}{\rho V^3 A} \tag{3-1}$$

式中：P 为风轮获得的输出功率；ρ 为空气密度；V 为来流风速；A 为风轮扫掠面积。

快速比风轮由于产生的涡流损失要比慢速比风电机组低很多，所以其作用系数要明显比慢速比的风电机组高。一般依靠阻力旋转的慢速比风轮的转化效率系数 C_p 在 0.3～0.35 之间，而依靠升力旋转的快速比的风轮能够达到 0.45～0.55。

4. 风轮轴线

风轮轴线指的是风轮的叶片旋转运动所在平面对应的轴线。

5. 风轮仰角

风轮的叶片旋转运动所在平面对应的轴线一般不是水平的，存在向上的一个较小的角度，这个风轮轴线与水平面的夹角就叫作风轮仰角。设计风轮仰角的作用是为了让风轮叶片在旋转过程中避免与机组塔架发生碰撞。

6. 旋转平面

旋转平面是指风轮叶片在旋转时所在的平面，它与风轮轴线垂直。

7. 风轮锥角

风轮锥角是指叶片相对于和旋转轴垂直的平面的倾斜角，如图 3-2 所示。锥角的作用是在风轮运行状态下减少离心力引起的叶片弯曲应力和防止叶尖与塔架碰撞的机会。

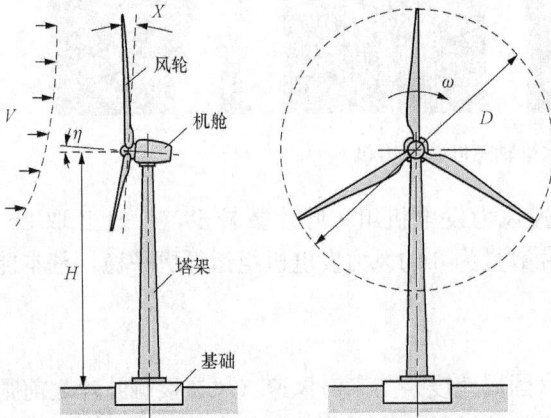

图 3-2　风电机组侧视图与正视图

8. 风轮扫掠面积（A）

风轮扫掠面积是指风轮在旋转起来后所掠过的面积，计算上旋转平面在水平方向的投影圆面积。改变此面积可以用来计算在此面积内通过的风能的总量以计算风电机组的效率及发电量等。

9. 风轮直径（D）

同轮直径是风轮旋转平面在水平方向的投影圆的直径。

10. 风轮的轮毂比（D_h/D）

风轮的轮毂比指的是风轮的轮毂直径 D_h 与风轮直径 D 之比值。

11. 叶片长度（h）

叶片的有效长度，$h = (D - D_h)/2$。

12. 风轮中心高 H

风轮中心高是指风轮旋转中心到基础平面的垂直距离，如图 3-2 所示。风轮中心高越高，风速梯度影响越小，这样在风轮实际运行过程中作用在风轮上的波动载荷就越小，机组寿命也就更高。但是，风轮中心高过高会造成塔架基础部分成本过高，吊装难度大幅提高，所以一般风轮中心高都设计得与风轮直径 D 接近。

13. 叶素

叶素是风轮叶片在风轮任意半径 r 处的一个基本单元。它是由 r 处翼型剖面的延伸一小段厚度而形成。

14. 叶片实度

叶片实度是指叶片在风轮旋转平面上投影面积的总和与风轮扫掠面积的比值。实度大小与叶尖速比相关，实度大的风轮尖速比较低，实度小的风轮尖速比较高。

二、叶片相关技术参数

有关叶片翼型的几何参数定义如下，如图 3-3 所示。

1. 中弧线

翼型周线内切圆圆心的连线称为中弧线，也可将垂直于弦线度量的上、下表面间距离的中点连线称为中弧线。它是表示翼型弯曲程度的一条曲线。

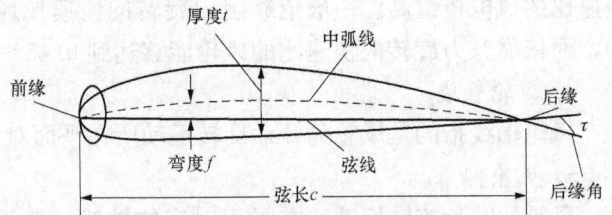

图 3-3　叶片翼型的几何尺寸

2. 前缘

翼型中弧线的最前点称为翼型前缘。

3. 后缘

翼型中弧线的最后点称为翼型后缘。

4. 弦长

翼型前后缘之间的连线称为翼型弦线,弦线的长度称为翼型弦长。翼型弦长是翼型的特征长度,单位为 m。叶片根部剖面的翼型弦长称根弦,叶片尖部剖面的翼型弦长称尖弦。

5. 上翼面

上翼面是凸出的翼型表面,见图 3-3 中的叶片上表面。

6. 下翼面

下翼面是平缓的翼型表面,见图 3-3 中的叶片下表面。

7. 厚度 t

翼型周线内切圆的直径称为翼型厚度,也可将垂直于弦线度量的上、下表面间的距离称为翼型厚度。

8. 厚弦比

最大厚度与弦长的比值称为翼型相对厚度,又称为厚弦比。相对厚度用百分数表示。

9. 最大厚度位置

翼型的最大厚度所在的位置到前缘的距离称为最大厚度位置,通常以该距离与弦长的比值来表示。

10. 弯度 f

中弧线到弦线的最大垂直距离称为翼型弯度,弯度与弦长的比值称为相对弯度。

11. 叶尖弦

叶尖弦是基准轮廓的弦线。基准轮廓的确定取决于叶片设计相关结构上的考虑。

12. 0°标记

叶尖弦的标记。0°标记位于翼根法兰的外表和内部。

13. 重心

重心是叶片配重的中心点。重心要做标记,这是因为重心在叶片搬运时至关重要。

14. 预弯曲度

叶片在设计时通常会使其在逆风方向预弯曲,以防止运转过程中叶片朝向塔架变形,预弯曲度为叶片表面长度与弦长的比值。

除了叶片翼型的几何尺寸参数以外,风轮叶片空气动力特性对叶片的设计制造尤为关键,它们决定了叶片的旋转过程中受到气流作用的受力情况。翼型所受的力是作用在上下表面的分布力之合力。表面力有两种,一种是来自法向的压力;另一种是来自切向的摩擦阻力。将这两种不同的力再细分定义如下。

(1) 升力 L。与远前方来流相垂直的合力为升力。

(2) 阻力 D。与远方来流方向相一致的合力为阻力。

(3) 气动力 R。叶片上翼面气流流速比下翼面要快,二者合力在叶片的上表面会产生一个向下的压力,称之为气动力。升力、阻力以及气动力的单位一般为 N,如图 3-4 所示。

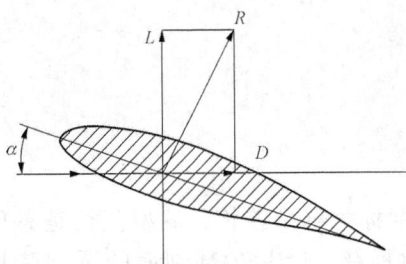

图 3-4　风轮叶片的翼型截面图及
　　　　受力情况

在设计风轮翼型时，通常希望得到高的风能利用系数，一般流线翼型的升阻比在 150～170 之间，某些特殊翼型的理论中可知升阻比可以达到 400 左右。

除了升阻比，在描述不同翼型叶片的升力和阻力特性时，通常用升力系数 C_L 和阻力系数 C_D 来进行定量分析。

升力系数 C_L 为

$$C_L = \frac{L}{\frac{1}{2}\rho V^2 A} \tag{3-2}$$

阻力系数 C_D 为

$$C_D = \frac{D}{\frac{1}{2}\rho V^2 A} \tag{3-3}$$

式中：L 为升力；D 为阻力；V 为风速；A 为风轮扫掠风速；ρ 为空气密度。

（4）入流角（倾角）ϕ。如图 3-5 所示，叶素旋转产生的旋转气流运动与风的气流运动合成为实际的气流的入流速度 W 与旋转平面的夹角，也称倾角，一般用 ϕ 表示。

（5）桨距角（安装角、节距角）β。桨距角是叶素弦长与风轮旋转平面的夹角，也称安装角、节距角，一般用 β 表示。当叶片尾边朝向塔架时，桨距角为正；当叶片尾边迎风时，桨距角为负。

（6）攻角 α。叶素弦长与入流速度方向的夹角，用 ϕ 表示。以上三个角度的关系为

$$\alpha = \phi - \beta$$

（7）叶片扭角。叶素弦线与叶尖翼型弦线之间的夹角。由于入流速度随半径变化，故攻角为一个动态角。在设计与实际控制中，一般使升力和阻力在特定的攻角处取最佳值，故适当扭曲叶片几何形状，如图 3-6 所示。这就形成了见到的类似于螺旋桨型的叶片，这样做可使攻角 α 保持一致。

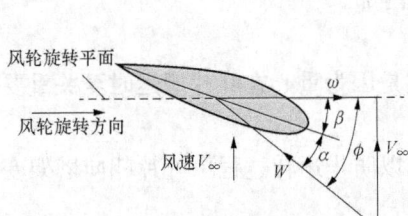

图 3-5　叶片空气动力特性相关的几个角度

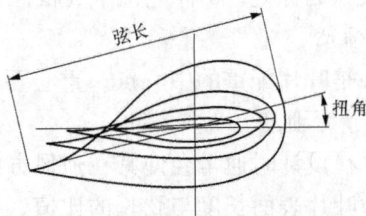

图 3-6　叶片的扭角

任务 2　叶片材料和制造工艺

📚 学习背景

风力发电机组的风轮一般由 2～3 个叶片和轮毂组成，它是将风能转换为机械能的关键

部件。目前风力发电机组正向着大功率、长叶片的方向发展。本任务将就风力发电机组叶片的常见结构设计、材料选择和制造工艺三个方面进行介绍。

学习目标

1. 了解风力发电机叶片的常见结构。
2. 掌握风力发电叶片常选用的材料类型及应用环境。
3. 掌握风力发电机组叶片成型基本工艺原理。
4. 了解风电机组叶片检查验收相关技术规范。

一、叶片的结构

1. 叶片主体结构

水平轴风力发电机组风轮叶片的结构主要为梁、壳结构，有以下几种结构形式。

（1）叶片主体采用硬质泡沫塑料夹芯结构，GRP 结构的大梁作为叶片的主要承载部件，大梁常用 D 形、O 形、矩形和 C 形等形式，蒙皮 GRP 结构较薄，仅 2~3mm，主要保持翼型和承受叶片的扭转负载。这种形式的叶片以丹麦 Vestas 公司和荷兰 CTC 公司（NOI 制造的叶片）为代表，如图 3-7、图 3-8 所示。其特点是质量轻，对叶片运输要求较高。由于叶片前缘强度和刚度较低，在运输过程中局部易于损坏。同时这种叶片整体刚度较低，运行过程中叶片变形较大，必须选择高性能的结构胶，否则极易造成后缘开裂。

D 形、O 形和矩形梁在缠绕机上缠绕成型；在模具中成型上、下两个半壳，再用结构胶将梁和两个半壳黏接起来。

另一种方法是先在模具中成型 C（或 I）形梁，然后在模具中成型上、下两个半壳，利用结构胶将 C（或 I）形梁和两半壳黏接。

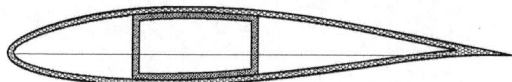

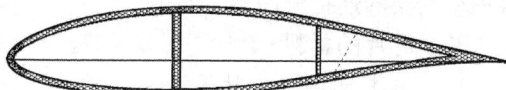

图 3-7　Vestas 叶片剖面结构　　　　　　　图 3-8　CTC 叶片剖面结构

（2）叶片壳体以 GRP 层板为主，厚度在 10~20mm 之间；为了减轻叶片后缘质量，提高叶片整体刚度，在叶片上下壳体后缘局部采用硬质泡沫夹芯结构，叶片上下壳体是其主要承载结构。大梁设计相对较弱，为硬质泡沫夹芯结构，与壳体黏结后形成盒式结构，共同提供叶片的强度和刚度。这种结构型式叶片以丹麦 LM 公司为主，如图 3-9 所示。其优点是叶片整体强度和刚度较大，在运输、使用中安全性好。但这种叶片比较重，比同型号的轻型叶片重 20%~30%，制造成本也相对较高。

C 形梁用玻璃纤维夹芯结构，使其承受拉力和弯曲力矩达到最佳。叶片上、下壳体主要以单向增强材料为主，并适当铺设 ±45° 层来承受扭矩，再用结构胶将叶片壳体和大梁牢固地黏结在一起。

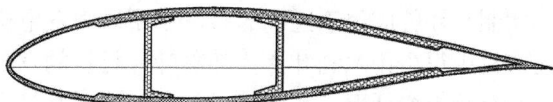

图 3-9　LM 叶片剖面结构

在这两种结构中，大梁和壳体的变形是一致的。经过收缩，夹芯结构作为支撑，两半叶片牢固地黏结在一起。在前缘黏结部位常重叠，以便增加黏结面积。在后缘黏结缝，由于黏结角的产生而变坚固了。在有扭曲变形时，黏结部分不会产生剪切损坏。关键问题是叶根的连接，它将承受所有的力，并由叶片传递到轮毂，常用的有多种连接方式。

2. 叶根结构

风电机组的叶片是通过叶根用螺栓与轮毂连接的。叶根的结构有螺纹件预埋式、钻孔组装式和法兰预埋式等几种结构。

（1）螺纹件预埋式。以丹麦 LM 公司叶片为代表，在叶片成型过程中，直接将经过特殊表面处理的螺纹件预埋在壳体中，避免了对 GRP 结构层的加工损伤。经过国外的试验机构试验证明，这种结构型式连接最为可靠，唯一缺点是每个螺纹件的定位必须准确，如图 3-10 所示。

（2）钻孔组装式。以荷兰 CTC 公司叶片为代表，叶片成型后，用专用钻床和工装在叶根部位钻孔，将螺纹件装入。这种方式会在叶片根部的 GRP 结构层上加工出几十个 $\phi 80$ 以上的孔（如 600kW 叶片），破坏了 GRP 的结构整体性，大大降低了叶片根部的结构强度。而且螺纹件的垂直度不易保证，容易给现场组装带来困难，如图 3-11 所示。

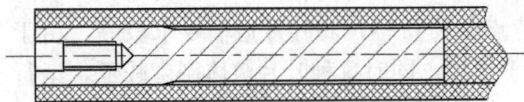

图 3-10　螺纹件预埋式叶根　　　　　　　　图 3-11　钻孔组装式叶根

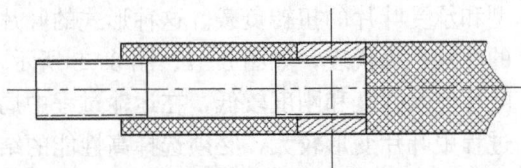

（3）法兰预埋式。将预先加工并经钻孔、攻螺纹的铝制或不锈钢制法兰预埋到玻璃钢结构层中。采用这种结构，由于法兰是预制的，易于保证安装螺栓孔的位置精度，但法兰与玻璃钢结构层的连接较困难。

二、叶片的材料

1. 风电机组的叶片材料

叶片作为风力发电机组关键核心部件，是保证机组正常稳定运行的重要因素，它的设计与选材对风力发电机组的性能与功率起着重要的作用，其成本占风机设备的 20%～30%，因此其结构设计、制造工艺和运输安装对于风电机组都十分重要。

作为风电机组的叶片材料，必须具有材料来源广泛、价格低廉等优点。人们对高性能、低成本叶片材料的探索应用经历了漫长的过程。

（1）传统叶片材料。

20 世纪 70 年代的风电机组叶片主要由木材、钢材或铝材制成，由于种种原因这些材料都没有得到大范围的使用。

木制叶片曾应用于近代的微、小型风力发电机中，由于不易被做成扭曲形，大、中型风力发电机中很少用木制叶片。随着叶片材料的发展，木质叶片逐渐被其他材料代替。

合金钢价格低廉，易加工成细长形状，并且可按照翼型形状来成形，曾被认为是首选的机组叶片材料。但是由于它密度太大，疲劳性能差，易腐蚀，难以加工成扭曲形状，慢慢被别的材料所替代。

铝合金密度较低，常用于制造等弦长叶片，易于加工制造并且能满足屈曲设计要求。但没有很好的挤压成型技术将铝合金加工成从叶根至叶尖渐缩的叶片，这类叶片也没有得到广泛地使用。

（2）主流叶片材料。

随着风电机组功率的不断提高，风机叶片呈大型化发展，质量不断增大，对叶片材料的要求也越来越高。复合材料由于具有质量轻、强度高、良好的抗疲劳、抗蠕变、抗冲击等优点成为当今风机叶片的首选材料。

1）玻璃纤维复合材料。目前风机叶片的主要材料为玻璃纤维复合材料，它由纤维和基体材料组成，纤维起着承受载荷的主要作用，基体起着黏结、支持、保护增强物和传递应力的作用，基体包括聚酯树脂和环氧树脂。增强纤维目前叶片基体材料大量地使用不饱和聚酯树脂（UPR）和乙烯基酯树脂（VER）、环氧树脂（EPR）等。聚酯树脂价格低廉，成型工艺性好，但性能一般；环氧树脂则相反，性能较优但价格较高且工艺操作性不好，所以目前成本和性能介于二者之间的乙烯基树脂被一些叶片制造商大量采用。以环氧树脂为基体的复合材料的力学性能更好，特别是当使用碳纤维时。机体材料多以环氧树脂为主。

2）碳纤维复合材料。碳纤维材料较玻璃纤维材料在叶片制造上有很多优点，它质量轻，刚度大，碳纤维复合材料刚度约为玻璃纤维复合材料的2～3倍。它具有很好的疲劳特性；有助于降低叶片端部附近的柔曲性；具有导电性有效避免雷击对叶片的损伤。碳纤维较玻璃纤维还有更重要的特点，可避免叶片自然频率与塔短暂频率间发生共振的可能性，因为碳纤维有振动阻尼特性。

目前全碳纤维叶片应用较少，多以混杂复合材料应用为主，如主承力梁是碳纤维的，蒙皮则仍为玻璃纤维的。

随着叶片尺寸的加大，其质量也越来越大，高性能碳纤维的引入在很大程度上实现叶片的减重，而随着叶片质量的减轻，旋翼叶壳、传动轴、平台及塔罩等也可以轻量化。可整体降低风电机组的成本，抵消或部分抵消碳纤维引入带来的成本增加。随风电单机功率的增长，碳纤维复合材料在风力发电上的应用会不断扩大。叶片长度与不同负荷材料的叶片质量的关系见表3-1。

表 3-1　　　　　　　　　　　叶片长度与不同负荷材料的叶片质量的关系

叶片长度（m）	不同负荷材料的叶片质量（kg）		
	玻璃纤维/聚酯	玻璃纤维/环氧	碳纤维/环氧
19	1800	1000	—
29	5600	1900	—
34	10 200	5200	3800
38	10 600	—	8400
43	21 000	—	8800
54	—	—	17 000
58	—	—	19 000

2. 叶片材料的发展趋势

（1）碳纤维增强乙烯基树脂。

业界专家认为，用性价比更高的乙烯基树脂取代环氧树脂，将成为未来风电机组叶片材料的应用趋势。

由于叶片成本占风电机组成本的比重较大，需选择性价比高的材料，乙烯基树脂替代环氧树脂最突出的优势是可降低叶片成本。乙烯基树脂目前价格约 30 元/kg，环氧树脂约 40 元/kg，仅更换叶片基体材料就能减少至少 10％的成本。

叶片主材更换后，表面护层配套产品也相应改变，带来节约效果更为可观。模具成本在叶片生产中所占比例也较高，更换材料后无需进行后固化等处理，将大大提高模具的使用效率。以 1.5MW 的叶片为例，模具成本约 300 万～400 万元，以环氧树脂为基材生产一片叶片需约 2 天时间，而用乙烯基树脂仅需 1 天。

乙烯基树脂替代环氧树脂的另一优势是工艺性好。乙烯基树脂可以在不改变原 EPR 成型结构设计的基础上，直接替换 EPR。由于乙烯基树脂与另一叶片主要用材——不饱和树脂类似，因此可以借鉴现有不饱和树脂制备叶片的成熟工艺。乙烯基树脂还满足机械力学性能、抗疲劳、刚度等各性能指标的设计要求。

虽然乙烯基树脂有很大优势，但其开发应用仍处于初级阶段，受各种因素制约，真正大范围的商业化生产尚需时日，目前国内外企业正积极开展乙烯基树脂在叶片上的应用研究。

（2）热塑性复合材料（CBT 树脂系统）。

当前叶片多由热塑性复合材料制成，如玻璃纤维增强环氧树脂、碳纤维增强环氧树脂等，这种材料制成的叶片在其生产过程中会有大量含有苯基的有毒气体产生，导致环境的污染，而且该类叶片在其退役后很难被回收利用。就目前的发展形势看，一种由热塑性复合材料制成的"绿色叶片"的使用是必然的趋势。与热同性复合材料相比，热塑性复合材料有可回收再利用，密度小，强度高，抗冲击性能好等优点。

（3）WindStrandTM 增强材料。

Owens Coming 提出的 WindStrandTM 增强材料是新一代的增强玻璃纤维。这一技术的产生使得叶片生产商能够继续使用玻璃纤维材料而不必采用其他昂贵的材料。WindStrandTM 增强材料与目前应用的材料相比有很多的优点：与 E 玻纤增强材料相比，刚度提高了 17％、强度提高了 30％、疲劳寿命提高了 10 倍，这一特性使得风轮在叶片偏航和抗风中表现出很高的水平，同时使得风能利用率和机组寿命得到了大大提高。除此之外，WindStrandTM 增强材料还具有质量轻的优点，这样叶片可以做得更长，最终可以达到降低单位电量的成本目的。

叶片材料经历了木制叶片、合金钢叶片、铝合金叶片等阶段。目前，随着风机的大型化，具有体重轻、强度高等优点的复合材料，是风机叶片材料的首选，其中玻璃纤维增强聚酯树脂、玻璃纤维增强环氧树脂和碳纤维增强环氧树脂是普遍使用的材料，碳纤维增强环氧树脂性能较好，考虑到乙烯基树脂可降低叶片成本、工艺性好等的优点。随着对乙烯基树脂在叶片上应用研究的深入，将来乙烯基树脂将逐步替代环氧树脂成为风机叶片材料的首选。随着人们对环境要求的严格，以及对更多性能好、无污染的叶片新材料的探索及研究，大规模使用这些新材料则是指日可待。

三、叶片的制造工艺

随着风电技术的发展与日趋成熟，单台风机已达到 5MW 以上，叶片长度超过 60m。叶片是风力发电机组关键部件之一，具有尺寸大，外形复杂，精度要求高，对强度、刚度和表面光滑度要求高等特点。

复合材料在风机叶片的制造中具备很多优势，其制造工艺主要有手糊成型、模压成型、预浸料成型、拉挤成型、纤维缠绕、树脂传递模塑以及真空灌注成型等。

1. 手糊工艺

手糊是生产复合材料风轮叶片的一种传统工艺。在手糊工艺中，将纤维基材铺放于单模内，然后用滚子或毛刷涂敷玻璃布和树脂，常温固化后脱模。手糊方法可用于低成本制造大型、形状复杂制品。因为它不必受加热及压力的影响，使用简单的设备和模具即可。另外相对于其他可行性方案成本更低廉。

手糊工艺生产风机叶片的主要缺点是产品质量对工人的操作熟练程度及环境条件依赖性较大，生产效率低和产品质量均匀性波动较大，产品的动静平衡保证性差，废品率较高。特别是对高性能的复杂气动外形和夹芯结构叶片，还需要黏结等二次加工，黏结工艺需要黏结平台或型架以确保黏结面的贴合，生产工艺更加复杂和困难。

手糊工艺制造的风力发电机叶片在使用过程中出现问题往往是由于工艺过程中的含胶量不均匀、纤维/树脂浸润不良或者固化不完全等引起的裂纹、断裂和叶片变形等。

手糊工艺往往还会伴有大量有害物质和溶剂的释放，有一定的环境污染问题。手糊是一种已被证明的生产复合材料叶片工艺方法，但由于其产量低及部件的不连续性以及很难实现结构复杂，力学性能要求高的大型产品，促使人们将研究重点转移至其他生产方法。

2. 模压成型

模压成型工艺首先将增强材料和树脂置于双瓣模具中，闭合模具，加热加压，然后脱模，进行后固化。这项工艺的优点在于纤维含量高和孔隙率低，并且生产周期短，精确的尺寸公差及良好的表面处理。

然而，模压成型适用于生产简单的复合材料制品如滑雪板，很难制造包括蒙皮、芯材和梁的叶片等复杂形状部件。尽管可以改进模压成型工艺设备，但要改进能承受 20~40m 跨度压力的加热模要求很大的资本投入。

模压成型生产的部件具备高纤维含量和高强度质量比，但以低成本方式制造复杂几何形状的叶片有一定困难。

3. 预浸料铺放工艺

预浸料铺放方法依其所使用的预浸增强材料而得名。在这种工艺中，部分固化树脂和增强材料铺放在单模中，加热固化。为了避免富树脂区的出现和排除存气空隙，需要预浸料中的树脂有足够的溢出量，目前，市场上商业化的预浸料一般需要较高的固化温度。使用预浸料的主要优势是在生产过程中纤维增强材料排列完好，因此可以制造低纤维缺陷以及性能优异的部件。碳纤维预浸料广泛应用于航空业中，因为它们可以用来制造复杂结构的部件。

选择预浸料生产风机叶片的主要缺陷是成本高。这种材料通常比普通树脂和增强材料贵5~10 倍。另外，由于预浸料是以手工方式铺放的，与手糊同属劳动密集型，产量低。

预浸料是生产复杂形状结构件的理想工艺，预浸料在国外运用非常广泛，其工艺及设备也发展到成熟阶段。实际生产中，由于叶片的蒙皮、主梁、根部等各个部位的力学性能及工艺的要求各不相同，因而，在不影响性能的条件下，为了降低成本，不同部分使用不同的预浸料。

4. 拉挤工艺

拉挤成型工艺一般用于生产具有一定断面、连续成型制品的生产中。这种连续成型工艺中，增强材料通过树脂浸胶槽固化成型。拉挤制品的纤维含量高、质量稳定，由于是连续成型易于自动化，适合大批量生产。而且，产品无须后期休整，质量一致，无须检测动平衡，成品率95%。与其他工艺成本相比，可降低40%。

尽管拉挤工艺具备很多优势，但在风机叶片的制造中也存在缺陷。拉挤工艺曾经成功制造立轴风机叶片以及一些小型水平轴风机叶片，却不可能制造变截面的风机叶片，I型梁和其他实体截面对于拉挤工艺只是小挑战，而中空部分包括梁和芯材才是难点。

由于拉挤工艺当前不能制造截面变化较大的复杂形状部件，因此大型自动化设备的成本是拉挤工艺应用的另一个考虑因素。因此，拉挤成型工艺在小型风机叶片生产中有较大的应用潜力。

5. 纤维缠绕

纤维缠绕主要用于制造容器和管道，工艺中连续纤维浸入浸胶槽后在机器控制的芯模上进行缠绕。缠绕工艺可控制纤维张力、生产速度及缠绕角度等变量。

纤维缠绕能够制造不同尺寸及厚度的部件。缠绕工艺应用于叶片生产中的一个缺陷是在叶片纵向不能进行缠绕，长度方向纤维的缺乏使叶片在高拉伸和弯曲载荷下容易产生问题。另外，纤维缠绕产生的粗糙外表面可能会影响叶片的空气动力学性能，所以必须进行表面处理。

最后，芯模及计算机控制成本很大。很明显，纤维缠绕的特点适用于容器及管道，而在叶片生产中会产生额外的成本。

6. 树脂传递模塑（RTM）

树脂传递模塑工艺属于半机械化的复合材料成型工艺，工人只需将设计好的干纤维预成型体放到模具中并合模，随后的工艺则完全靠模具和注射系统来完成和保证，没有任何树脂的暴露，并因而对工人的技术和环境的要求远远低于手糊工艺并可有效地控制产品质量。

RTM工艺采用闭模成型工艺，特别适宜一次成型整体的风力发电机叶片（纤维、夹芯和接头等可一次在模腔中成型），而无需二次黏结。与手糊工艺相比，RTM工艺不但节约了黏结工艺的各种工装设备，而且节约了工作时间，提高了生产效率，降低了生产成本。同时由于采用了低黏度树脂浸润纤维以及采用加温固化工艺，大大提高了复合材料质量和生产效率。

RTM工艺生产较少地依赖工人的技术水平，工艺质量仅仅依赖确定好的工艺参数，产品质量易于保证，产品的废品率低于手糊工艺。RTM在叶片生产中的限制因素首先是成本。RTM的模具设备非常昂贵。另外，由于RTM属于闭模工艺，很难预测树脂流动状况，容易产生不合格产品。

7. 真空灌注成型工艺

真空灌注成型工艺是将纤维增强材料直接铺放在模具上，在纤维增强材料顶上铺设一层剥离层，剥离层通常是一层很薄的低孔隙率、低渗透率的纤维织物，剥离层上铺放高渗透介质，然后用真空薄膜包覆及密封。真空泵抽气至负压状态，树脂通过进胶管进入整个体系，通过导流管引导树脂流动的主方向。

导流管使树脂分布到铺层的每个角落，固化后剥离脱模布，从而得到密实、含胶量低的铺层。真空灌注成型工艺是风机叶片制造商的理想选择，与标准 RTM 工艺相比，节约时间，其挥发物非常少，改善了劳动条件，工艺操作简单，减少操作者与有害物质接触，改善了工作环境，满足人们对环保的要求。同时，真空灌注可充分消除气泡，降低产品孔隙率，有效控制产品含胶量。

产品质量稳定性高、重复性能好。制品表观质量好，相同铺层而厚度薄，强度高，相对于手糊成型拉伸强度提高 20% 以上，该工艺对模具要求不高，模具制作简单，与传统 RTM 工艺相比，其模具成本可降低 50%～70%。

随着风电事业的蓬勃发展，复合材料风机叶片向复杂化、大型化的方向发展。各种工艺在风电机组叶片制造中得到应用。根据不同的机组叶片的特点，合理地采用适合的工艺以获得低成本高质量的风电机组叶片。

任务 3 轮 毂 与 导 流 罩

学习背景

风轮轮毂是风力发电机组中的重要部件，机组的叶片连接固定在它的上面，构成主轴上的部件，收集风能的风轮系统。定桨距风力发电机组的轮毂就是一个铸造加工的壳体。变桨距风力发电机的轮毂由轮毂壳体、变桨距轴承、变桨距驱动、控制箱等装置构成。

本任务将就风力发电机组对轮毂的分类及技术要求和轮毂的安装两个方面进行介绍。

学习目标

1. 了解风力发电机机组对轮毂的技术要求。
2. 掌握风力发电机机组轮毂的结构和常见分类。
3. 了解风力发电机组轮毂的吊装过程和注意事项。

一、轮毂及其分类

1. 轮毂及其相关技术要求

轮毂是风轮系统连接到主轴系统的主要部件，是整个力传动链条的枢纽，同时也是叶片安装的物理连接点。整个风轮系统所接收从叶片传来的力矩，都通过轮毂传到传动系统，再传到风力机驱动的对象。同时轮毂也是控制叶片桨距调节机组转速及输出功率的执行机构所在。通常安装 3 片叶片的水平轴式风力发电机轮毂的形状为三角形和三通形。

在实际应用中，轮毂除了承受在风力作用在叶片上的推力、扭矩、弯矩及陀螺力矩，还要承受风轮轴系对以上力矩产生的反作用力。这些载荷强度大、方向复杂，不宜提前预测并且多为周期循环交变作用于轮毂之上，所以轮毂必须具备足够的强度和刚度。目前主流中大型三叶片风轮的风力发电机组的轮毂采用刚性球磨黑铁铸铁轮毂，一些大型机组中轮毂的质量甚至占到了风力发电机组总质量的三分之一左右。

此外，由于轮毂同风轮叶片一样工作条件非常恶劣，它安装在十几米高空与自然界各类气候直接接触，工作温度低，最低工作温度达到 −40℃，工作时风速变化也很大。考虑到制造成本安装难度，轮毂的可靠性要求也是极高的，一般中大型机组的轮毂都是按照 20 年不更换的标准设计的。对风力发电机组轮毂的相关技术要求大致总结如下：

（1）能在环境温度为−40～50℃下正常运行。

（2）风轮轮毂的使用寿命不得低于 20 年。

（3）风轮轮毂要有足够的强度和刚度。

（4）风轮轮毂的加工必须满足相关图样要求。

（5）机械加工以外的全部外漏表面应涂防护漆。

（6）风轮轮毂应允许承受发电机短时间 1.5 倍额定功率的负荷。

（7）力学性能上，抗拉强度大于等于 400MPa，屈服强度大于等于 250MPa。

（8）室温伸长率大于等于 18%，低温冲击韧度（−20℃）大于等于 12J/cm²。

（9）铸件不允许有缩松、裂纹和夹渣等铸造缺陷。

（10）铸件表面光滑，壁厚均匀，尺寸满足设计图纸工艺要求。

（11）铸件要进行消除铸造应力退火。

（12）有变桨距系统的风轮轮毂要求有：①变桨距系统应承受叶片的动静载荷。②变桨距系统的运动部件应运转灵活、满足使用寿命、安全性、可靠性的要求。③变桨距系统的控制系统应按设计要求可靠地工作。

（13）风轮轮毂应具有良好的密封性，不含有渗油、漏油现象，并避免水分、尘埃及其他杂质进入内部。

2. 轮毂的结构及分类

轮毂可以是铸造结构，也可以采用焊接结构，其材料可以是铸钢，也可以采用高强度球墨铸铁。由于高强度球墨铸铁具有不可替代性，如铸造性能好、容易铸成、减振性能好、应力集中敏感性低、成本低等，风力发电机组中大量采用高强度球墨铸铁作为轮毂的材料。

常用的轮毂形式有刚性轮毂和铰链式轮毂（柔性轮毂或跷跷板式轮毂）两种类型。

（1）刚性轮毂。

刚性轮毂安装、使用和维护较简单，日常维护工作较少，只要在设计时充分考虑到轮毂的防腐蚀问题，基本上是免维护的，是目前使用最广泛的一种形式。绝大多数三叶片风轮的机组都采用的是刚性轮毂。

刚性轮毂结构上有球形和三角形两种，其结构如图 3-12 所示。

中小型百千瓦级风力发电机组的轮毂多采用三角形，中大型兆瓦级风力发电机组由于叶片连接法兰较大，轮毂受到制造和运输体积、质量等的限制，不可能做得很大，更多采用球形轮毂。

（2）铰链式轮毂。

铰链式轮毂（又称柔性轮毂或跷跷板）常用于两叶片风轮。这是一个半固定式轮毂，铰链轴与叶片

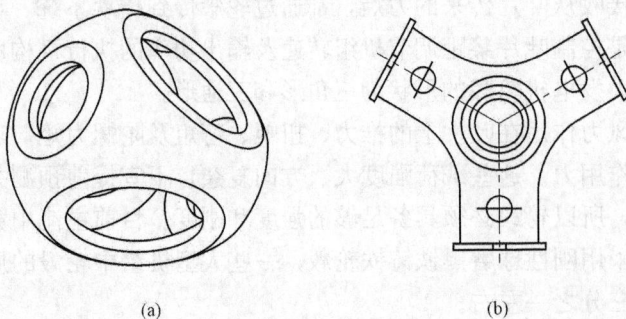

(a)   (b)

图 3-12　刚性轮毂

(a) 球型轮毂；(b) 三通形轮毂

长度方向及风轮轴互相垂直。两叶片之间固定连接，可绕联轴器活动，像跷跷板一样，称为摆动铰链轮毂或跷跷板铰链轮毂。由于铰链式轮毂具有活动部件，相对于刚性轮毂来说，制造成本高，所受力和力矩较小。对于两叶片风轮，两个叶片之间是刚性连接的，可绕连接轴活动。当气流有变化或阵风时，叶片上的载荷可以使叶片离开原风轮旋转平面。铰链式轮毂在叶片旋转过程中驱动力矩的变化很大，因此风轮噪声也很大。

铰链式轮毂在设计与制造过程中，应保证轮毂有足够的强度，并力求结构简单，在可能条件下（如采用叶片失速控制），叶片采用定桨距结构，即将叶片固定在轮毂上（无俯仰转动），这样不但能简化结构设计，提高寿命，而且能有效地降低成本。

（3）导流罩。

风力发电机导流罩是指风机轮毂的外保护罩。由于在风机迎风状态下，它罩住叶片轮毂和叶片轴承，气流就会依照导流罩的流线型均匀分流，故称导流罩，也称为轮毂罩、轮毂帽等。绝大部分风机的导流罩是玻璃钢材料制作，多采用真空导入模塑、手糊成型的方法成型制造，其外观如图3-13所示。

导流罩的结构一般分为整体型导流罩、分体型导流罩两大类。常见的分体型导流罩是由3个1/3罩体部件和一个罩头部件用机械连接的方法拼合而成。分体型导流罩的优点是：模具简单，操作相对容易，拼装灵活。整体型导流罩必须在组合模具中一次整体成型出来，对模具的要求较高，对工艺的操作要求也较高，所以并不常见。

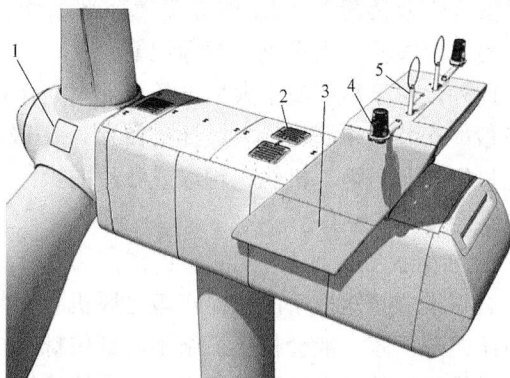

图3-13 导流罩及机舱外壳
1—导流罩；2—天窗；3—水冷散热装置；4—航空障碍灯；
5—风速仪

也有非玻璃钢材质的风力发电机导流罩，如铝合金导流罩等，欧洲的风机制造商选用得较多，其他国家和地区的风力发电机并不常见。

（4）机舱及其外壳。

机舱是放置在机组塔架的最上端的部分，风力发电设备运转所需要的所有功能组件都安装在机舱里。

绝大多数机组的机舱里面是可供人行走的，工作人员可以从塔筒里面的梯子进入机舱，机舱也有相应天窗供工作人员爬到机舱顶部，中大型机组特别是变桨距机组还可以通过机舱爬往轮毂进行相应检修调试工作。

当然，以上操作具有极高的专业性和危险性，必须具备相应高空作业资质的人员才允许在穿戴好安全防护设备，并确保机组已经启动相关的锁定装置的前提下进行。

机舱的外壳是光纤强化塑料，外壳安装在一个具有相当强度的机舱框架上。为了吊装的方便，外壳上层的壳盖可用吊车吊起。外壳负责保护机舱内的各部件免受气候影响，并使机舱内部的环境独立于外界并可控。

在机舱外壳顶部通常装有风速仪、风向仪、航空障碍灯安装以及水冷散热装置。水冷散热装置是齿轮箱、液压动力装置和VCS/VCUS变频器冷却系统的散热部分。

二、轮毂的安装

轮毂的安装方式根据风力发电机的类型、大小和制造厂家的不同，主要有三种：

（1）将轮毂单独吊装安装在已经吊装到塔筒的机舱上，再将叶片逐一安装在轮毂上。

（2）在地面先将叶片安装在轮毂上，将带叶片的轮毂安装在已经吊装到塔筒的机舱上。

（3）在地面先将轮毂安装在机舱上，将轮毂和机舱一同吊装到塔筒上，最后再将叶片逐一安装。

这里以某 2MW 风力发电机组的轮毂的安装过程为例介绍第一种安装方式以及需要注意的事项。

1. 轮毂安装前的前提条件

轮毂安装需要准备的主要设备及工具包括：轮毂起吊/转向装置、轮毂起吊装置、满足安全作业负荷 55 000kg 的吊钩、满足安全作业负荷 22T 的 3.0M 钢丝吊索、电冲击扳手、满足安全作业负荷 1000kg 的导流罩前部吊钩、2M 环形吊索、19 mm 冲击套筒、50mm 冲击套筒、填缝枪、水平仪、细标记笔。

此外，由于吊装属于大型设备户外高空作业，在高风速环境操作存在着极大的危险，所以轮毂的安装必须满足最大风速的限制。一般当地自然风速瞬时超过 10m/s 时，应当严格禁止进行提升塔筒、机舱、轮毂或叶片的操作；当地存在强阵风条件下，高风速限值可以适当降低至 8m/s 左右。

2. 扭矩扳手的设置

合理设置扭矩扳手的螺栓扭矩是风机各安装阶段的关键环节，如图 3-14 所示。风力发电机组制造厂家一般会提供机组不同部位螺栓扭矩设置的技术文件，如《螺栓连接》或《扭矩扳手设置》等。在安装过程中必须严格按照这些技术文件的要求进行扭矩设置和操作，以确保机组各部件强度满足设计要求。

除了严格设置扭矩扳手之外，在操作之前要根据文件《测试扭矩扳手》测试扭矩扳手，测试过程中应当小心人员受伤或机械故障。

当确保将螺栓紧固到正确的扭矩值时，需要对已完成紧固的螺栓进行标记，如图 3-15 所示。这样做可以在螺栓数量较多时，帮助操作人员更容易辨别出尚未紧固至最终力矩设置的螺栓，避免遗漏。

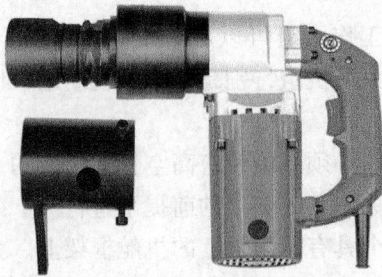

图 3-14　扭矩扳手　　　　　　　图 3-15　扭矩紧固之后螺栓做标记

3. 主轴的准备

由于绝大多数风电机组为三叶片风轮系统，本次介绍的安装方式是先将轮毂单独吊装安装在已经吊装到塔筒的机舱上，再将叶片逐一安装在轮毂上。为了保证风轮的正确安装，以及确保风轮更安全合理地安装在恰当的孔中，在吊装轮毂之前需要对主轴旋转角度进行调节和准备。

较常见的做法是首先使叶片 A 笔直朝上，以确保主轴的位置。然后转动主轴，使齿轮箱收缩盘放气阀处于大约 6 点钟的位置，且与风轮锁紧板内标记孔相邻的参照螺栓孔，同主轴成直线，如图 3-16 所示。

4. 导流罩前部的准备与安装

除了主轴需要做好相应准备之外，导流罩也要进行安装前的准备工作。

导流罩和导流罩前面迎风部分一般在生产过程中就已装配并预安装，这两部分应在吊装现场再次组装。另外，注意从导流罩舱取出所有松散放置的零件，确保导流罩上的数字和导流罩前部的匹配。

吊装前安装好导流罩盖板。用导流罩中配套的小袋里的 8mm 螺栓、垫圈和螺母安装导流罩盖板，用灰色或白色接缝料密封缝隙，再用肥皂水使密封尽量平滑。

导流罩前部的安装过程大致有以下几个步骤：

（1）把起重机系到导流罩前端的吊耳上，并将其吊上轮毂顶部，如图 3-17 所示。

（2）当导流罩前端准备安装到导流罩上时，将其旋转以确保导流罩前端的方位与桨叶 A 对应。

（3）检查导流罩内部的标记是否和前端内部标记对准。

（4）确保电缆槽同叶片 A 成直线，且中心控制器和中心起重支架成直线。

使用轮毂内和导流罩内的对准标记，可确保轮毂控制器正确安装。

（5）组装零部件时，在导流罩和导流罩前部内做标记，可以起到导向作用。

（6）当导流罩前端达到正确朝向时用螺栓安装导流罩前端，如图 3-18 所示。

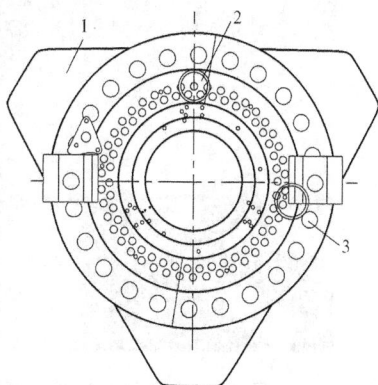

图 3-16　参照孔和轮毂与锁紧板的
正确方向
1—叶片 A 的位置；2—锁紧板上的参照孔；
3—方位孔

图 3-17　用吊耳吊起导流罩

图 3-18　将导流罩安装在轮毂上

（7）使乙烯树脂垫圈面向玻璃纤维，正确安装螺栓。

（8）用小型电动冲击式扳手（VT730101）和 19mm 套筒紧固螺栓。安装过程中注意不要将螺栓拧得过紧而损坏螺栓的乙烯树脂垫圈。用锁紧螺母安装螺栓，以免其变松。

（9）用灰色或白色接缝料密封导流罩和导流罩前部之间的接缝，如图 3-19 所示。

（10）用水或肥皂水弄平密封用接缝料。

（11）如果机舱在地面时轮毂已经安装，转动安装好的风轮，之后浇上接缝料，同时将其弄平，即可密封接缝，如图 3-20 所示。

图 3-19　密封导流罩前部接缝

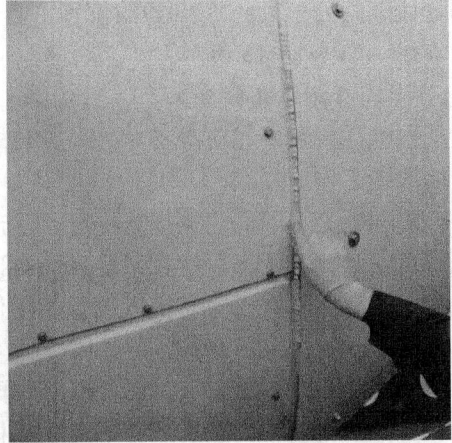

图 3-20　弄平密封用接缝料

5. 轮毂的吊装

在做好以上准备工作并安装好导流罩之后，轮毂的安装过程大致有以下几个步骤：

（1）安装风机轮毂吊具。所使用的吊升设备必须是专门为该作业设计的，并在安装吊具之前肉眼观察吊升设备是否损坏。吊起之前确保所有电缆、吊链或其他缚系点都正确系在所吊负载上并且所有 U 形吊钩和定位销都使用锁紧螺栓系牢。当出现负载转动失控或转动的潜在危险时要使用导向绳控制轮毂方向。

（2）吊起轮毂。首先打开吊具液压泵上的电源。确保液压缸安装在轮毂外部，如图 3-21 所示。

（3）使起重机慢速吊起钢丝，使得轮毂开始倾斜。

（4）继续倾斜，直到运输支架离开地面。轮毂与地面成角约为 45°，如图 3-22 所示。

图 3-21　液压泵和液压软管

图 3-22　倾斜轮毂使其离开地面

（5）启动液压泵，并将液压缸的活塞推至底部。此时，轮毂成角为 6°或 3°。

（6）在轮毂底部的运输支架上安装吊索，用另外一辆起重机或叉车移去运输支架。

（7）拆除盲盖和盖板：如果没有找到盲盖，则检查并清洁运输框架螺栓安装处的螺纹。

（8）安装轮毂之前，确保灰尘等也从主轴法兰上清除掉，确保法兰清洁并且没有任何损伤。

（9）将轮毂吊起至机舱的前面一定距离。由于液压泵无法和轮毂一起吊起，应将在吊起轮毂之前轮毂的角度调整至大约 84°（机舱有 6°的偏移）。

（10）将轮毂安装在塔筒上的机舱上。注意观察轮毂在空中的稳定程度，当出现轮毂失控或转动的潜在危险时要使用导向绳控制轮毂方向。

（11）准备轮毂与机舱对接，工作人员通过塔筒进入机舱，将系在轮毂内，导向绳必须绑紧。

（12）将轮毂导向机舱的前方，如图 3-23 所示。

（13）安装轮毂。首先将轮毂对准主轴，然后将轮毂导入主轴法兰的正确位置，使叶片 A 指向上方中心螺栓孔处。注意所有参与安装的人员必须始终保持无线电联络。

（14）安装第一个螺栓之后，绝不能晃动起重机起重臂或移动起重机上的勾环。

（15）用盘车装置轻轻转动主轴，以便对准螺栓孔，并将轮毂在主轴上居中，如图 3-24 所示。参照螺栓孔位于两个锁紧盘的装配线的左边。

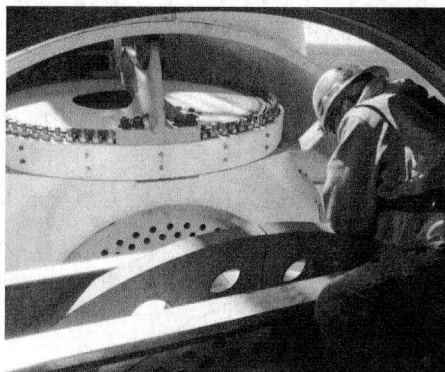

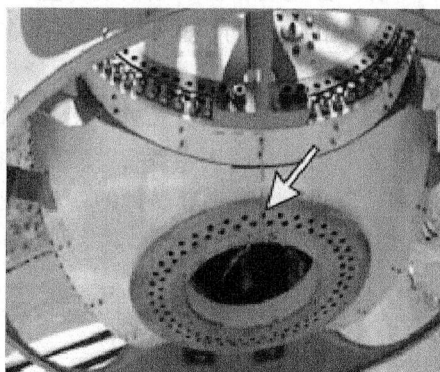

图 3-23　引导轮毂　　　　　　　　　　图 3-24　中心螺栓孔

（16）螺栓安装时，用垫圈安装轮毂螺栓，注意垫圈有倒角的侧面应当向螺栓头。

（17）根据轮毂对应部位的螺栓紧固规定扭矩值将已经安装的螺栓紧固至限值，并用条线标记螺栓。局部完成后摘下吊具。

（18）将轮毂旋转最多 45°，继续安装螺栓，直到主轴每侧至少有 14 个螺栓紧固到位。

（19）继续以上程序，直到 84 个螺栓全部安装并紧固到位。

（20）最后进行雷电保护连接，将轮毂控制器的四个雷电保护支架连接至导流罩支架。轮毂吊装工作完成。

任务 4　拓展内容：典型机组风轮叶片常见故障与运维

学习背景

结合本任务前面介绍的对风轮系统和叶片相关知识，向大家详细介绍风轮系统和叶片在风力发电机组的实际运行过程中的常见故障以及运行维护中的具体措施。

学习目标

1. 巩固本篇所学知识点，并增强感性认识。
2. 掌握风力发电机组中叶轮叶片系统运行维护的要点和具体措施。

案例一　风电机组叶片常见故障

1. 雷击

近年来，随着桨叶制造工艺的提高和大量新型复合材料的运用，雷击成为造成叶片损坏的主要原因。根据 IEC/TC88 工作组的统计，遭受雷击的风力发电机组中，叶片损坏的占 20%左右。对于建立在沿海高山或海岛上的风电场来说，地形复杂，雷暴日较多，应充分重视由雷击引起的叶片损坏现象。

叶片是风力发电机组中最易受直接雷击的部件，也是风力发电机组最昂贵的部件之一。全世界每年大约有 1%～2%的运行风力发电机组叶片遭受雷击，大部分雷击事故只损坏叶片的叶尖部分，少量的雷击事故会损坏整个叶片。

现阶段采取的主要防雷击措施之一是在叶片的前缘从叶尖到叶根贴一长条金属窄条，将雷击电流经轮毂、机舱和塔架引入大地。另外，丹麦 LM 公司与丹麦研究机构、风力发电机组制造商和风电场共同研究设计出了新的防雷装置，如图 3-25 所示，它是用一装在叶片内部大梁上的电缆，将接闪器与叶片法兰盘连接。这套装置简单、可靠，与叶片具有相同的寿命。它是按 IEC I 类标准设计的，具体执行标准为 IEC 61400-24《风力发电机组防雷击保护》。

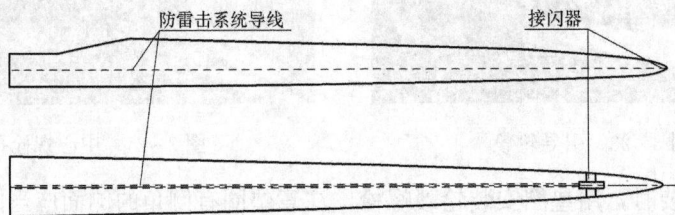

图 3-25　叶片防雷击系统示意

维护人员需要定期到现场检查避雷措施是否完好。

雷击是无法完全避免的，现在的避雷措施只能将雷击造成的损失减小到最低。如果造成损伤，需联系桨叶生产厂商加以修复。

2. 叶片开裂

机组正常运行时，会产生无规律的、不可预测的叶片瞬间振动现象，即叶片在旋转平面内的振动。这种长期的振动会造成叶片后缘结构失效，产生裂纹，在叶片最大弦长位置产生横向裂纹，严重威胁叶片结构安全。

桨叶不同的损伤程度对应有不同的处理方法：

（1）如果只是叶片表面轻微受损，则用砂纸（80～120 号）打磨损伤区域至表面完全光洁，然后用丙酮清洗，除去碎屑并保证修补表面完全干燥。

（2）如果损伤区域损伤深度超过 1mm，必须用树脂和玻璃纤维修复至低于周围表面 0.5～0.8mm；若用 450g/m² 玻璃纤维短切毡，则每层将有 1mm 厚。当玻璃纤维层固化后，打磨平整后涂上胶衣，等胶衣树脂固化后用 320～600g 水砂纸磨光，最后抛光至光亮。

（3）如果损伤程度更深，需联系桨叶生产厂商予以处理。

3. 叶尖制动体损坏

针对失速型风力发电机组的桨叶，叶尖会出现以下故障：

（1）叶尖制动体未收到位；

（2）叶尖制动体回收过位；

（3）叶尖制动体不回收。

具体情况详见表 3-2。

表 3-2　　　　　　　失速型制动的风力发电机组叶尖常见故障

故障现象	故障原因	排除方法
叶尖制动体未收到位	钢丝绳蠕变伸长	旋转连接套，调节连接套两端螺纹长度，收紧钢丝绳，在连接螺纹处涂厌氧胶，拧紧螺母
	连接套两端或接口漏油，造成油压不足	更换液压缸油管或拧紧接头
叶尖制动体回收过位	定位环松动，向叶尖方向移动	松开紧定螺钉。调整定位环至正确位置，再拧紧螺钉
叶尖制动体不回收	连接套与钢丝绳脱开	连接钢丝绳与连接套，调节钢丝绳长度，调整定位环至正确位置，再拧紧螺钉

案例二　风电机组叶片运行及维护

叶片（包括定桨距失速型叶片和变桨距叶片）的保养和维护要求及常见措施有：

（1）全部运动部件是否运转自如。

（2）叶片运行一段时间后，在叶片前缘将形成一层污物，这就降低了叶片的功效，影响发电量。请用水基型清洁剂清除。

（3）若有划伤，根部法兰生锈，请及时修复。

（4）检查液压缸及油管组件是否漏油，如漏油需及时排除。

（5）检查叶根防雷击导线是否有磨损、连接松动，视实际情况予以排除。

（6）检查液压缸支架螺母，连接套两端紧固螺母是否松动，如有松动，应紧固。

（7）检查叶根所有金属零件的腐蚀情况，并视实际情况予以排除。

（8）检查叶片法兰盘与叶片壳体间密封是否完好。

（9）检查在正常转速运行和正常压力下扰流器与叶根连接部是否完全密合。

（10）检查尼龙定位销的磨损情况。

（11）部分地区因为天气寒冷、潮湿，叶尖容易结冰，长期会影响整个风机的平衡，使整个机组不能正常运行。条件允许的话应该对叶尖结冰部分进行处理。

风力发电机组风轮叶片维护要求见附录 A。

项目 4　机组主传动系统及设备

任务 1　风电机组的主传动系统

学习背景

风力发电机的主传动系统包括主轴、主轴承（低速轴）、轴承座、联轴器、高速轴、发电机及相应的联轴器、离合器、制动器等其他密封定位零件。主传动系统的功能是以悬臂梁的形式支撑叶轮，将叶轮的扭矩载荷传递给齿轮箱或直接传递给发电机，同时将其他载荷传递给机舱底座和塔架。因为传动系结构的不同，风力发电机组主轴系的结构形式多种多样。本任务将就带齿轮箱机组和直驱式机组的主传动系统的组成、典型结构进行介绍。

学习目标

1. 掌握传统风电机组主传动系统的组成形式。
2. 掌握带齿轮箱机组的主传动系统典型结构。
3. 能说出带齿轮箱机组的主传动系统典型结构的各自特点。
4. 掌握直驱式机组的主传动系统典型结构。
5. 能说出直驱式机组的主传动系统典型结构的各自特点。

一、主传动系统概述

主传动系统结构的发展是风电机组技术进步的集中体现之一。目前风电机组的发电系统设备主要采用双馈式异步发电机和永磁直驱异步发电机两种方式，与之对应的，其主传动系统可分为带齿轮箱机组的主传动系统和直驱式机组的主传动系统。本项目将从以上两种主传动系统结构开始，逐步介绍风电机组的主传动系统及相应设备。

传统机组的传动系统结构设计为：3 级变速的齿轮箱通过主轴系统与叶轮连接，齿轮箱与异步发电机间通过柔性联轴器相连，即分布式、模块化传动系。丹麦的风机制造商最先采用这种设计，因此采用这种传动系结构的机组常被称为"丹麦型"机组。但是随着现代风力发电机组大型化的发展，齿轮箱的高速端故障率增加，20 世纪末期，德国公司推出了无齿轮箱直驱式风力发电机组。直驱式风力发电机的结构中免去了齿轮箱，由叶轮直接驱动多极发电机，具有发电效率高、可靠性高、运行及维护成本低、电网接入性能优异等优点。风电机组主传动典型结构如图 4-1 所示。

但是，多极发电机存在质量和体积大、吊装困难、热损耗大等缺点，为此，德国公

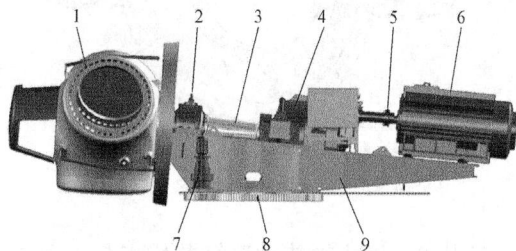

图 4-1　风电机组主传动典型结构

1—轮毂；2—主轴承；3—主轴；4—齿轮箱；5—联轴器；6—发电机；7—偏航电动机；8—偏航轴承；9—机舱底座

司借鉴传统机组和直驱式机组的优点，推出了半直驱的概念。半直驱机组也叫作混合传动机组，由其英文单词"hybird"直译而来。半直驱机组的基本技术特征是：使用了 1 级或 2 级行星齿轮箱和永磁同步发电机，齿轮箱传动比为 8～50。因此，半直驱机组既避免了常规高速齿轮箱的可靠性问题，也规避了直驱机组发电机体积和质量大的问题。从中长期来看，直驱式和半直驱式传动系统将在大型风电机组中占有越来越大的比例。另外，为了降低机组质量，集成化设计是未来风机传动系统的发展趋势。

按照主传动链形式的不同，将机组分为带齿轮箱机组（包括丹麦型和半直驱机组）和直驱式机组，对每种传动系的主轴系结构形式的特点进行分析。

二、带齿轮箱机组的主传动系统

目前，比较流行额定功率为 1.5～3.0MW 的带齿轮箱机组广泛采用三种布置形式，即所谓的"三点式""两点式"和"与齿轮箱集成式"主传动系统。

1. 三点式支撑主传动系统

三点式支撑的主传动系统是由一个主轴承和两个位于齿轮箱两侧的扭力臂支撑形成三点支撑形式，也有人形象地称之为"一主两翼"式主轴结构，如图 4-2 所示。

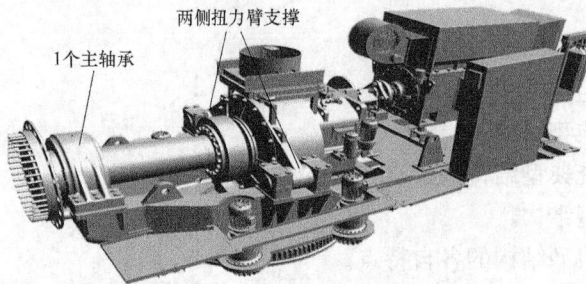

图 4-2 三点式支撑主传动系统结构图

该主传动系统使用一个安放在风机叶轮侧的球面调心滚子轴承作为主轴承，固定支承直接安装在机架支座上，主轴前端与轮毂通过螺栓法兰连接；后端通过胀紧套与齿轮箱输入轴连接，齿轮箱壳体通过两点弹性支撑与底座连接，整个传动链的载荷通过三点支承装置传递到机舱底座。

三点式支撑主轴传动系统使用齿轮箱第一级行星架上的轴承作为主轴系浮动支撑，省去一个轴承，由于齿轮箱扭力臂处的支撑为弹性支承，如图 4-3 和图 4-4 所示。整个装置可以吸收一定的冲击载荷。

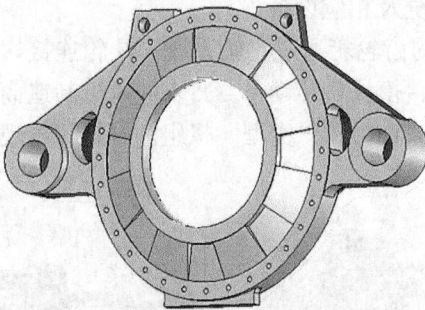

图 4-3 齿轮箱扭力臂的三维模型图

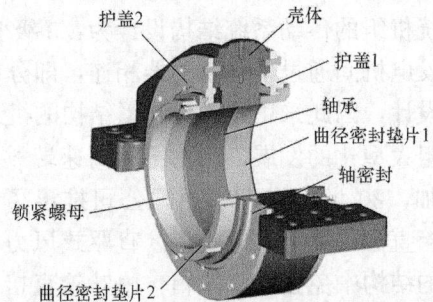

图 4-4 齿轮箱扭力臂的组成结构图

三点式支撑主轴传动系统的优点是：单主轴轴承，传动链比较紧凑，加工制造成本低，齿轮箱减振支撑的承载能力强，能够承受来自径向和轴向的冲击载荷，有着良好的阻尼及减振性能，传动链缩短，结构相对紧凑，运输吊装效率更低。

三点式支撑主轴传动系统的缺点是：齿轮箱输入端除了承受扭矩以外，还要承受附加的弯矩和轴向负载，齿轮箱的可靠性相对难以保证，齿轮箱的故障率较高。另外，有些三点式支撑主传动系统机组在齿轮箱出现故障需要更换时，必须先拆卸叶轮，无疑加大了维修施工难度和成本。

2. 两点式支撑主传动系统

采用两个主轴承共同支撑主轴的主传动系统常称为两点式支撑主传动系统，其结构如图4-5所示。它由两个双排独立的滚珠轴承、只承受扭矩的独立齿轮箱、与机座相连接的独立的发电机组成。

此种结构能形成"固定端＋浮动端"的轴承配置，固定端可设计在叶轮侧，也有设计在齿轮箱侧的应用案例。两个轴承可以被安装在两个分离的轴承座内，也可共用同一个轴承座，使用两个分离的轴承座的轴系也称作挠性轴系，共用一个轴承座的轴系也称作刚性轴系。

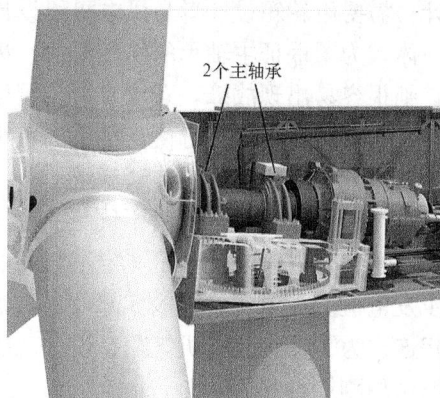

图4-5　两点式支撑主传动系统结构图

两个分离的轴承座难以保证两轴承的同轴度，主轴承一般选用两个具有调心功能的球面滚子轴承，但固定端的球面滚子轴承其两列滚子受力不均，在大部分时间里，下风向（靠后）的滚子承受大部分的载荷，在大容量机组中这种情况更加明显。另外，球面滚子轴承存在轴向游隙，对齿轮箱会产生附加的轴向力。共用同一个轴承座时，主轴承一般选用双列圆锥滚子轴承和圆柱滚子轴承组合使用的配置，双列圆锥滚子轴承的综合承载能力强，用于固定支撑，圆柱滚子轴承具有很强的径向承载能力和良好的轴向浮动效果，用于浮动支撑。

与三点式支撑相比，两点式支撑主传动系统多一个主轴承，且该轴系的前后两个轴承形成静定结构，齿轮箱需要特殊的弹性支撑。但两个主轴承能够吸收大部分甚至全部除扭矩外的载荷，转子负载对齿轮箱只具有很小的冲击作用，齿轮箱的受力状况明显改善，可靠性较好。这种轴系布置在多兆瓦级机组中应用得越来越广泛。

由于使用三点支撑主轴系的机组，齿轮箱承受轴向力和弯矩以及冲击载荷，其故障率高，可靠性低。随着机组大型化的发展，三点支撑主轴系逐渐被两点支撑主轴系代替。

除了两点式支撑和三点式支撑主传动系统以外，国外一些兆瓦级大型风力发电系统还会将这两种结构相结合，组成"四点式支撑主传动系统"两个主轴承和两个齿轮箱两侧的扭力臂共同支撑主轴。

3. 与齿轮箱集成的主传动系统

与齿轮箱集成的主传动系统布置常用于半直驱机组，采用该种主轴系形式的机组，轮毂直接和齿轮箱的行星架或外齿圈相连接，主轴承完全和齿轮箱集成在一起，主轴承可以使用齿轮箱油进行润滑。主轴承配置可以是固定端轴承加浮动端轴承配合使用，或只使用一个双列圆锥滚子轴承作为主轴承。该类传动系统结构如图4-6所示。

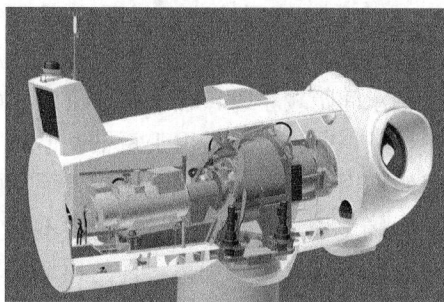

图4-6　与齿轮箱集成的主传动系统

与传统机组相比，该主轴系结构紧凑、质量轻，可以大大降低机舱质量，节省整机制造和吊装成本。

叶轮侧载荷直接通过齿轮箱壳体传递到主机架上，齿轮箱受载复杂，不能采用标准结构设计，需要齿轮箱设计者与风电机组设计者共同合作开展设计制造工作。由于轴承座与齿轮箱一体，为了保证主轴承的使用寿命，齿轮箱壳体必须要有很高的刚度。如果齿轮箱设计不当，则很容易出现故障，系统对齿轮箱可靠性要求高。另外，当齿轮箱损坏拆下时，需要将叶轮也拆下来，十分不方便，机组的可维护性差。

三、直驱式机组的主传动系统

与带齿轮箱的风电机组不同，直驱式机组主传动系统的结构对整个机组的布局影响很大。由于气隙（发电机转子与定子之间的间隙）要求及加工精度限制，直驱式机组一般选用同步发电机。如果忽略其他零部件，可以简单地认为，发电机转子和定子分别与轴承的内外圈相连。为了保证发电机气隙在设计范围之内，主轴系需具有足够的刚度。所以，直驱机组一般选用刚性轴系。

根据发电机相对机舱位置的不同，本任务将直驱式主传动系统分为轮毂内双轴承主传动系统和单轴承主传动系统。轮毂内双轴承主传动系统、单轴承主传动系统和扁担式主传动系统介绍如下。

1. 轮毂内双轴承主传动系统

轮毂内双轴承主传动系统是德国某风电公司的专利，这种主传动系统的特点是：定轴后端法兰连接机舱底座，在运行过程中只承受弯矩和叶轮推力，为心轴。轮毂内设计轴承座孔，使用两个轴承（一个在定轴前端，另一个在定轴中部）将轮毂及其与之法兰连接发电机转子支撑在定轴上；轮毂载荷作用于两轴承跨距内，主轴承受力情况较好，两轴承的间距很大程度上取决于叶片根部直径；发电机的定子通过法兰固定到定轴上。为了使维护人员能够到达轮毂内部对变桨控制系统进行维护，需要在轮毂或叶片延长节上开洞。这种主轴系结构简图如图 4 - 7 所示。

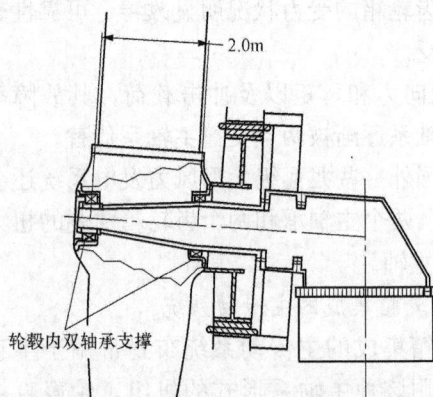

图 4 - 7　轮毂内主轴系统结构简图

轮毂内双轴承主传动系统省去了齿轮箱，传动链结构紧凑。但是目前发展技术不够成熟，发电机尺寸偏大，吊装难度较大。

轮毂内双轴承主传动系统在从小容量机组到兆瓦级机组的转化过程中得到了改进，形成了两种圆锥滚子轴承布置方式。

（1）两个彼此分离的圆锥滚子轴承背对背布置。这种方式的轴热伸长补偿取决于圆锥滚子轴承的游隙，在两轴承间距较小时，轴承游隙可以很好地补偿轴的热伸长，即该方式适用于短轴。但对于容量更大的机组，因为叶根尺寸、承载能力等方面的要求，轮毂尺寸和主轴的长度都变大，两轴承的间距也随之增大，有限的轴承游隙不能完全补偿轴的热伸长或变形，将会显著增大轴承的载荷导致轴承及其轴承周边零件的损坏。另外，该方式的轴系需要在装配过程中调整轴承游隙，这对装配技术和工艺是一个很大的挑战。

（2）由一个双列圆锥滚子轴承与一个圆柱滚子轴承配合使用的布置方式。这一改进主要是由轴的热伸长补偿方式决定的。传动链右端支承滚子可以相对外圈滚道轴向移动来补偿轴的热伸长和变形，很好地解决了方式（1）遇到的问题。

2. 单轴承主传动系统

使用一个特殊轴承的主轴支撑方式常简称为单轴承主传动系统，其结构如图 4 - 8 所示。随着单机容量的不断增加，机组的质量越来越大，为了减轻质量，越来越多的机组使用单个大直径的轴承作为主轴承，目前开发的主轴承外径已达到了 3m 以上。对于使用大直径的轴系来讲，由于轴及其他支撑结构的空心度大，能够使用较少的材料来抵抗弯矩和扭矩，所以轴承的成本占了整个主传动系统成本的很大比例。并且采用单轴承方案的机组，主轴的轴向长度很短，所以亦可称作盘式，主传动链尺寸变得更短，刚性更好，使得机组机舱空间更加紧凑。

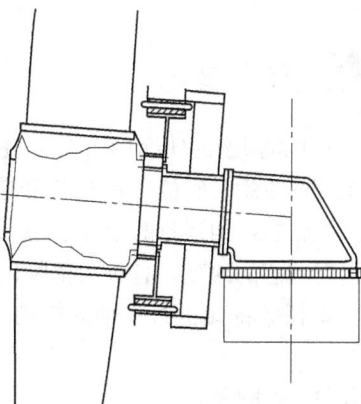

图 4 - 8 单轴承支撑形式

用于单轴承主传动系统的轴承主要有两种：三列圆柱滚子轴承和双列圆锥滚子轴承。这两类轴承的共同点是尺寸大，可以承受很大的径向力、双向轴向力和弯矩，内外圈可通过螺栓与发电机定子或转子连接。三列圆柱滚子轴承设计类似于回转支承，一列滚动体（向心滚子）承受所有的径向力，另外两列滚动体（见图 4 - 8 所示推力滚子）承受系统中的双向轴向力。该轴承的两列推力滚子的两个端面不能达到同样的线速度，这就意味着在轴承运行过程中存在大量的滑动摩擦。而作为滚动轴承，滑动摩擦是要极力避免的，因为它会带来更多的轴承发热，降低轴承润滑脂的性能，造成润滑不良，最终使轴承失效。因此，三列圆柱滚子轴承已不能满足日益大功率化的风力发电机的需求。

双列圆锥滚子轴承为背对背布置，具有很大的接触角（约为 45°），这使得该轴承具有很大的跨距，提高了轴承抗倾覆力矩的能力。与三列圆柱滚子轴承相比，双列圆锥滚子轴承具有更多优点：更好的运动学性能，质量更轻，摩擦力更小，易于润滑（自修复效应），易于调整预紧力，易于安装和维护。但双列圆锥滚子轴承对游隙敏感，其游隙寿命曲线较陡，可将轴承的游隙在生产时确定在最佳值，在轴承安装后就能达到最优化的预紧力，这样就简化了轴承的安装过程，同时满足轴承正常运行的需要。

相比于双轴承的主轴支撑形式，单轴承主传动系统的主轴承直径大，其主轴内径也较大，机组维护人员可以通过主轴内孔直接由机舱进入叶轮部分，叶轮轮毂的可到达性更好。

3. 扁担式主传动系统

扁担式主传动系统的前端连接叶轮而后端连接发电机，中间由两个轴承支撑，形成类似"挑扁担"的两端受力的结构，如图 4 - 9 所示。

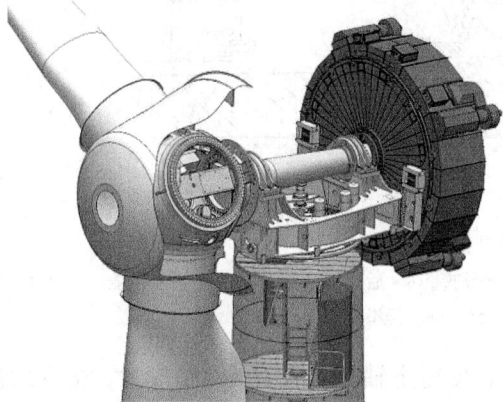

图 4 - 9 扁担式主传动系统结构图

　　这种主传动系统的主轴支撑方式与传统机组的主轴支撑概念是大致相同的，即主轴由安装在底座上的主轴承支撑，主轴的后端作为后面部件的输入端。与一般的直驱式风电机组不同，发电机有自己的轴承，位于主轴后端与主轴传动系统相对独立。为了避免发电机与塔架干涉，主轴需跨越偏航轴承。这种结构中的主轴长度较长，为了适应主轴的变形，主轴承应采用具有调心性能的球面滚子轴承。

任务 2　机 组 的 主 轴

学习背景

　　在风电机组主传动系统中，主轴负责连接风轮系统与齿轮箱，它的前端通过螺栓连接到风轮系统的轮毂，它的后端则与变速齿轮箱的低速轴连接。所以，机组的主轴也常被称为低速轴。主轴在机组运行时承受了很大的负载，受力方向和形式多样且无法预测，每一次风电机组的运行状态的改变，各种力都将出现在主轴之上，这对主轴的结构和强度提出了较高的要求。

　　本任务将就机组主轴的结构、支承形式和维护保养工作三个方面进行介绍。

学习目标

　　1. 掌握风电机组主轴的典型结构。

　　2. 掌握风电机组的主轴的常见支承型式。

　　3. 了解机组主轴的监测和维护保养工作要点。

一、机组主轴及常见结构

　　风力发电机组的主轴又称低速轴或叶轮轴，主轴支承了从风轮传递过来的各种负载，并将扭矩传递到增速齿轮箱，将轴向推力、气动弯矩传递给机舱、塔架等主传动系统，是风力发电机组中重要的部件。主轴系统的主要结构如图 4-10 所示。

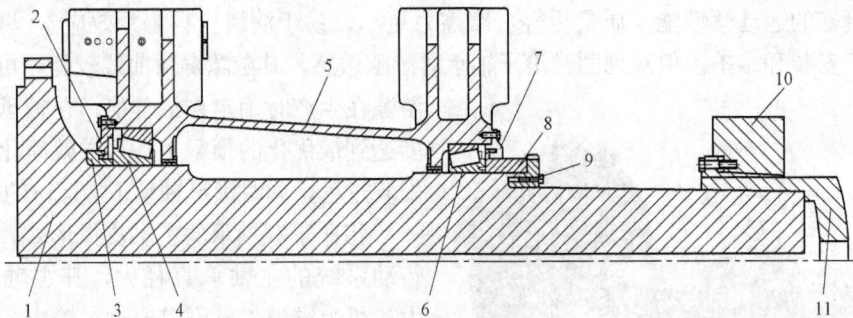

图 4-10　主轴系统结构简图

1—主轴；2—前轴承盖；3—前轴套；4—前圆锥滚子轴承；5—轴承座；6—后圆锥滚子轴承；7—后轴承盖；8—后轴套；
9—锁紧螺母；10—胀紧套；11—行星架

　　由于大型风电机组运行环境恶劣、风况复杂，使得主轴上的载荷具有强度大、交变随机的特点，影响整个风电机组的使用寿命。主轴工作过程中的受力状况不佳，在风力发电机的轮毂、风叶及其附属部件的质量作用下主轴将会产生较大的弯曲变形和疲劳破坏，其设计安全性和合理性将直接影响整个机组的性能。

主轴承受的轴向力通过主轴承系统（主轴承、轴套、轴承座）传递给机舱。当主传动系统承受正向推力时，负载力通过主轴轴肩—前轴套—轴承—轴承座—机舱的路线传递；当主传动系统承受负向拉力时，负载力通过主轴—主轴锁紧螺母—后轴套—轴承—前轴承盖—轴承座—机舱的路线传递。在这两条传力路线中，除主轴与锁紧螺母之间通过螺纹传力外，其他零件之间均通过接触面传递法向压力。

主轴轴承承受的力主要包括：风叶及轮毂的重力、主轴自重、主轴轴承的支承力、推力轴承的止推力、风通过风叶及轮毂作用在主轴的力。主轴轴承主要承受径向力，也受部分由于风力而产生的轴向力。

主轴轴承受力状况较为复杂，随着风力的变化而变化，且会产生振动，所以其所受载荷难以精确计算，因此只能对轴承所受载荷进行估算。通常根据几种工况条件下的载荷、转速及时间比来确定轴承的平均当量载荷。

另外，风力发电机的功率大小不同，轴承座之间间隔的距离也不同。对于轴承座间距较大的风力发电机，加工时难以保证轴承座的同轴度，会增加轴的变形。主轴由主轴轴承支承，因而主轴上的作用力以及变形都影响到主轴轴承的传动。

主轴前面配备有一个和轮毂连接的大法兰，风轮锁定盘也位于此。主轴由一个或者两个安装在主轴承室内的球面滚柱轴承支撑。通常在前轴承室内装有一个液压驱动的风轮锁定系统。

常见风电机组的主轴的支承形式有以下两种：

（1）悬臂梁结构，如图 4-11（a）所示。主轴仅使用一个主轴承架支承，后轴承置于齿轮箱内，也就是前面学习的三点式主传动系统。

（2）挑臂梁结构，如图 4-11（b）所示，主轴由两个主轴承架支承，前后两个轴承形成静-定结构，也就是前面学习的两点式主传动系统。

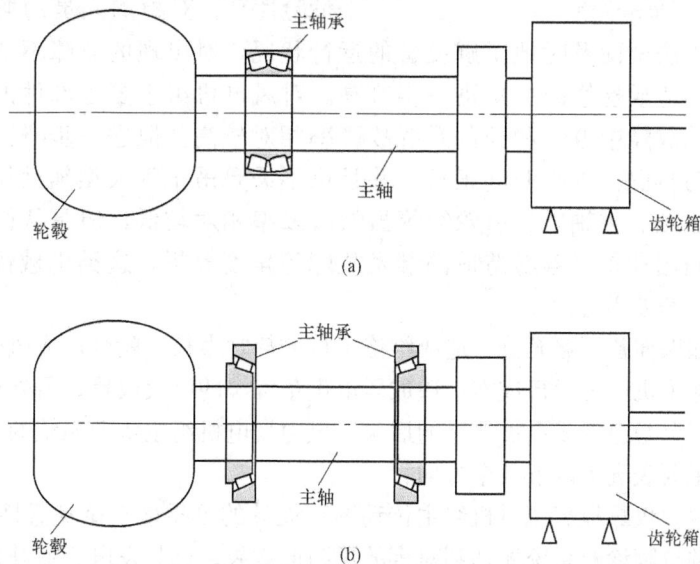

(a)

(b)

图 4-11　主轴的两种支承形式简图

(a) 悬臂梁结构；(b) 挑臂梁结构

三点式悬臂梁结构支承的优点是前支点为刚性支撑，后支点（齿轮箱）为弹性支撑。这种结构能够吸收自叶片来的突变负载，减小对主轴承、主轴和齿轮箱的冲击。

两点式挑臂梁结构支撑的优点是该结构多一个主轴承，在工作时两个主轴承能够吸收大部分甚至全部除扭矩外的载荷，负载对齿轮箱的冲击小，齿轮箱的受力情况好，可靠性较高。这种结构布置在中大型机组中应用的越来越广泛。

二、机组主轴的监测与维护

1. 主传动系统的状态监测和维护工作的意义

与其他类型的发电企业不同，大规模风电场的投入运行，风电机组出现运行故障的概率是比较高的，因此风力发电企业需要投入高额的运行维护和维修成本，大大影响了风电场的经济效益。风电场一般处于偏远地区，工作环境复杂恶劣，机组叶片在工作时会受到气动力、重力和离心力的共同作用，发生故障的概率比较大。如果一旦机组的关键零部件发生故障，将会使设备损坏，甚至导致机组停机，造成巨大的经济损失。

图 4-12　对损坏的主传动系统进行更换操作

对于工作寿命为 20 年的机组，其运行维护成本一般可以占到整个风电场总投入的 10%～15%，而在海上风电场，则整个比例高达 20%～25% 甚至更高。因此，为了降低风电机组运行的风险，维护机组安全经济运行，风电机组运行维护工作的科学性和故障诊断技术的发展至关重要。

风力发电机组长期以来大多采用计划维修的方式，即一般风电机组运行中进行例行维护。这种维修方式不仅对风电场检测人员的劳动量消耗比较大，效率较低，危险性高，对检测人员的职业技术有比较高的要求，而且无法全面及时地了解设备的运行状况，对出现的故障不能及时发现故障并进行维修，这样造成检修的成本进一步升高。对风电机组主要零部件的可靠性研究表明，在风电机组的故障中电气和控制系统故障率相对较高。但进一步研究发现电气和控制系统的故障容易排除，停机时间很短，并且也不需要吊车等大型辅助设备。但是诸如主传动系统中的主轴、主轴承、齿轮箱等虽然故障率相对较低，但是从机组故障引发的停机时间、维护费用和是否容易造成的继发故障等角度分析，这类机械传动系统的状态监测和维护保养工作更为重要。

而事后维修如果准备不够充分，造成维修工作的耗时太长，就会造成风电机组长时间停机，这些因素增加了机组的运行成本，造成风电设备资源的巨大浪费。另外对故障检测不够全面，可能留下安全隐患酿成更加严重的后果。风力发电机组主传动系统的状态监测和维护保养工作的意义主要表现为以下几个方面：

（1）预防事故。仅靠提高风电机组主传动系统设计的可靠性来避免恶性事故是不够的，还必须辅以有效的故障诊断系统才达到对事故预防的效果。以某发电企业开发的风力发电机健康监测系统为例，它可以及时发现故障，对故障趋势进行预警来防止重大事故的发生，以此来避免重大财产损失和保障人身和设备的安全。

（2）提高经济效益。监测的最终目的是避免故障尤其是重大事故的发生，使零部件的寿命得到充分发挥，延长检修周期，提高维修的精度和速度，最终降低风电机组运行成本。因此，相关技术的应用会带来巨大的经济效益，进一步提高风电在电力行业中更具有的竞争力。

2. 主传动系统的状态监测和维护的方法

风力发电机的状态监测技术是综合利用对风电设备振动、温度、压力、噪声等状态信号进行检测分析结果，结合诊断对象的工作环境，定量识别风力发电机主轴部件的运行状态，以此来判断主轴系统的运行状态，定位故障或者故障隐患类型，分析引起故障因素，为可能发生损坏的零件进行预警处理。机组状态监测技术按照不同的观点分类方法，现阶段主要有两种分类方法。按照状态诊断的难易程度来分可分为：简易诊断法与精密诊断法；按照诊断的测试手段可分为：直接观察法、磨损残余物鉴定法、无损检测法、振动噪声测定法、机器性能参数测定法等等。

（1）简易诊断法。采用声级计、测振仪、红外点温仪、工业内窥镜等简易诊断仪器对设备进行实时监测，然后根据设定的标准值或经验对监测结果进行分析来判断设备是否发生故障的诊断法称之为简易诊断法。如果发现非正常状态，则进一步监测设备并分析结果得到设备的发展趋势。因此，这种诊断法的作用包括状态监测和趋势预报。

（2）精密诊断法。采用精密诊断仪器和各种分析手段对故障机器进行综合分析，从而得出故障的类型、具体位置和原因、程度及其发展趋势等的诊断法称之为精密诊断法。这种诊断法的作用是能精确地分析出故障类型、具体位置和原因、程度等。

（3）直接观察法。一直沿用到现在的传统直接观察法（听、摸、看、闻），这些方法虽然古老，但在日常运行维护工作当中仍然十分管用。这种方法有较大的局限性，主要因为它依靠的是人的感觉和经验。随着科学技术的进步，大大延伸人的感觉器官功能的仪器如便携式测振仪、泄漏听诊仪、光纤内窥镜、红外热像仪、激光全息摄影等的产生，使这种方法向前迈进了一大步。

（4）振动噪声测定法。机器在运动时都会产生振动。有研究表明，振动的强弱及其包含的主要频率成分和故障的类型、程度、部位和原因等有着密切的联系。大多数机械设备是定速运转设备，各零部件的运动规律决定了它的振动频率。由于是定速运转，零件的振动频率即为该零件的特征频率，观测特征频率的振幅变化，可以了解该零件的运动状态和劣化程度。因此，利用这种振幅变化的信息进行故障诊断是比较有效的方法，也是目前发展比较成熟的方法。其中特别是振动法，由于不受背景噪声干扰的影响，使信号处理比较容易，因此应用更加普遍。

（5）无损检测法。无损检测是一种从材料和产品的无损检验技术中发展起来的方法，它是在不破坏材料表面及内部结构的情况下检测机械零部件缺陷的方法。它使用的手段包括超声波、红外线、X射线、声发射、磁粉探伤、渗透染色等。这种方法目前已发展成为一个独立的分支，在检测由裂纹、砂眼、缩孔等缺陷造成的设备故障时比较有效。其局限性主要是某些如超声、射线等检测手段不便在动态下采用。

（6）磨损残余物测定法。机器的润滑系统或液压系统的循环油路中携带着大量的磨损残余物（磨粒），它们的数量、大小、几何形状及成分反映了机器的磨损部位、程度和性质，根据这些信息可以有效地诊断设备的磨损状态。目前，磨损残余物测定法在工程机械及汽车、飞机发动机监测方面已取得了良好的效果。

（7）机器性能参数测定法。机器的性能参数主要包括显示机器主要功能的一些数据，如机床的精度、压缩机的压力、流量、内燃机的功率、耗油量、破碎机的粒度等。一般这些数据可以直接从机器的仪表上读出，由此可以判定机器的运行状态是否离开正常范围。这种机器性能参数测定方法主要用于状态监测或作为故障诊断的辅助手段。

以上这些方法是机组主传动系统的监测技术，是普遍采用的基本方法，目前通过测量振动的方法比较成熟，且更简单易行。

任务 3　机组的联轴器

学习背景

风电机组主传动系统中的主轴常常指的变速齿轮箱高速轴与发电机轴之间的连接件，它起到了连接以及传递扭矩的作用。所以，主传动系统中的联轴器必须既能传递大扭矩，也能改善因安装及轴向和径向运动所产生的各种误差，降低载荷引起的冲击，起到减振、降振的作用。联轴器根据两轴之间相对位置和相对位移情况的不同种类很多，本任务将就联轴器在风力发电机组主传动系统中的作用和常见联轴器种类特点两个方面进行介绍。

学习目标

1. 掌握联轴器在风力发电机组主传动系统中的作用。
2. 掌握机组对联轴器的性能要求。
3. 了解常见联轴器种类及其各自特点。

一、联轴器在风电机组中的作用

1. 机组联轴器的作用

联轴器利用不同机构中的两根轴（主动轴和从动轴），实现传动轴的连接以及传递扭矩。在高速重载荷动力运行时，有些联轴器存在缓冲、减振以及性能提高作用。联轴器是一种机械通用性的零部件，它能连接不同机构间的主动轴、从动轴，并将载荷传递到相应部件，以实现良好的传动效果。以传动目的来看，对联轴器性能的主要要求如下：

（1）缓冲。在上一级的部件产生突变冲击期间，可以在通过联轴器得到有效的缓冲，并保证其传动链上相应设备的安全性。

（2）减振。由于动力机的驱动转矩及工作机的负载转矩不稳定，以及由传动零件制造误差引起的冲击和零件不平衡离心惯性力引起的动载荷，使得传动轴系在变载荷下运行产生机械振动，传动零部件容易形成较大冲击，从而降低了机械正常使用的性能与寿命。在传动系统中加入联轴器可以有效地降低其固有频率，并可利用其阻尼特性减小扭振振幅，以达到减振的效果。

（3）调整偏差。联轴器可有效避免上一级主动扭矩装置与下一级从动装置在连接期间出现位置偏移，对整个系统造成较大影响及破坏，对偏差进行调整。

就风力发电机组而言，联轴器是机组传动系统中的关键零部件，安装位置位于主传动系统之后，主要用于齿轮箱和发电机转子轴的连接。一般非直驱式风力发电机组主轴被称为低速轴，而联轴器所在的轴由于经过变速齿轮箱增速，故称为高速轴。

风电机组所使用的联轴器的典型组成部件有三个部分：齿轮箱侧组件、带力矩限制器的中间体和发电机侧组件，如图 4 - 13 所示。

因此，风电机组所使用的设计的联轴器必须能传递大扭矩，并能改善因安装及轴向和径向运动所产生的误差。在实际工作的同时，还能够适当地降低载荷引起的冲击，起到减振、降振的效果。而高速、重载、两轴对中不好、经常启动和变扭矩的传动及绝缘的要求，一直是风电联轴器设计和制造的难题。近年来，尽管我国在风力发电技术上取得了飞速的发展，但风机中一些关键零部件

图 4 - 13　风电机组高速轴上的钢膜片联轴器
1—发电机侧组件；2—带力矩限制器的中间体；
3—齿轮箱侧组件

和大型零件的开发和设计水平仍比较落后，尤其是功率大、传动扭矩大和纠偏量低的高档联轴器，是相关企业未来研发的主要方向。

2. 机组联轴器的性能要求

风力发电机组因为处于地面较高处，除了高速运转的传动系统，机组整体由于受风力影响而振动，其发电机、齿轮箱、叶轮三部分的连接对中，由于各种原因，可能会造成一定偏差；这个偏差，就需要靠联轴器来进行调节。所以，在选择联轴器时，还应考虑联轴器的机械性能是否能够合理满足风力发电机的功率、运转扭矩、动力机系数等。风力发电机组对联轴器性能的要求包括以下几方面。

（1）恶劣工作环境，耐受力。风力发电机的工作环境较为恶劣，从中国当前的风能资源分布来看，中国现有的和即将进行风能开发的地域，大都处于沿海、山区和中国的西北部。沿海不但有常年的盐雾，环境异常潮湿，风机部件容易锈蚀或盐蚀，老化，还受到热带气旋影响；山区多有不稳定的沉降或上升气流，亦可能有因山谷环境造成的突发性强烈气流；西北部如新疆，冬夏温度差异极大，也有地形原因形成的极强突发性峡谷风等。这些对风机部件的耐蚀性能及耐冲击能力，都有很高的要求。

（2）承受不同载荷类别的能力。载荷类别主要是针对风力发电机的工作载荷的冲击、振动、正反转、制动、频繁启动等原因而形成不同类别的载荷；不同的联轴器对载荷的承受能力不同。在风力发电机组中的联轴器所承受载荷，主要有：叶轮通过齿轮箱所传递的扭矩；齿轮箱与发电机自身的振动所产生的振幅；联轴器自身的重力。联轴器由于种种原因使其质心或惯性主轴与其旋转轴线不重合，在运转时还将产生不平衡离心惯性力、离心惯性偶力等多样力或力偶。这些力或力偶极大地影响着联轴器的运行，是对联轴器进行选择时极其重要的指标。

（3）较高传动精度。风力发电机内联轴器属于传递动力的轴系传动系统，其中对传动精度就要具有较高要求。在实际工作时，不仅要避免非金属弹性元件，还要避免可

动元件之间的间隙。在该条件下，从而防止了高速旋转过程，避免联轴器受到较大损坏。

（4）能承受所连两轴相对位移。联轴器的主动轴和从动轴受制造误差、安装误差以及变形等相关因素的影响，都会因基座变形、轴承磨损、温度变化（热胀、冷缩）、部件之间的相对运动等多种因素而产生相对位移现象。如果风力发电机在运行期间两轴较长时间存在相对位移，容易造成弹性支撑不断失效，从而在风速条件下引起振动现象。该现象的体现与发电机、齿轮箱在其中受到的影响不同，它在轴线上产生的位移现象无法控制。在一定程度上，两轴之间的位移是不能避免的，在不同运行条件下，轴系传动的位移大小等相关因素也会不同。

（5）其他要求。

风力发电机在一定的运行环境下，容易改变其工作特性，所以在对联轴器选择时还要考虑一些条件如具有一定纠偏系数，齿轮箱与发电机不可能达到理论上的线性传动，有一定的误差范围，从齿轮箱与发电机寿命出发考虑，需要对联轴器的纠偏系数提出要求；选择在适用合理的温度范围内，一般可取 $-30°\sim90°$。还要选择具有抗腐蚀能力以及抗油能力的，以防止出现打滑现象；具有耐冲击能力，瞬时转矩与公称转矩、转动惯量、疲劳转矩等能力；工作可靠性能稳定，不易老化，维护难易程度适当，平时免维护，但是可以人力更换。

二、风电机组联轴器的分类

联轴器的种类很多，在风力发电机组上一般根据两轴之间相对位置和相对位移情况的不同，可以分为刚性联轴器和挠性联轴器两大类。挠性联轴器的种类较多，大致可分为无弹性元件的联轴器、金属弹性元件联轴器和非金属弹性元件联轴器三大类。

1. 刚性联轴器

刚性联轴器具有结构简单自身的质量比较轻，制造成本低，具有较低的惯性以及较高的灵敏度等优点，而且不需要对它进行维护，因为其自身具有较强的抗油性以及抗腐蚀性。但是刚性联轴器对主动和从动两轴要求较高，对两轴之间的对中性要求很高，位移量很小，传递精度高，传递扭矩大，并且拆装时轴向能够实现位移等要求，适合使用在机械载荷平稳无冲击的场合。

考虑到风力发电机组的实际运行情况较为复杂，刚性联轴器通常只是应用于机组风轮和主轴（低速轴端）的连接和传动，在连接齿轮箱和发电机侧的高速轴端一般选择挠性联轴器。

2. 挠性联轴器

挠性联轴器允许在有轴向位移，轴向或径向的对中和角度可有一定的偏差时传递力矩，比较适用于位移量较大的连接。转速变化较频繁，两轴轴线对中性要求不太高的场合，同时还起缓冲和减振的作用。这个特点十分符合前面所讲的风力发电机组对联轴器的性能要求，所以挠性联轴器在风力机组高速轴的连接和传动上应用十分广泛。

根据承受的负载大小和性能要求挠性联轴器形式较多，下面主要介绍两种在风力发电中应用较多的膜片联轴器和万向联轴器。

（1）膜片联轴器。它使用几组膜片用螺栓交错地与两半联轴器连接，作为联轴器中的弹性材质，膜片分为连杆式和不同形状的整片式。膜片联轴器靠膜片的弹性变形来补偿所连两轴的相对位移，是一种高性能的金属强元件挠性联轴器，广泛用于各种机械装置的轴系传动。采用金属膜片可以加大旋转刚度，采用塑胶或橡胶的膜片则可吸收振动。其构造包括交替穿插的螺栓螺母、胀紧轴套、轴套法兰面、螺栓垫片、中间节、多片薄金属片组合成的膜片等部分。风电机组由于承受载荷和转速都比较大，所以以金属膜片联轴器为主，其外形如图 4-14 所示。

由于膜片联轴器没有相对滑动，在对膜片联轴器进行动平衡处理后，能够普遍地运用在高速传动轴系，它的特性及优点包括以下几方面：

1）承受两轴线不对中能力强，径向位移时反作用力小，具有一定的减振能力，允许有一定的偏心、偏角和轴向偏差。补偿不对中能力可满足绝大部分动力传动装置运行中的不对中要求。

2）强度高，承载能力大，传动效率高，可达 99.86%。特别适用于超大型设备或者中、高速大功率传动。

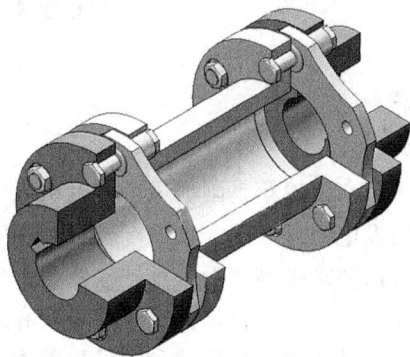

图 4-14　金属膜片联轴器外形

3）精度高，采用无间隙装配，零游隙、低不平衡量不变，能准确传递转速，无运行噪声，保持不变的初始动平衡精度。正反转无反向间隙，可用于精密机械的传动。

4）结构简单、质量轻、体积小、装拆方便。可在不干扰主从动装置情况下 2h 左右完成联轴器的更换，提高设备整体利用率。

5）能在恶劣的环境条件下运行可在 -30~300℃ 条件下运行，也可在酸、碱、盐雾等腐蚀性环境下运行。

6）系统寿命长，抗冲击、减振能力强、附加弯矩小，在精确安装和系统稳定情况下，可长期连续运转。维护简单，不需润滑。

7）节能环保，效率高。与齿式联轴器相比，性价比高，减振性能好，无噪声，可有效节约电能，减少噪声危害。装拆方便，可为企业节省大量维护润滑费用，大幅度提高工作效率。

（2）万向联轴器。万向联轴器可以用于传递两轴不在同一轴线上，两轴线存在较大夹角的情况下能实现两轴连续回转，可靠地传递转矩和运动。万向联轴器最大的特点是：其结构有较大的角向补偿能力，结构紧凑，传动效率高。

在实际应用中根据所传递转矩大小分为重型、中型、轻型和小型。不同结构型式万向联轴器两轴线夹角不相同，一般在 5°~45° 之间。万向联轴器有多种结构型式，如十字轴式、球笼式、球叉式、凸块式、球销式、球铰式、球铰柱塞式、三销式、三叉杆式、三球销式、铰杆式等。国内外一些 500~800kW 的中型风力发电机组就在其高速轴传动中使用了十字轴万向联轴器。它的主要特性包括：

1）联轴器用滚针轴承，传动效率较高，传动效率可达 98.7%~99%。

2）角向补偿量较大，不同结构形式的万向联轴器两轴线夹角一般在 5°~45° 之间。

3）由于滚动轴承的间隙较小，传动平稳，冲击和振动减小，摩擦系数小。

4）在回转半径相同时，可传动较大扭矩。

5）联轴器寿命为 2 年左右。维护中需要润滑，但是需要的耗油量较少，可改善生产环境，减少维修保养费用。

6）在空行程时，万向联轴器噪声可减低到 30～40dB，比滑块式万向联轴器低很多，满足低噪声要求。

任务 4　机 组 的 齿 轮 箱

学习背景

带有齿轮箱是国内风力发电机组中较为常见的形式，这类机组中的齿轮箱起到将动力传递给发电机并升速，使发电机得到相应的转速的作用。风电机组的齿轮箱不仅结构复杂、加工制造要求极高，而且维护检修也十分困难，它已经是目前此类机组出现的故障最为严重且故障率最高的部位，齿轮箱的研发和运行维护是世界风电技术的核心方向之一。本任务将就齿轮箱的典型结构形式和常见故障两个方面进行介绍。

学习目标

1. 掌握风电机组常用齿轮箱的结构形式。

2. 了解风电场齿轮箱常见故障及其注意事项。

一、齿轮箱及其结构

通常由于风电机组风轮的转速很低，远达不到发电机发电所要求的转速，必须通过齿轮箱的增速作用来实现，所以也将风电机组的齿轮箱称为增速齿轮箱。

根据机组的传动系统总体布置要求，有些机组结构将与风轮轮毂直接相连的传动轴（低速轴）与齿轮箱合为一体，也有将低速轴与齿轮箱分别布置，中间利用胀紧套装置或联轴节连接的传动结构。为了增加机组的制动能力，常常在齿轮箱的输入端或输出端设置刹车装置，配合叶尖制动或变桨距制动装置共同对机组传动系统进行联合制动。

不同形式的风力发电机组有不一样的要求，齿轮箱的布置形式以及结构也因此而异，目前市场上主流风电机组使用的增速齿轮箱的结构一般为：一级行星轮＋两级平行轴齿轮传动或者两级行星轮＋一级平行轴齿轮传动。

一级行星轮＋两级平行轴齿轮结构较两级行星＋一级平行轴齿轮结构而言，用一组平行齿轮代替一组行星传动，从而降低了行星齿轮及轴承的失效风险，增强了齿轮箱整体的可靠性；不足之处在于增加体积与质量。

两级行星轮＋一级平行轴形式结构的扭转臂与风力发电机底盘通过弹性支撑连接。该结构紧凑、弹性支承使齿轮箱整体有一定柔性；不足之处是行星轮轴上轴承要求高，容易失效。

所以，一级行星轮＋两级平行轴结构齿轮箱在风电机组上的应用更为广泛，其结构如图 4-15 所示。

可以看出，一级行星轮＋两级平行轴结构齿轮箱在工作时叶轮输出的转矩通过行星架输入齿轮增速系统，之后带动行星架中的三个行星轮转动，然后将转矩传递给太阳轮（内齿圈固定不动），太阳轮将转矩传递给中间级，之后传递给高速级后带动发电机发电。

二、风电机组齿轮箱运行维护

据统计，齿轮箱出现故障仍然是风电机组故障的最主要原因，早期风电场中齿轮增速箱的损坏率高达 40%～50%，对它的研究和开发是风电技术的核心，正向高效、高可靠性及大功率方向发展，即便如此，现在齿轮箱出现故障仍然占风机故障总数的 20%左右。齿轮箱安装在塔顶机舱内，一旦出现故障，修复操作非常困难，所以，对增速齿轮箱的可靠性和使用寿命都提出了比一般机械高得多的要求。

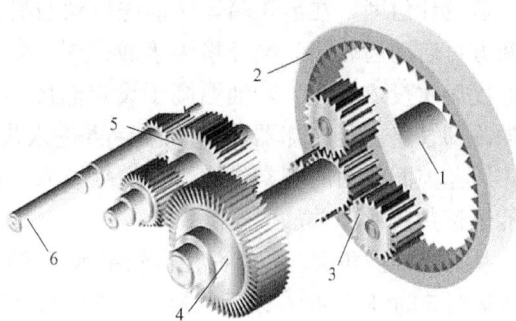

图 4-15 风电机组"一级行星轮＋两级平行轴"齿轮箱系统结构简图
1—平行轴（叶轮侧）；2—齿圈；3—行星架和太阳轮；
4—中间级（低速）；5—高速级；6—平行轴（发电机侧）

如对齿轮箱制造构件材料的要求，除了常规状态下机械性能外，还应该具有低温状态下抗冷脆性等特性；对齿轮箱的吊装工作应保证其平稳工作，防止振动和冲击；工作时必须保证齿轮箱充分的润滑条件；对关键部位还要设置监控点，监控齿轮箱的运转和润滑状态；对冬夏温差巨大的地区，要配置合适的加热和冷却装置。

我国风电场经常发生齿轮箱故障主要有以下几个方面。

1. 齿轮箱磨损、点蚀与崩齿故障

齿轮箱的润滑十分重要，良好的润滑能够对齿轮和轴承起到足够的保护作用。齿轮箱常采用飞溅润滑或强制润滑，一般以强制润滑为多见。因此，配备可靠的润滑系统尤为重要。电动齿轮泵从油箱将油液经滤油器输送到齿轮箱的润滑管路，对各部分的齿轮和传动件进行润滑，管路上装有各种监控装置，确保齿轮箱在运转当中不会出现断油。

风力发电齿轮箱属于闭式齿轮传动类型，其主要的失效形式是胶合与点蚀，故在选择润滑油时，重点是保证有足够的油膜厚度和边界膜强度。因为在较大的温差下工作，要求黏度指数相对较高。为提高齿轮的承载能力和抗冲击能力，适当地添加一些极压耐磨添加剂也有必要，但添加剂有一些副作用，在选择时必须慎重。

机组增速齿轮箱出现磨损、点蚀与崩齿故障（见图 4-16），可能是因为：机舱内大气温度过低，润滑剂凝固，造成润滑剂无法到达需润滑部位而造成磨损；润滑剂散热不好，经常过热，造成润滑剂提前失效而损坏机械啮合表面；滤芯堵塞、油位传感器污染，润滑剂"中毒"而失效。

图 4-16 齿轮箱的磨损与崩齿

从设计角度,在齿轮箱运转前先启动润滑油泵,待各个润滑点都得到润滑后,间隔一段时间方可启动齿轮箱。当环境温度较低时,如低于10℃,须先接通电热器加机油,达到预定温度后才投入运行。若油温高于设定温度,如65℃时,机组控制系统将使润滑油进入系统的冷却管路,经冷却器冷却降温后再进入齿轮箱。管路中还装有压力控制器和油位控制器,以监控润滑油的正常供应。若发生故障,自诊断监控系统将立即发出报警信号,使操作者能迅速判定故障并加以排除。

从运行维护角度,一方面在齿轮箱运行期间,要定期更换润滑油,第一次换油一般在首次投入运行500h后进行,以后的换油周期为每运行5000~10 000h。在运行过程中也要注意箱体内油质的变化情况,定期取样化验,若油质发生变化,氧化生成物过多并超过一定比例时,就应及时更换。另一方面,通常要求要在每一次更换齿轮油的过程中更换齿轮油滤芯,更换过程中查看滤芯内铁屑的情况,如果有大量铁屑,那么就要对齿轮箱进行细致检查。同时查看齿轮油的颜色,有必要的情况下对齿轮油进行化验检查分析。齿轮油检查过程中要做好记录。

如果机组齿轮箱一旦发生了磨损或者破坏性点蚀而没能及时发现并采取补救措施,任其不断发展,最后就会造成轮齿崩齿现象。同时风电机组的频繁紧急停机和大风天气过载也会造成增速齿轮箱的突然崩齿。

发生崩齿故障后就要对齿轮箱轮齿的具体情况进行判断,如果崩齿的小块面积占到啮合面积的10%以内,且没有继续发展,不会严重影响正常运行,可以坚持运行到大修期间再进行处理;如果崩齿面积过大,那么就必须停机对齿轮箱进行大修,联系厂家对齿轮进行加工更换。

2. 机组轴承损坏故障

高速轴的轴承故障率是比较高的。一般带齿轮箱传动结构的风力发电机组都会在高速轴相应部位加装温度传感器,对高速轴承进行监控。如果在日常运行过程中发现系统报警显示"高速轴承温度高",就必须对高速轴承进行全面检查,检查是否有铁屑,或者轴承的保持架是否完好,滚子与滚道是否有磨损等。

机组的其他轴承由于它们的转速相对较低,所以有些在设计上没有安装温度传感器。对这类轴承在日常运行维护工作中可以从外观和振动上进行检查。

轴承损坏故障的特点是具有突然性。一旦润滑不良或者轴向窜动发生,在高速高载荷运行环境下都会导致突然损坏,如图4-17所示。轴承损坏事故发生后机组必须停机进行大修,同时需要检查传动链上其他各个部件损坏情况,并更换那些损坏的或质量已经不行的部件。

3. 齿轮润滑系统故障

机组齿轮箱的润滑系统中润滑电机出现故障的概率是很高的,但是处理起来相对机械故障要简单得多,如有些机组将所有电机故障信号串联成为一个信号,如果发现系统报"电机热保护"故障,就需要登机对所有电机进行手动开启,结合听声音辨别是否正常。如果机组中的所有电机都会有反馈信号,电机

图4-17 机组齿轮箱轴承损坏

故障会报相应的电机故障名称。检查过程中要依据主电气图，认清电机的电气编号，逐一检查并进行相应的处理即可。

此外，机组的齿轮箱润滑系统温控阀会因长时间使用灵敏度下降，失去调节循环的作用，此时监控系统会报"齿轮油温高"故障。温控阀有调节螺钉可以进行调节，各齿轮油管路接头和管路通畅是排除此类故障的重点检查工作，发现管路接头密封不良有渗漏油必须进行处理。管路是否通畅也可以通过观察油路喷头喷油的情况进行判断。

4. 齿轮箱振动故障

风力发电机组齿轮箱的自身振动特性，与其发生故障密不可分。研究齿轮箱的振动特性，主要是了解其固有振动频率、振型、形变等，要避免不同部件固有频率相同发生共振，另外，避免齿轮在故障频率下工作。

风力发电机组齿轮箱的振动不可避免，剧烈的振动将引发齿轮偏心、断裂等故障。机组一般在设计阶段就会采取必要的减振降噪措施，使噪声声压级符合要求，最常用的解决方法就是安装减振支撑。

目前国内外风电机组所使用弹性支撑结构如图 4 - 18 所示，该弹性支撑负责连接齿箱与垫块，并将其紧固于风电机组底板上。衬套外形上是完整的圆环，所以在安装时可采用插入安装方式的直轴。图中所示衬套式弹性支撑采用金属配合橡胶衬套的结构，能较好地承受机组运行时产生的各种轴向力、扭矩和弯矩，起到了减少振动、隔离噪声，减小对齿轮箱的冲击作用。

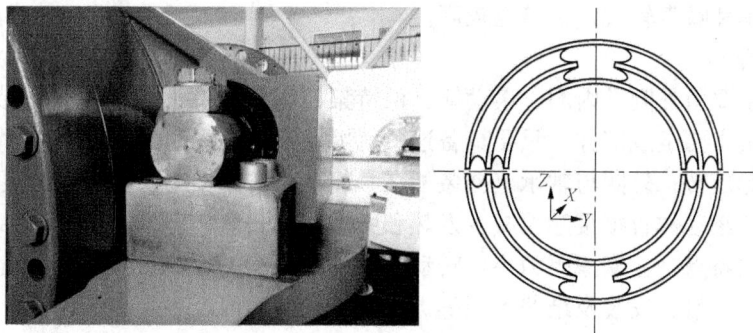

图 4 - 18　机组齿轮箱弹性支承

除了以上结构，齿轮箱减振系统还有采用的是轴瓦式弹性支撑。轴瓦式弹性支撑由上、下两瓣弹性体组成。弹性体采用偏心式结构设计，在一定的温度和压力下通过硫化成型。利用产品的偏心量，通过预压缩的方式将其固定于齿轮箱支撑座中。这种结构的齿轮箱减振支撑的承载能力更强，能够承受来自径向和轴向的较大冲击载荷，同样有着良好的阻尼及减振性能。

任务 5　机组的主传动系统轴承

学习背景

轴承在风电机组中的应用部位很多，它负责机械传动过程中支撑机械旋转体和降低其运动过程中的载荷摩擦系数，保证其连接机构之间相对运动的回转精度。轴承按运动元件摩擦性质的不同，轴承可分为滚动摩擦轴承（简称滚动轴承）和滑动摩擦轴承（简称滑动轴承）两大类。本任务将就风电机组轴承的作用和常见分类、滚动轴承和滑动轴承的各自结构特点以及机组不同部位对轴承的选用情况三个方面进行介绍。

学习目标

1. 掌握轴承在风电机组中的作用和常见分类。
2. 掌握机组滚动轴承和滑动轴承的结构和特点。
3. 了解风电机组不同部位对各类轴承的选用。

一、轴承及其常见分类

轴承也是风电机组机械传动系统的核心部件，它的主要功能是支撑机械旋转体和降低其运动过程中的载荷摩擦系数，并保证其连接机构之间相对运动具有较高的回转精度。机械传动系统的其他机构如齿轮箱、叶轮等一旦运行不正常，大多都与相应部位的轴承出现故障有关或可以通过轴承的运行状态所反映。

按轴承所承受载荷方向可分为：向心轴承（承受径向载荷）、推力轴承（承受轴向载荷）以及向心推力轴承（同时承受径向载荷和轴向载荷）。

按运动元件摩擦性质的不同，轴承可分为滚动摩擦轴承（简称滚动轴承）和滑动摩擦轴承（简称滑动轴承）两大类。其中滚动轴承已经标准化、系列化，但与滑动轴承相比，它的径向尺寸、振动和噪声较大，价格也较高。

1. 滚动轴承

滚动轴承主要由外圈、内圈、滚动体、保持架、密封、润滑油六大件组成。简单来说，前四个部分为其主要组成部分，只要具备这些就可以定义为滚动轴承了。通常内圈装配在轴上，并与轴一起旋转；外圈与轴承座孔装配在一起，起支撑作用。保持架将滚动体等距离排列隔开，以避免滚动体直接接触，减少发热和磨损。

滚动轴承的特点是：摩擦阻力小，转动力矩小，工作灵敏，功率损耗小且轴承单位宽度承载能力较大，润滑、安装及维修方便等。

与滑动轴承相比，滚动轴承的缺点是径向轮廓尺寸较大，接触应力较高，高速重载荷下轴承寿命较低，且运行噪声大，抗冲击能力较差。

滚动体是滚动轴承的核心元件，同滚动轴承的性能及寿命息息相关。滚动轴承按其滚动体的形状，可分为球轴承和滚子轴承两大类。二者的主要区别是球轴承接触形式属于点接触的，所以工作过程中摩擦小，能够适应较高转速，不足之处是由于接触点小所以也就不能承受大载荷冲击。而滚子轴承接触形式属于线接触，摩擦较大，所以转速没有球轴承的高，但是因为接触面积大也就可以承受大负荷。球轴承结构及双列滚子轴承见图 4 - 19。滚动轴承按滚动体的列数，还可分为单列、双列及多列滚动轴承。

2. 滑动轴承

滑动轴承是在滑动摩擦下工作用来支承的轴承。虽然滚动轴承有一系列优点，并在一般场合得到了广泛的应用，但是在高精度、重载、结构上要求剖分等场合下，滑动轴承就显示出它的优异性能，其实物和结构如图 4 - 20 所示。

滑动轴承在液体润滑条件下，滑动表面被润滑油分开而不发生直接接触，可以大大减小

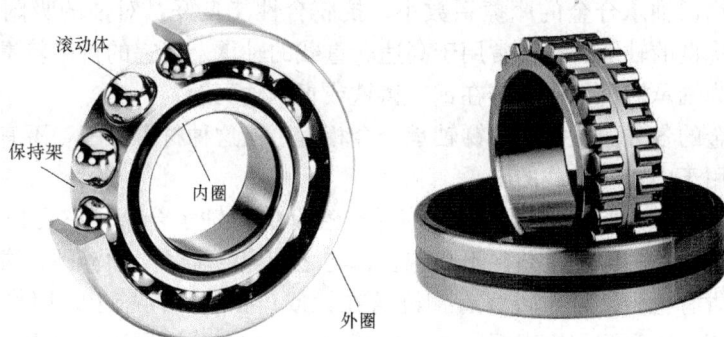

图 4-19　球轴承结构及双列滚子轴承

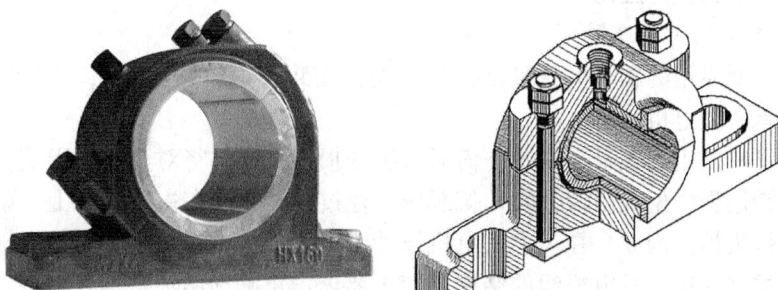

图 4-20　滑动轴承外观及剖视图

摩擦损失和表面磨损，油膜还具有一定的吸振能力。但是该类轴承起动摩擦阻力较大。轴被轴承支承的部分称为轴颈，与轴颈相配的零件称为轴瓦。为了改善轴瓦表面的摩擦性质而在其内表面上浇铸的减摩材料层称为轴承衬。轴瓦和轴承衬的材料统称为滑动轴承材料。

滑动轴承的主要优点如下：

（1）普通滑动轴承结构简单，制造、装拆方便。

（2）具有良好的耐冲击性和吸振性；运转平稳，旋转精度高、无噪声。

（3）高速时比滚动轴承可靠性高、寿命长。

（4）可做成剖分式。

滑动轴承的主要缺点如下：

（1）对润滑条件要求高；

（2）边界润滑时轴承的摩擦损耗较大。

综上所述，滑动轴承应用场合一般在低速重载荷工况条件下，或者是维护保养及加注润滑油比较困难的运转部位。

根据轴承的工作情况，要求滑动轴承轴瓦材料具备下述性能：①摩擦系数小；②导热性好，热膨胀系数小；③耐磨、耐蚀、抗胶合能力强；④要有足够的机械强度和可塑性。

能同时满足上述要求的材料是难找的，但可根据具体情况满足主要使用要求。较常见的是用两层不同金属做成的轴瓦，两种金属在性能上取长补短。在工艺上可以用浇铸或压合的方法，将薄层材料黏附在轴瓦基体上。黏附上去的薄层材料通常称为轴承衬。

常用的轴瓦和轴承衬材料以轴承合金（又称巴氏合金）为例，有锡锑轴承合金和铅锑轴承合金两大类。锡锑轴承合金的摩擦系数小，抗胶合性能良好，对油的吸附性强，耐蚀性好，易跑合，是优良的轴承材料，常用于高速、重载的轴承。但它的价格较贵且机械强度较差，因此只能作为轴承衬材料而浇铸在钢、铸铁或青铜轴瓦上。

铅锑轴承合金的各方面性能与锡锑轴承合金相近，但这种材料较脆，不宜承受较大的冲击载荷。它一般用于中速、中载的轴承。

青铜的强度高，承载能力大，耐磨性与导热性都优于轴承合金。它可以在较高的温度（250℃）下工作，但它的可塑性差，不易跑合，与之相配的轴颈必须淬硬。青铜可以单独做成轴瓦。为了节省有色金属，也可将青铜浇铸在钢或铸铁轴瓦内壁上。用作轴瓦材料的青铜，主要有锡青铜、铅青铜和铝青铜。在一般情况下，它们分别用于中速重载、中速中载和低速重载的轴承上。

二、轴承在机组上的应用

1. 风电机组中轴承的选用

风力发电机所使用的轴承大致可以分为五类：变桨轴承、偏航轴承、主传动系统轴承、变速齿轮箱轴承和发电机轴承。

对于风力发电机主轴轴承来说，任何对机组的损害因素都将对其造成影响。如叶片受损导致轮毂在旋转过程中偏载出现异常，偏载压力通过主轴作用在主轴轴承上，就会显著增加主轴轴承的运行负担。因此，在风力发电机设计生产过程中，对主轴轴承都会提出较高的要求，根据不同类型的风力发电机组的结构和使用要求，正确选用轴承十分重要。

风电机组中的轴承根据其工况的承载能力特点，种类和结构形状较为多样，表4-1以国内常见1～1.5MW机组为例简单介绍各轴承类型风机中的应用情况。

表4-1　　　　　　　各类轴承在风电机组不同安装位置的应用

轴承类型	风电机组配备的位置/部件
球面滚子轴承	主轴轴承、齿轮箱轴承
单/双列大直径圆锥滚子轴承	主轴轴承、齿轮箱轴承
圆柱滚子轴承	主轴轴承、齿轮箱轴承、发电机轴承
滚珠轴承	发电机轴承
旋转枢轴承	偏航轴承、变桨轴承

除部分小功率兆瓦级以下的风电机组无变桨机构外，一个兆瓦级以上的风力发电机组将至少需要4套精密级回转轴承与之配套，分别为1套偏航轴承和3套变桨轴承。此外还需要1套机组主轴轴承和1套增速齿轮箱轴承。

偏航轴承安装在塔架与座舱的连接部，变桨轴承安装在每个叶片的根部与轮毂连接部位，偏航和变桨轴承还是不完全旋转轴承。主轴连接轮毂和齿轮箱，故主轴轴承和齿轮箱轴承都是低速重载轴承，二者的轴承与通常的发电机组除了在使用寿命和可靠性方面要求较高，并无其他不同。

2. 主轴轴承

目前国内外已建成的所有风力发电机中，有近八成都采用了主轴轴承支撑，也就是主轴承的内圈安装在跟随风轮旋转的主轴上。主轴起支承轮毂及叶片，传递扭矩到增速器的作用。主轴轴承承受的力主要有轮毂组件（叶片、变桨系统等）的重力，称为径向力，风通过传动系统传递给主轴的力，称为轴向力。由于风力、风向的变化、风的湍流，主轴会产生微量的弯曲和摆动，主轴承性能的好坏不仅对传递效率有影响，而且也决定了主传动链的维护成本，所以风电机组主轴轴承要求具有良好的调心性能、抗振性能和运转平稳性。

在主轴上，采取双轴承的配置（四点式支撑结构）是比较常用的一种轴承配置形式，采用的轴承类型根据设计要求的不同而有所不同。较为常见的主轴轴承配置为调心滚子轴承或者圆锥滚子搭配圆柱滚子轴承。大功率风力发电机多采用大锥角双列圆锥滚子轴承或三列圆柱滚子轴承。

球面滚子轴承具有良好的调心性能，允许轴承在运转时内环与外环之间有轻微的偏斜和错位，所以，风力发电机广泛使用球面滚子轴承作为主轴轴承。与普通轴承一样，球面滚子轴承由外环、内环、滚子与保持架组成，其主要特点是滚子与滚道不同，结构如图 4-21 (a) 所示。把球面滚子轴承安装在轴承座内，两面用端盖夹紧，端盖留有内环与滚子倾斜的空间（0.5°足矣），图 4-21 (b) 所示是风力发电机主轴调心滚子轴承的安装图。

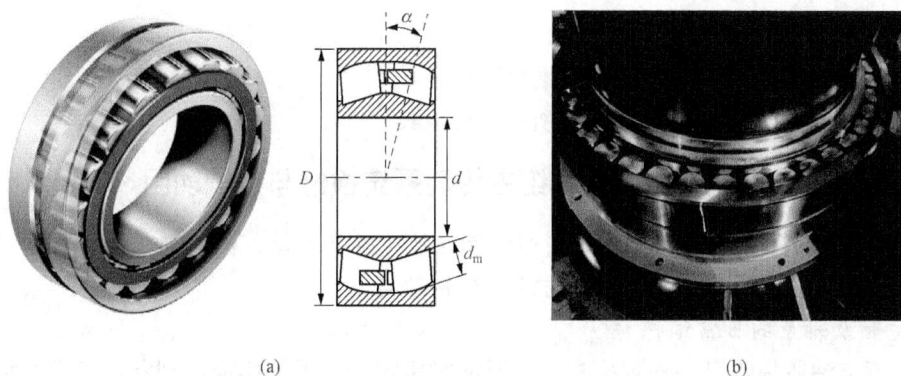

(a)   (b)

图 4-21 调心滚子主轴承外观剖视图与调心滚子主轴承安装图
(a) 外观及剖视图；(b) 安装图

3. 主轴轴承的日常维护

由于受加工工艺和材质影响，主轴轴承很容易出现故障。我国很多风力发电机组由于传动系统出现故障而导致损坏带来大量的损失。究其原因，一部分为滚动轴在润滑和保养中被污染，一部分为其安装不合理，还有一部分为其生产质量存在问题。针对因传动系统故障导致的损失，除日常和周期维护，还应特别制订计划，加强对传动系统监视和诊断。

风电机组主轴轴承的运行工况为：低速重载、会承受一定振动和冲击、温度变化幅度大、时而温度较高时而较低、易受到各种介质侵蚀等。其发生故障失效的主要表现为：磨损、锈蚀而导致运转不灵活，运转阻力大，滚珠错位或者支架断裂，直至粉碎，主轴轴承就会卡死。风电机组主轴轴承维护保养主要需要注意以下几点：

(1) 主轴轴承润滑系统运行正常，润滑泵没有堵塞，润滑油管没有爆裂。

(2) 检查轴承与轴承座接触面应清洁，无杂物。

(3) 轴承座应紧固，没有前后错位情况。

(4) 转速传感器信号准确。

轴承润滑、工作温度和游隙对其承载能力及寿命的影响很大。适当的润滑剂可以使轴承部件之间得到良好的润滑，特别是在低温条件下，要求润滑油有良好的黏温特性，能减小轴承启动时的摩擦力矩。同时为了防止润滑油膜被破坏，避免部件之间直接接触，出现干摩擦状态，轴承升温膨胀，降低部件性能，可考虑采用集中润滑对轴承进行润滑，防止由于加油周期长而引起润滑不到位，导致轴承损坏。

任务6 拓展内容：典型机组传动设备的维护与装配

学习背景

通过前面两个项目的学习，大家应该掌握了机组传动结构的分类和结构，以及传动系统中主要元件的相关原理和作用。本任务将结合前面所学内容，向大家介绍风力发电机组主传动系统的维护、检修、装配等实际应用过程中的典型案例和常用工具的使用方法。

学习目标

1. 了解机组主传动系统主要日常维护项目。
2. 了解机组大型设备装配注意事项及主要工具。

案例一 风电机组主传动系统检修与维护项目

本案例以1.5MW双馈风力发电机组为例，按主轴及轴承、齿轮箱、联轴器的顺序从前往后细致地介绍机组的一般日常维护方法和维护项目。

1. 主轴及轴承的日常维护

(1) 清空油脂集收盘。外观检查，查看油脂集收盘有无油脂溢出现象，清理主轴轴承处溢出油脂并收集盘中的油脂。注意如果发现有油脂从密封圈大量溢出的现象，必须进行处理，清理溢出油脂，然后检查轴承端盘处的排油口是否已经堵塞。

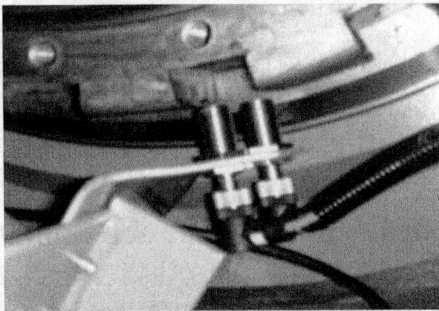

图4-22 主轴转速传感器安装位置

(2) 检查主轴处转速传感器。主轴转速传感器负责检测主轴（低速轴）的旋转速度及角度，并以脉冲形式发送给系统，其安装位置如图4-22所示。在维护时首先要检查转速传感器及传感器支架安装是否有松动现象，并检查传感器端面与计数齿圈齿顶的间隙是否在2～2.5mm范围以内。距离过近容易发生碰撞损坏传感器，太远则传感器无法准确计速。

检查主轴转速传感器功能是否正常。具体方法为转动主轴，观察传感器在锁紧盘凸面处亮灯、在凹面处熄灯，则为正常传感器。

清除溢出在转速传感器周围及其上的油脂。用扳手取下传感器，用抹布擦掉上面油脂，最后按照之前的要求安装到位，并用扳手确定拧紧。

(3) 检查主轴处防雷装置。由于风电机组主轴负责连接风轮及轮毂，风轮叶片上装有防雷机构，而防雷碳刷的作用就是保证风轮旋转时，从叶片和轮毂处的防雷机构到机舱进而通过塔筒与大地的电气连接，其安装位置如图 4 - 23 所示。

在日常维护时，先进行外观检查，观察防雷碳刷长度和气隙是否在正常范围内，一般要求碳刷最小长度应大于 20mm，气隙距离应小于 1.5mm，如发现碳刷小于最小长度则应该立即更换碳刷。

同时还应该检查防雷碳刷接触面是否光滑和弹簧弹力是否正常，最后检查碳刷支架在机架上的紧固情况，确保主轴处防雷装置安装牢固。

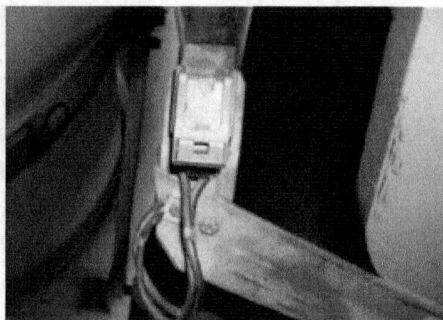

图 4 - 23　主轴防雷碳刷的安装位置

（4）主轴锁紧螺母及锁紧装置检查。先打开主轴罩壳，逐一检查主轴锁紧螺母及锁紧装置，如发现有松动则进行紧固，同时在紧固工作完成后要做好标识线并标注紧固日期，如图 4 - 24 所示，待全部螺母检查完毕后将罩壳恢复原位，安装牢固。

2. 变速齿轮箱的日常维护

（1）检查油位（只能在停机时操作），并根据实际情况加油。关闭齿轮箱润滑油泵，等待约 15min 后，检查齿轮箱油位，并根据实际情况添加润滑油，润滑油型号原则上与之前品牌及标号一致。常见品牌为壳牌、美孚或其他指定产品型号，具体以风电场实际为准。

注意：油位指的是润滑油液面位置，并非油位计中浮块的上平面或下平面，通常液面在油位计浮块的中部偏上位置，如图 4 - 25 所示。

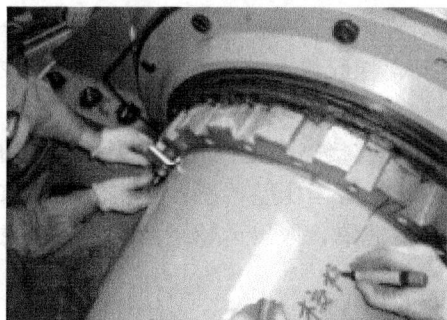

图 4 - 24　检查主轴螺母的锁紧情况并标注日期

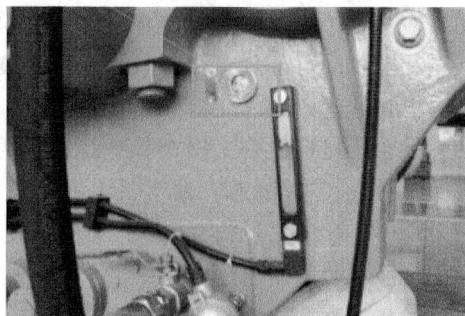

图 4 - 25　变速齿轮箱观察油位的位置

（2）齿面检查有无点蚀、损伤、断裂等（只能在停机时操作）。打开齿轮箱观察孔，检查齿轮箱行星齿面、圆柱齿面是否有点蚀、损伤、断裂等情况。

注意：①此项检查必须由专业人员或供应商人员配合进行。②打开观察孔检查时请务必小心，不能掉落杂物到齿轮箱中。③打开观察孔时不要损坏密封圈，关闭时注意安装，以免因密封圈损坏漏油。

（3）油面检查。打开齿轮箱观察孔，目视检查齿轮箱油面是否有杂质、泡沫等（只能在停机时操作），如有填写故障报告单，并进一步处理。

（4）密封检查，外观检查齿轮箱密封情况，如图 4 - 26 所示位置，观察各管路、接头、中心孔、端盖、冷却器等是否有损坏、渗漏油，如有则清理油污并进行处理。若密封等有问题，应填写故障报告单，并进一步处理。

图 4-26 齿轮箱密封情况的外观

图 4-27 检查检查齿轮箱的弹性支撑橡胶

（5）取油样化验（根据油样检验结果给出处理方案）。使用规定的油品取样瓶，在齿轮箱过滤器排污阀处按规定要求提取油样，在油样上贴标签并标明所采样机组号，取样过程中及取样后保持油样清洁，避免二次污染。

（6）更换齿轮箱油（油脂型号以风场实际为准）。对油质进行化验分析后，若发现异常，根据检验结果报告是否需进行过滤，由专业人员出具方案。若决定换油，每次换油300～360L。

（7）检查各个传感器情况。检查转速传感器接头是否松动，安装是否牢固（间隙 3～4mm），检查测速盘是否变形；在主控柜面板上，观察齿轮箱压力、温度传感器是否工作正常；检查齿轮箱处振动传感器安装是否牢固，检查弹性柱、接头情况。

（8）检查齿轮箱弹性支撑情况。使用手电筒等灯光设备目视检查弹性支撑橡胶部分（如图所示）及橡胶间隙部分是否裂纹、剥离、变形、掉落橡胶粉末、弹性支撑外移等现象，如有及时报告和处理。

（9）齿轮箱接地检查。检查接地螺栓是否松动，检查接触面是否清洁，无锈蚀、油漆。

（10）更换齿轮箱滤芯。通常机组齿轮箱每隔一年或者当压差传感器发出滤芯堵塞报警信号后 10 天内应当进行更换滤芯工作。首先，拆除滤芯罩，取出齿轮箱滤芯，清洁滤芯仓内壁上的污渍，装入新滤芯。

图 4-28 齿轮箱滤芯仓内壁的污渍

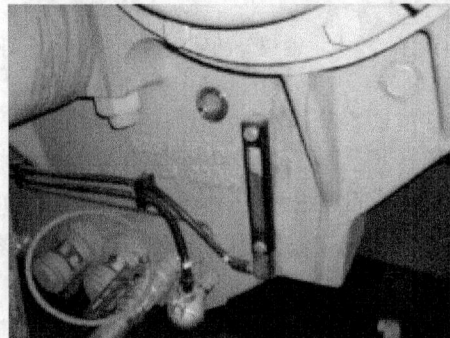

图 4-29 齿轮箱电加热器的位置

（11）检查齿轮箱冷却风扇运行情况。检查风扇、排气软管及周围有无损坏、污物。手动启动冷却风扇，检查风扇运行是否正常。

（12）检查电加热器运行情况。手动启动电加热器，用钳形电流表测量单相电流。

（13）检查电气接线盒内接线端子的紧力。在运行维护中，要求每年至少检查一次齿轮箱电气接线盒内接线端子的紧力情况，对电气接线盒内的所有接线端子进行上紧。

（14）主轴与齿轮箱连接螺栓的力矩检查。根据制造厂家提供的手册及说明，选用对应力矩的液压力矩扳手按规定要求检查主轴与齿轮箱连接螺栓。

（15）机架与齿轮箱弹性支撑连接螺栓的力矩检查。根据制造厂家提供的手册及说明，选用对应力矩的液压力矩扳手按规定要求检查机架与齿轮箱弹性支撑连接螺栓。

（16）检查齿轮箱空气过滤器情况。检查齿轮箱空气过滤器若干燥剂失效则及时更换，更换后需要松开底部的胶堵头或撕掉粘胶。

3. 联轴器的日常维护

（1）联轴器外观检查。观察联轴器膜片、中间体等部位是否有变形或裂纹现象。

（2）检查联轴器前后端标记线。检查联轴器上的标记线是否有错位现象，一旦发现错位就证明联轴器出现过相对位移，这应该分析原因并及时调整。

4. 刹车器的日常维护

（1）刹车盘及刹车罩壳外观检查。目视外观检查高速刹车盘表面是否有表面磨损、窜动、后移、破损、开裂等现象，刹车盘是否变形，是否有窜动或后移等，如有则填写故障报告单并处理。如果刹车盘上有颗粒状突出的金属点，必须立即清除。

（2）清理刹车盘上油脂或油。检查刹车盘上是否有油脂或油，如有则必须用清洗剂清洗，同时找出污染的出现油脂的原因并及时处理。

图 4-30　用清洗剂清洗刹车盘上的油脂　　　图 4-31　刹车器的清洁与螺栓力矩检查

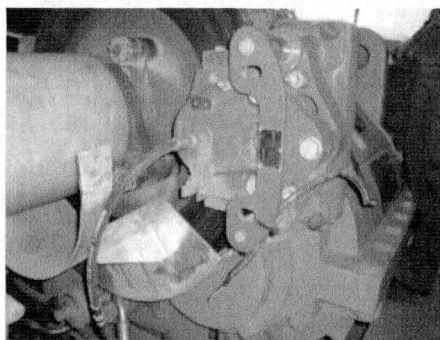

（3）检查刹车片表面和厚度。检查刹车片表面情况，测量并记录刹车片厚度，如小于最小厚度则需使用指定厂家及型号的刹车片进行更换。

（4）刹车片与刹车盘间隙调整。检查刹车片与刹车盘间隙，根据检测结果调整刹车片与刹车盘之间的间隙（主动式刹车器调整至两侧均匀即可）。

（5）检查刹车器是否漏油。检查刹车器及油路是否渗漏油，如有则检查漏油点并处理，同时清洁油污。

（6）刹车器的连接螺栓力矩检查。检查齿轮箱与刹车器的连接螺栓力矩是否足够，检查刹车片挡块螺栓和导向螺栓力矩是否足够。

（7）刹车器功能测试。在机组停机状态下，手动触发刹车，检查刹车器能否正常动作并使得机组转速为零。

检查刹车器动作是否迅速，若动作时间过长（超过 5s），则应对刹车油管进行放气操作。风力发电机组传动设备的其他维护项目及要求见附录一。

案例二　风电机组齿轮箱的大修装配

1. 风力发电机组装配的概念

（1）风力发电机组是由若干零件和部件总成组成的。部件总成和许多零件按照规定的技术要求，依一定的顺序和相互关联关系，结合成一台风力发电机组的工艺过程称为装配。

（2）部件装配（分装配）风力发电机组的任意部件总成，如齿轮箱等，是由许多零件和小部件组成的，把由齿轮、轴、轴承、箱体等零件装配成齿轮箱，或把机座、端盖、转子、定子等装配成发电机的这类装配过程称为部件装配。风力发电机组的齿轮箱、发电机、液压站、润滑站、控制器等部件一般由专业生产厂商装配生产，主机厂以外构件方式订货采购。

（3）总装配以风力发电的机舱底座为基础件，把包括风轮轴及轴座、齿轮箱、发电机等部件总成和零件按一定的技术要求和工艺顺序组合成一台完整的风力发电机组的工艺过程称为总装配。这个过程是风力发电机组主机厂的最主要的生产过程。实际上，由于风力发电机组结构的特殊性，主机厂的风力发电机组总装配过程不可能将尺寸巨大的风轮和塔架等在生产车间全部装配在一起，而必须在风力发电现场才完成最终装配，这是不同于一般机电产品（如汽车、内燃机、机床等）的特点。

2. 机组大型部件装配过程

机组大型部件装配包括以下几个阶段：

（1）装配前的准备阶段。

1）熟悉风力发电机组总装配图、装配工艺和质量要求等技术文件。

2）准备好装配台架（台车），其他工艺装备、工具量具等。

3）按明细表清理零部件，品种数量要齐全，确认拟投入装配的零部件均是经检验合格的，对有锈蚀或不清洁的零件表面进行清洗处理。

4）确认装配现场所需电、水、油品等能满足需要，现场空间、场地、起重运输设备、照明、安全设施等符合要求。

（2）装配工作阶段。

按照主机厂的具体情况组织装配工艺作业，一般部件装配均应先期完成，只进行总装配。

（3）装配后期阶段。

1）调整是调节零部件间的相对位置、结合松紧程度、配合间隙等，使之协调的操作。如齿轮箱输出轴与发电机轴同心度的调整，刹车摩擦片与刹车盘间隙的调整等。

2）检验是对装配工艺主要控制点的装配精度按技术要求和质量监测标准进行检测。

3）喷漆、防锈和包装。按要求的标准对零部件进行喷漆，用防锈油对指定部位加以防护，最后进行包装出厂。

3. 齿轮箱装配工作的基本内容

齿轮箱装配对风电场运维工作来说是属于齿轮箱大修阶段，装配过程中不是将合格零件简单地连接起来，而是要通过一系列工艺措施调整加工件的配合啮合及受力，最终达到齿轮箱的正常平稳运行的要求。常见的齿轮箱装配工作有以下几项：

（1）清洗去除零件表面或部件中的油污及机械杂质。

（2）连接。连接的方式一般有两种：可拆连接和不可拆连接。可拆连接在装配后可以很容易拆卸而不致损坏轴承齿轮等，且拆卸后仍重新装配在一起。如箱体螺纹连接、齿轮与轴的紧配合等；不可拆连接，装配后一般不再拆卸，如箱体内的一些焊接部分等。

（3）调整包括校正、配作、平衡等。

校正是指齿轮箱中各轴的平行度，齿轮与轴垂直度，箱体孔的圆度找正，找正并通过各种调整方法，对有磨损的部位进行修磨或增加衬垫，保证达到装配精度要求等。

配作是指两个零件装配后确定其相互位置的加工，如对轴承端盖修整、轴上键的加工，或为改善两个零件表面结合精度的加工，如配刮及配磨等，配作是与校正工作结合进行的。

平衡包括静平衡和动平衡两种方法，一般要用专门的仪器进行测量调整。一般齿轮箱大修完成后，转动检查，再做拖动试验，在做拖动试验的过程，从齿轮箱各轴的温度及声音进行判断。

（4）拖动试验完成后，拖动用电机电流及齿轮箱箱体未发现异常即可吊装。

案例三　齿轮箱拆卸总装的常用工具简介

1. 吊具和索具

齿轮箱拆卸总装的常用吊具和索具见图 4-32。

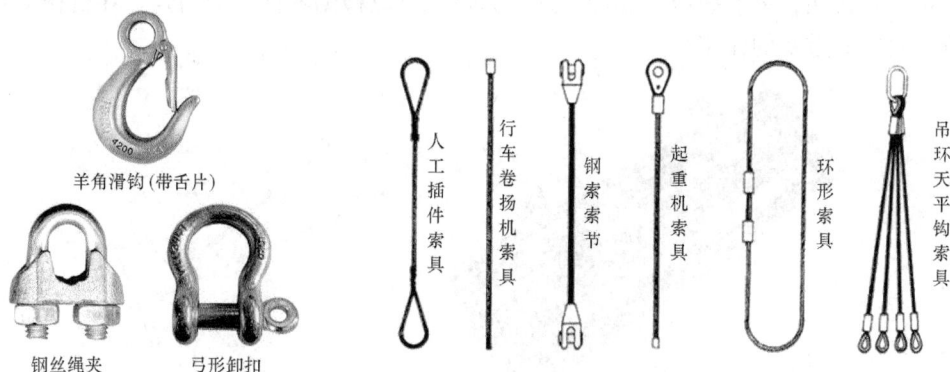

羊角滑钩（带舌片）

钢丝绳夹　　弓形卸扣

人工插件索具　行车卷扬机索具　钢索索节　起重机索具　环形索具　吊环天平钩索具

图 4-32　常见吊具和索具

为了满足日常大型机械的维护起吊，风电机组机械大修库房吊具中常用的是吊钩、钢丝绳、链条及专用索具。在实际使用时应当查看吊具手册注意使用事项，吊具有不同吨位的，一般在吊具上有标称，必须严格遵守。国内的一些吊索具公司还设计了某些专门的吊具，像风电机组吊具、塔筒吊具、叶片吊具、轮毂吊具、汽轮机等非标吊具。

2. 穿心式液压千斤顶

穿心式千斤顶（见图 4-33）是利用双液压缸张拉预应力筋和顶压锚具的双作用的千斤顶。风电

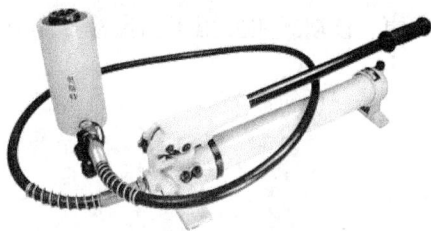

图 4-33　穿心式液压千斤顶

场常见的有 16t 和 100t 两个级别。这类千斤顶可以用作张拉与顶锚两种作用。

3. 内外卡簧钳

卡簧钳，是一种机械检修常用来安装套用内簧环和轴用外簧环的专用工具，它的外形于尖嘴钳类似，钳头如图 4-34 所示通常采用内直、外直、内弯、外弯四种形式，在使用当中不仅可以用于安装簧环，也能用于拆卸簧环。卡簧钳分为外卡簧钳和内卡簧钳两大类，分别用来拆装轴外用卡簧和孔内用卡簧。

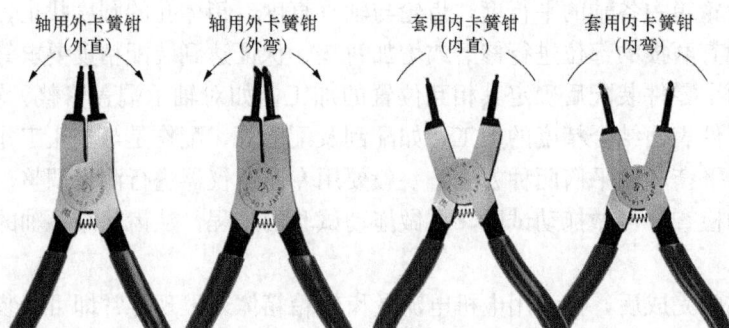

图 4-34　四种常用内/外卡簧钳

4. 力矩扳手及套筒

力矩扳手和套筒（见图 4-35）是要求按一定力矩进行拧紧操作时所使用的工具，力矩扳手还可以直接测量读取螺栓、螺母等拧紧力矩，可以检测零件紧固力矩，在机械检修与拆装过程中发挥着重要的作用。

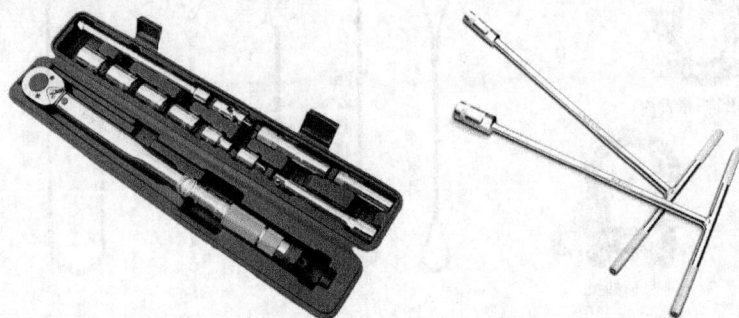

图 4-35　力矩扳手和套筒

力矩扳手主要由固定钮、旋转套筒、主手柄、方榫、套筒等组成。可分为信号式与读取式两种。信号式主要用于拧紧作业，拧紧到设定的力矩后，会感知到扳手内有"咔咔"的机械响声。读取式主要用于测量检查作业，可直接读取测量数值。

项目5 机组液压传动系统及设备

任务1 液压传动系统及概念

学习背景

液压系统在风电机组中起着非常重要的作用，由于风电机组机型的不同，液压系统的运用包括为变桨控制装置、安全桨距控制装置、偏航驱动和制动装置、停机制动装置提供液压驱动力。无论何种运用方式，液压传动系统基本的工作原理是一样的，也就是为风力发电机上一切使用液压作为驱动力装置提供动力，以完成机组上述执行机构机械制动、变距控制、转速控制、功率控制等功能。本任务将就机组液压系统的工作原理和主要功能两个方面进行介绍。

学习目标

1. 掌握液压系统的基本工作原理。
2. 熟悉液压系统在风机中的主要作用。

一、液压系统的工作原理

1. 风力发电机的液压系统概述

风电机组的液压系统属于风电机组的一种控制辅助系统，它的主要功能是为变桨控制装置、安全桨距控制装置、偏航驱动和制动装置、停机制动装置提供液压驱动力。风电机组液压系统是一个公共服务系统，它为风力发电机上一切使用液压作为驱动力装置提供动力。

在定桨距风力发电机组中，液压系统的主要任务是驱动风力发电机组的气动刹车和机械刹车；在变桨距风力发电机组中，液压系统主要控制变距机构，实现风力发电机组的转速控制、功率控制，同时也控制机械刹车机构。

2. 液压系统的基本原理

风电机组液压装置的工作实质是以液体作为工作介质进行能量传递的。它的基本工作原理是：在特定的机械、电子设备内，利用液体介质的静压力，完成能量的蓄积、传递、控制、放大，实现机械功能的轻巧化、精细化、科学化和最大化。

风电机组液压系统的控制要点是如何能够实现液体处于相对平衡状态下的力学规律及其实际应用。在对液压系统进行控制和定量分析时，应当把握好两个基本原理：①液压系统内压力大小决定于执行机构负载的大小；②执行机构的速度决定于系统内介质的流量。

3. 液压系统的组成

机组液压系统主要由五个部分组成，即动力装置、控制调节装置、执行装置、辅助装置和工作介质。

（1）动力装置，负责供给液压系统压力油，是把机械能转换成液压能的装置。

（2）控制调节装置，负责对液压系统中流体的压力、流量或流动方向进行控制与调节。

常见风电机组的液压站采用各种电磁阀来实现上述控制控能。

（3）执行装置是负责把液压能转换成机械能的装置。就风电机组而言它的液压系统执行机构主要要完成桨距角的调节与控制以及各类刹车制动功能。其运动形式有做直线运动的液压缸，有做回转运动的液压马达，如图 5-1 所示；还有风力发电机上用的刹车卡钳，如图 5-2所示。

图 5-1　机组偏航系统液压执行机构

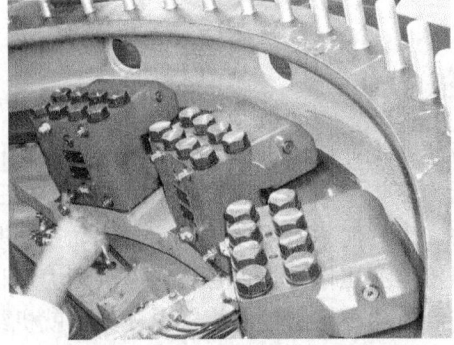

图 5-2　机组偏航系统液压刹车卡钳

（4）辅助装置，负责对机组液压系统中的控制部分及动力部分起辅助配合作用。常见设备有油箱、滤油器、软管等，它们的合理配置与质量对保证系统正常工作是必不可少的。

（5）工作介质是指液压系统内传递能量的流体，称之为液压油。液压油除了负责传递能量之外，也起到了对液压装置的机构、零件起润滑和防锈的作用，液压油的质量优劣直接影响液压系统的工作性能。

4. 液压系统的液压油

在不同领域，液压油的种类繁多，分类方法各异，长期以来人们习惯以用途进行分类。液压油常见分类如下：

（1）石油基液压油，以石油精炼物为基础，加入抗氧化剂或抗磨剂。

（2）水-乙二醇液压油，由水、乙二醇和添加剂组成，而蒸馏水占 35%～55%，因而抗燃性好。

（3）乳化液，属抗燃液压油，它由水、基础油和各种添加剂组成。分水包油乳化液和油包水乳化液，前者含水量达 90%～95%，后者含水量达 40%。

液压油必须对照标准采用统一的命名方式，其一般命名形式如下："类＋品种＋数字"如 L-Hv-32。其中：

L——类别（润滑剂及有关产品，见 GB 7631.1）。

Hv——品种（低温抗磨）。

32——牌号（黏度级，GB/T 3141）。

一般常说的液压油有 32 号、46 号、68 号等，这里的数字指的就是液压油的黏度。液压油的黏度牌号在我国由 GB/T 3141—1994 做出了规定，等效采用 ISO 的黏度分类法，以 40℃运动黏度的中心值来划分牌号。一般冬天选用黏度稀一点的，夏天选用稠点的。

就风电机组而言，机组液压系统对其液压油的要求大致有以下几点：

1）适宜的黏度和良好的黏温性能，一般液压系统所用的液压油其黏度范围为：$v=11.5\sim35.3mm^2/s$。

2）具有良好的润滑性能，为了改善液压油的润滑性能，可加入添加剂以增加其润滑性能。

3）具有良好的化学稳定性即对热、氧化、水解、相容都具有良好的稳定性。

4）对金属材料具有防锈性和防腐性。

5）抗泡沫性好，抗乳化性好，比热容、热传导率大，热膨胀系数小。

6）油液纯净，含杂质量少。

5. 液压系统的技术特点

液压系统的基本功能是以液体压力能的形式进行便于控制的能量传递。从能量传递方面看，液压技术大致处于机械式能量传递和电气式能量传递之间位置。

液压技术的特点如下：

（1）可实现大范围的无级调速（调速范围达 2000∶1），即能在很宽的范围内很容易地调节力与转矩。

（2）控制性能好，对力、速度、位置等指标能以很高的响应速度正确地进行控制，很容易实现机器的自动化。当采用电液联合控制时，不仅可实现更高程度的自动控制过程，而且可以实现遥控。

（3）体积小、质量轻、运动惯性小、反应速度快，动作可靠，操作性能好。

（4）可自动实现过载保护。一般采用矿物油作为工作介质，相对运动面可自行润滑，使用寿命长。

（5）可以根据需要方便地使用液压标准元件、灵活地构成实现任意复杂功能的系统。

与此同时，液压系统也存在一些问题，如效率较低、容易泄漏污染场地，甚至可能引起火灾和爆炸事故；工作性能易受到温度变化的影响，不宜在很高或很低的温度条件下工作；由于液体介质的泄漏及可压缩性影响，不能得到严格的传动比。

因为机组液压系统安置在高空中的机舱内，维修相对不方便，加之机舱内存在很高的防火等级，且无人看守，一旦发生火灾后果都十分严重。所以这些缺点对液压系统在风力发电机组中的影响更为突出，需要在风电机组的设计、制造和运行维护过程中注意。

在处理液压系统相关问题时，既要结合控制液压系统的电气图，也要熟悉油路图以及相关元器件的布置图，明白相关液压元器件的作用。在排除故障时不仅要参考电气图纸，还要仔细检查油路，不仅要检查电气部分，而且还要检查机械部分，做好液压系统全方面的因素排查才能解决相关问题。

另外由于液压系统工作的压力较高，一旦操作失误，可能会给人员造成比较严重的后果，所以正确地操作液压系统，是非常重要的。

液压系统是风电机组的一部分，风电机组上各系统之间有着紧密的联系。如果不处理好单个简单的故障，就有可能连锁反应，造成其他系统的故障。如果处理不当就会导致问题的恶化，造成比较严重的后果。所以必须熟练掌握各项专业技能，保证风电发电机组安全稳定的运行。

二、液压系统的功能

在风力发电机组中液压系统最主要的两项功能是：在轴方向上操纵变桨叶片（改变桨距角）和在齿轮箱的高速轴操作刹车盘。

1. 液压系统驱动变桨距角机构工作

（1）在使用液压变桨的机组中，液压系统驱动伺服油缸实现机组的变桨并实现气动刹车。

某些机组采用液压变桨系统，由于要控制变桨的角度和速度，所以需要压力油的流量、方向、压力都要准备适时发生变化，液压变桨中实现这一功能的控制元件主要是比例换向阀，执行元件是伺服油缸。

以非独立变桨的液压变桨系统为例，其液压驱动变桨机构如图5-3所示。

图5-3 液压驱动变桨机构图
1—主轴变桨驱动杆；2—三臂叉形架；3—连杆轴；
4—变桨柄连接的变桨轴承

在非独立变桨的风电机组中，液压变桨系统的三只叶片不能各自独立动作，只能同时动作。国内传统的机组液压变桨距执行机构均采用曲柄连杆机构的方式，其结构方式设计时由于液压缸一般安装在齿轮箱的后面，所以需要一根很长的变桨驱动杆穿过齿轮箱和主轴后，与液压活塞连接在一起。变桨驱动杆是这种机构中的主要驱动部件，它的末端与叉形架连接，叉形架平面与轴杆垂直，叉形架有三个臂（对应三叶片风轮），每个臂端有一个连杆轴，用来连接每个叶片的变桨柄，如图5-4、图5-5所示。

工作时，变桨驱动杆把轴向力通过叶片的变桨柄以及双列锥形滚柱轴承传递到叶片变桨机构上。之所以通过双列锥形滚柱轴承传递，是因为液压活塞和变桨驱动杆组成的一个不旋转系统，把力传递到变桨机构上，这个变桨机构与叶轮的旋转速度相同。

图5-4 变桨驱动杆前端

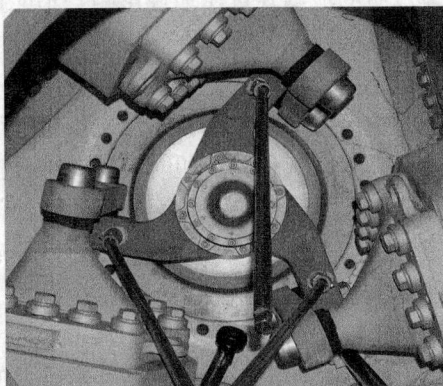

图5-5 双列锥形滚柱轴承

以变桨距角为90°急停制动为例，当机组主控系统给出"变桨90°急停制动"的命令时，液压站中的比例阀激活，液压油到变桨缸，推动液压活塞运动，进而推动变桨驱动杆使叶片变桨。变桨系统可以通过把桨叶旋转（变桨）到接近90°的位置而当作气动刹车用，迫使机组快速急停制动。

在液压变桨的过程中主要是通过比例控制技术来实现对叶片变桨位置和变桨速度的控制。比例阀是在普通液压阀基础上用比例电磁铁取代普通电磁铁，控制阀芯的移动，从而实现对液压系统压力、流量、方向的连续调节。采用比例放大器控制比例电磁铁就可实现对比例阀进行连续控制。

采用比例放大器控制的基本原理就是根据输入电信号电压值的大小，通过功率放大器，将该输入电压信号（一般在 0～±10V 之间）转换成相应的电流信号，这个电流信号作为输入量来控制比例电磁铁，从而产生与输入信号成比例的输出量（力或者位移）。该力或位移又作为输入量加给比例阀，后者产生一个与前者成比例的流量或压力。通过这样的转换，一个输入电压信号的变化，不但能控制执行元件和机械设备上工作部件的运动方向，而且可对其作用力和运动速度进行连续调节。

为了更加提高控制的精度，一般在阀芯或者电磁铁上安装一个位置传感器以提供一个与阀芯位置成比例的电信号。此位置信号向阀的控制器提供一个反馈，使阀芯位置可以由一个闭环控制来准确定位。

如图 5-6 所示，当叶片需要变桨时，主控 PLC 会给一个模拟电压信号至比例阀，比例阀根据给定的电压动作，相应的电磁阀根据 PLC 指令动作，使液压油推动液压杆动作，进而使叶片变桨。在给定的电压信号中 0～10V 一般控制叶片正方向旋转，-10～0V 一般控制叶片反方向旋转，电压的大小控制叶片变桨的位置，在阀芯上一般安装有位置传感器，实时传输叶片的位置信号给 PLC，形成闭环控制。液压系统根据需要通过不同的回路，控制变桨系统的变桨速度。

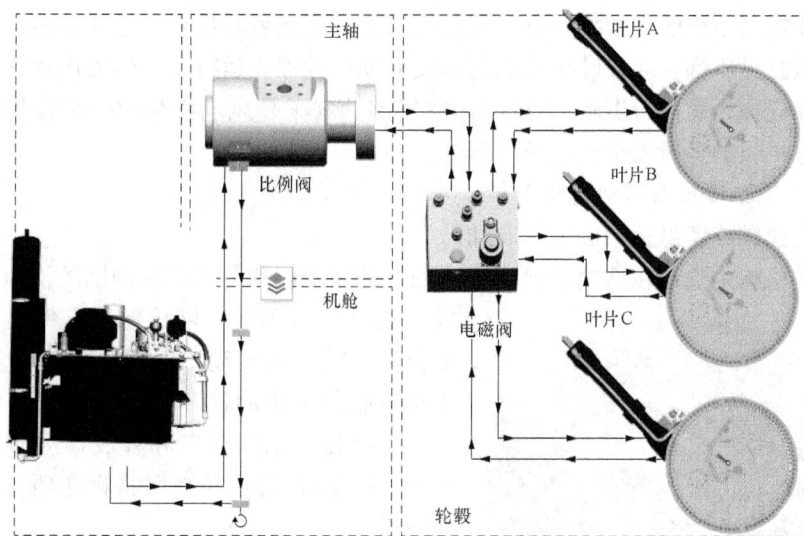

图 5-6 液压独立变桨控制图

（2）在失速型定桨距机组中驱动叶尖扰流器动作实现机组的气动刹车。

失速型定桨距机组的空气制动机构是利用空气的阻力使机组叶轮停止运行的一种机构，又称为气动刹车机构，它是由安装在叶尖的气动扰流通过钢丝绳与叶片根部的液压缸的活塞杆相连接构成的，如图 5-7 所示。

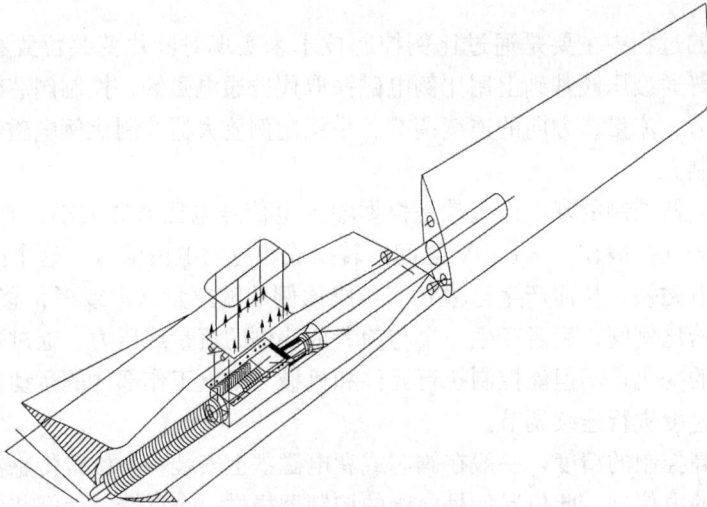

图 5-7 叶尖扰流器及其控制机构结构图

当风力发电机组正常运行时，在液压力的作用下，与液压缸相连的钢丝绳将叶尖扰流器紧紧拽住，使叶尖扰流器与叶片主题部分紧密地合为一体，组成完整的叶片。当机组停机时，液压缸压力减小，叶尖扰流器在离心力的作用下释放并旋转形成阻尼，由于叶尖部分离叶片根部最远，扰流器将产生很大的气动阻力，使风力发电机组的风轮转速迅速降下来直到停止，这一完整的过程即为叶片空气动力刹车。

叶尖扰流器是定桨距风力发电机组的主要制动装置，机组的每次制动时它都起着主要作用。不管是在控制系统的正常指令下，还是在风机故障或者液压系统故障的情况下，空气制动机构的液压缸失压都将导致叶尖扰流器释放而使叶轮停止运行（具体液压动作回路图及分析将在项目 5 任务 3 中进行讲解）。所以，空气制动刹车是风电机组的一种保护装置，它提高了风力发电机组的运行安全性以及可靠性。

2. 液压系统驱动轴系制动机构工作

（1）在高速轴或者低速轴的液压制动。

机械制动机构由安装在低速轴或者高速轴上的制动盘和分布在它周围的液压刹车卡钳组成。如图 5-8 所示，液压制动卡钳是固定的，制动盘随着轴一起转动，由风电机组的主控制系统实现对制动卡钳的打开和关闭，从而实现对风力发电机组传动轴的刹车和释放，进而实现机组的制动。（具体的液压控制回路将在项目 5 任务 3 中进行讲解）

图 5-8 高速轴液压刹车部件
1—高速轴液压刹车卡钳；2—高速轴制动盘

当风机运行时，刹车油路与油箱相连，压力基本为零，偏航刹车卡钳处于张开状态，刹车卡钳与刹车盘无摩擦，风机运行正常。当风机停机时，风机主控制系统控制相应的液压阀动作，使液压压力作用于刹车卡钳，使刹车卡钳的制动块与刹车盘产生摩擦，使风机停机。

（2）偏航系统的制动和阻尼等。

在国内主流的风力发电机组中，一般采用主动偏航对风形式。偏航系统中，偏航刹车时由液压系统提供压力，使与刹车闸液压缸相连的刹车片紧压在刹车盘上，如图 5-9 和图 5-10 所示，确保足够的制动力，偏航时，液压压力释放但保持一定的余压，这样，偏航过程中始终保持一定的阻尼力矩，大大减少风电机组在偏航过程中的冲击载荷使齿轮损坏。偏航系统中的偏航制动器一般为活塞式，作用在塔顶的刹车盘上。

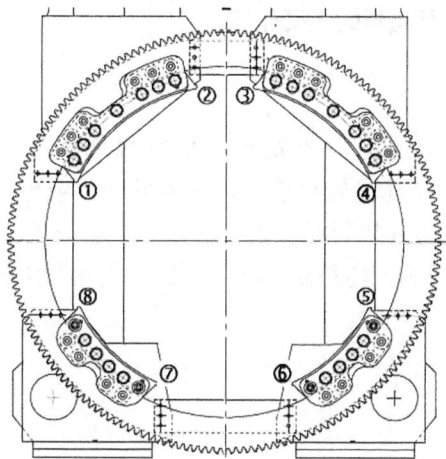

图 5-9　偏航系统刹车盘与制动器分布　　　　　图 5-10　偏航系统制动器实物图

组成偏航系统的液压刹车卡钳存在三种不同的工作状态，简要介绍如下。

第一种状态：当风机运行，风机已对准主风向时，液压系统偏航控制回路主要通过提供和释放工作压力控制偏航制动器的制动和释放。偏航制动器是活塞式，作用在塔顶的刹车盘上，在风机正常运行及机组停机时，制动器处在最大压力下，阻止机舱的转动。

第二种状态：在机组偏航对风、偏航侧风时，液压系统将偏航制动器压力释放，但同时保证偏航制动器内留有较小的制动压力存在，使偏航驱动系统在较小阻力下工作，保证机组偏航时整机平稳无冲击，此部分功能通过系统偏航控制回路中换向阀及溢流阀的工作来实现。

第三种状态：当风机需要解缆时，液压系统将偏航制动器压力完全卸掉，以防止在较长的一段时间内偏航制动器摩擦片不必要的磨损，此部分功能通过系统偏航控制回路中换向阀的工作来实现。

任务 2　液压系统的主要设备

学习背景

风力发电机组的液压系统一般由液压系统的动力设备、控制设备、执行设备以及辅助设备和传动介质组成，液压控制系统是以电机提供动力基础，使用液压泵将机械能转化为压力，推动液压油。液压控制系统一般通过控制各种阀门改变液压油的流向，从而推动液压缸做出不同行程、不同方向的动作，完成各种设备不同的动作需要。本任务将就风力发电机组中液压系统的动力设备、液压系统的控制设备和液压系统的执行设备三个方面进行介绍。

学习目标

1. 认识液压系统中的各个主要设备。
2. 掌握液压系统中的动力、控制和执行设备所起到的主要作用。

一、液压系统的动力设备

1. 液压系统动力设备分类

风电机组液压系统的动力设备一般使用液压泵，其外观和图形符号如图 5-11 和图 5-12 所示，它可将机械能转化成液压能，是一个能量转化装置，是靠发动机或电动机驱动，从液压油箱中吸入油液，形成压力油排出，送到执行元件的一种元件。液压泵类型较多，根据各自不同的特点使用在不同的设备上，风力发电机组的液压系统中使用的液压泵类型也不相同，但是所起的作用是一致的。

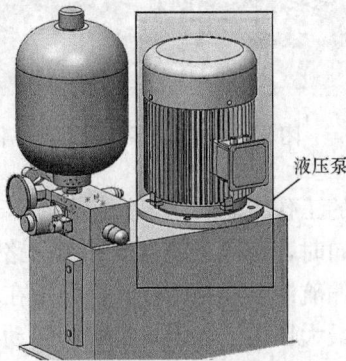

图 5-11　液压泵在液压站的安装位置　　　图 5-12　液压泵的图形符号

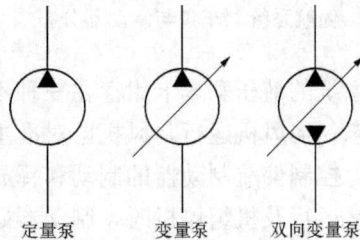

液压泵按流量是否可调节可分为：变量泵和定量泵。输出流量可以根据需要来调节的称为变量泵，流量不能调节的称为定量泵。

按液压系统中常用的泵结构可分为：齿轮泵、叶片泵和柱塞泵 3 种。

按调节方式可分为：手动式和自动式，自动式又分限压式、恒功率式、恒压式和恒流式等。

按自吸能力可分为：自吸式合非自吸式。

2. 液压泵的结构及工作原理

（1）齿轮泵。

齿轮泵是液压泵中结构最简单的一种泵，它体积较小，结构较简单，它的抗污染能力强，价格最便宜。但一般齿轮泵容积效率较低，轴承上不平衡力大，工作压力不高，泄漏较大。齿轮泵的另一个重要缺点是流量脉动大，运行时噪声水平较高，在高压下运行时尤为突出。齿轮泵主要用于低压或噪声水平限制不严的场合。一般机械的润滑泵以及非自吸式泵的辅助泵都采用齿轮泵。从结构上看齿轮泵可分为外啮合和内啮合两类，其中以外啮合齿轮泵应用更广泛。

　　外啮合齿轮泵由一对完全相同的齿轮啮合，产生上下体积变化，这就形成了吸油区和压油区。同时在啮合过程中啮合点沿啮合线移动，把这两区分开，起配流的作用，其结构图如图 5-13 所示。

　　（2）叶片泵。

　　叶片泵分为双作用叶片泵和单作用叶片泵。这种泵流量均匀、运转平稳、噪声小、工作压力和容积效率比齿轮泵高、结构比齿轮泵复杂。其典型结构如图 5-14 所示。

　　双作用叶片泵工作原理如图 5-15 所示。当转子 2 和叶片 4 一起按逆时针方向旋转时，由于离心力的作用，叶片紧贴在定子 3 的内表面，把定子内表面、转子外表面和两个配流盘形成的空间分割成八块密封容积。随着转子的旋转，每一块密封容积会周期性地变大和缩小。一转内密封容积变化两个循环。所以密封容积每转内吸油、压油两次，称为双作用泵。

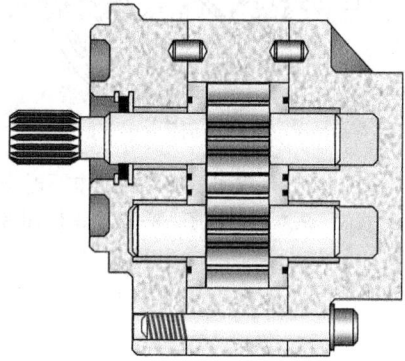

图 5-13　齿轮泵的剖视图

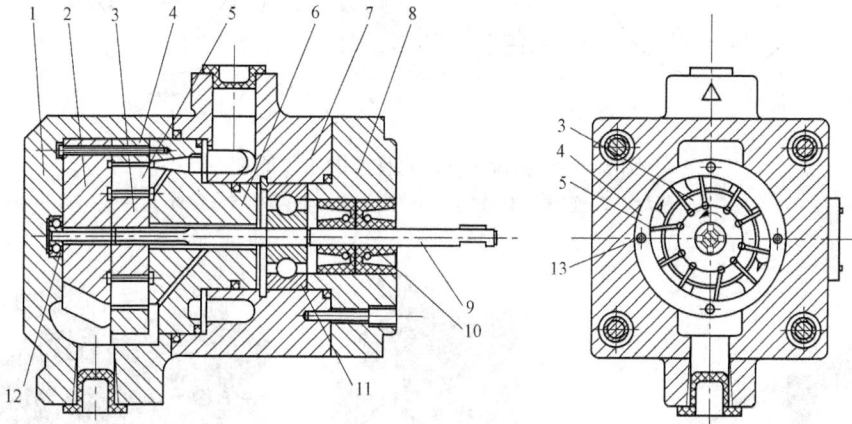

图 5-14　双作用叶片泵结构图

1—前泵体；2—配流盘；3—转子；4—定子；5—叶片；6—配流盘；7—后泵体；8—端盖；
9—主轴；10—密封防尘圈；11、12—轴承；13—螺钉

　　（3）柱塞泵。

　　柱塞泵容积效率高、泄漏小、可在高压下工作、大多用于大功率液压系统；但结构复杂，材料和加工精度要求高、价格贵、对油的清洁度要求高。常用的柱塞泵有轴向式和径向式两大类。

　　斜盘式轴向柱塞泵的工作原理如图 5-16 所示，斜盘 1 和配流盘 4 固定不转，电机带动轴 5、缸体 2 以及缸体内柱塞 3 一起旋转。柱塞尾有弹簧，使其球头与斜盘保持接触。

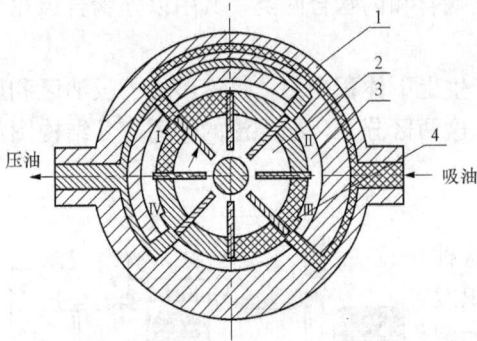

图 5-15　双作用叶片泵工作原理简图

1—泵体；2—转子；3—定子；4—叶片

阀等。

二、液压系统的控制设备

1. 液压系统的控制设备分类

风力发电机组液压系统中的控制元件主要调节系统中油液的压力、流量及流向，以满足工作部件所需的力、速度和运动循环的要求（如各类溢流阀、节流阀、换向阀等）。

风电机组中根据各种阀在液压系统中所起到作用分类如下：

（1）压力控制阀：溢流阀、减压阀、顺序阀。

（2）流量控制阀：节流阀、调速阀。

（3）方向控制阀：单向阀、换向阀、截止

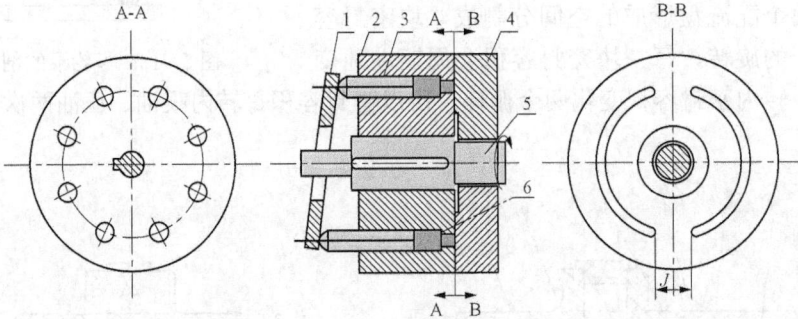

图 5-16　斜盘式轴向塞柱泵的工作原理

1—斜盘；2—缸体；3—柱塞；4—配流盘；5—轴；6—弹簧

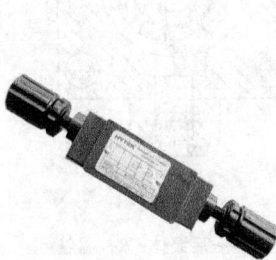

图 5-17　单向节流阀　　　图 5-18　电磁溢流阀　　　图 5-19　电液换向阀

根据安装方法分：板式阀；管式阀；叠加阀；插装阀等。

根据工作压力大小分：①中低压系列，0~6.3MPa；②中高压系列，≤21MPa；③高压系列，小于等于31.5MPa。

2. 常见压力控制阀

（1）溢流阀。

溢流阀可分为直动式和先导式两类，直动式溢流阀按其阀芯形式不同可分为球阀式、锥阀式、滑阀式等，溢流阀的结构图和图形符号如图 5 - 20 所示。

　　直动式溢流阀是利用阀芯上端的弹簧力直接与下端面的液压力相平衡来控制溢流压力的。一般直动式阀只做成低压、流量不大的溢流阀。

　　先导式溢流阀由主阀和先导阀两部分组成。先导阀的结构原理与直动式溢流阀相同，但一般采用锥形坐阀式结构。主阀可分为滑阀式（一级同心）结构、二级同心结构和三级同心结构。

　　溢流阀在不同的液压回路中所起到的作用不一样：①作溢流阀用；②作安全阀用；③作背压阀用；④构成远程调压回路。

　　（2）减压阀。

　　减压阀是一种利用液流流过隙缝产生压降的原理使出口压力低于进口压力的压力控制阀。减压阀又可分为定压减压阀、定比减压阀和定差减压阀三种。其中定压减压阀的应用最广，简称为减压阀。减压阀也分为直动式和先导式两种。先导式减压阀结构图如图 5 - 21 所示。它分为两部分，由先导阀调压，主阀减压。压力油从进油口流入，再从出油口流出。出油口的压力低于进油口。

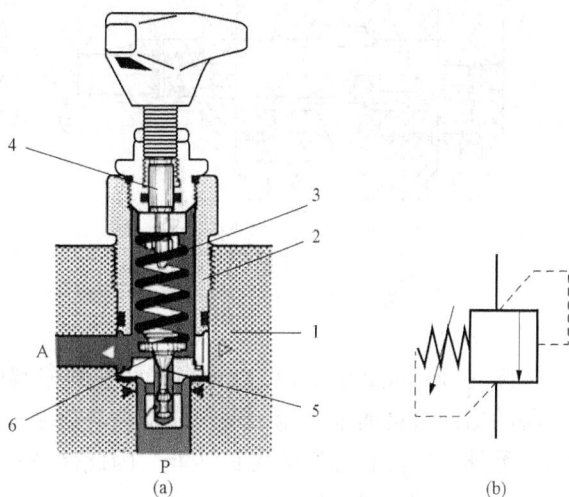

图 5 - 20　溢流阀的结构图及图形符号
（a）结构图；（b）图形符号
1—阀体；2—套筒；3—弹簧；4—调节螺钉；5—阀芯；6—阀座

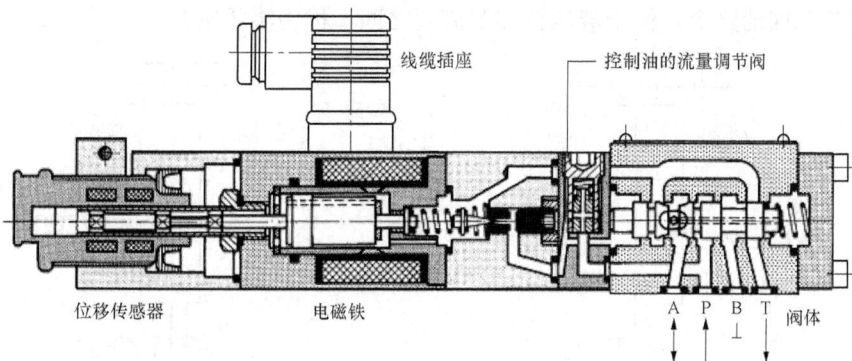

图 5 - 21　先导式减压阀结构图

　　（3）顺序阀。

　　顺序阀是以压力为控制信号，在一定的控制压力作用下能自动接通或断开某一油路的压力阀。根据控制方式的不同可分为两类：一是直接利用阀进油口的压力来控制阀口启闭的内控顺序阀，简称顺序阀；二是独立于阀进口的外来压力控制阀口启闭的外控顺序阀。按结构不同可分为直动式和先导式顺序阀两类。直动式顺序阀和先导式顺序阀的结构如图 5 - 22、图 5 - 23 所示。

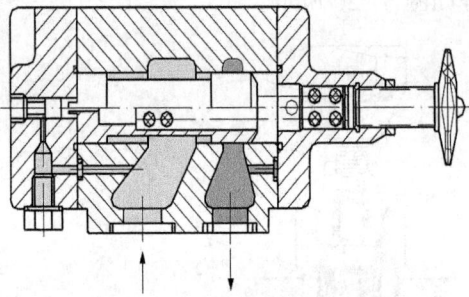

图 5 - 22　直动式顺序阀　　　　　　图 5 - 23　先导式顺序阀

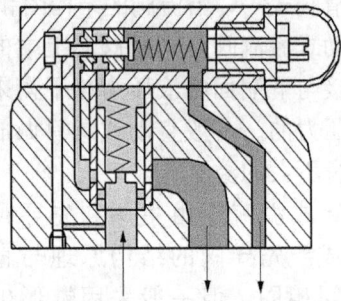

从图 5 - 22 和图 5 - 23 可以看出这两种顺序阀的结构跟溢流阀很相似。其主要差别在于溢流阀的出油口接油箱，而顺序阀的出油口与系统其他油路相连，因此它的泄油口要单独接油箱，另外顺序阀有很好的密封性能，因此阀芯和阀体间的封油长度较长。

（4）压力继电器。

压力继电器是将液压系统中的压力信号转换为电信号的转换装置。它的作用是，根据液压系统压力的变化，通过压力继电器内的微动开关，自动接通或切断有关电路，以实现顺序动作或安全保护等。

压力继电器的工作原理是控制油口接到需要取得液压信号的油路上，而后压力油使柱塞上升，使得两边弹簧座与外套筒台肩相碰；同时钢球水平移动使杠杆绕轴转动，杠杆另一端压下微动开关的触头，继而发出电信号。

压力继电器在风电机组液压系统中运用极为广泛，根据安装在液压系统中位置的不同，所起到的作用也不相同，如图 5 - 24 的接法安装在节流阀和液压缸之间，称为升压发信。按图 5 - 25 安装在回油路上，位于液压缸和节流阀之间，称为零压发信。

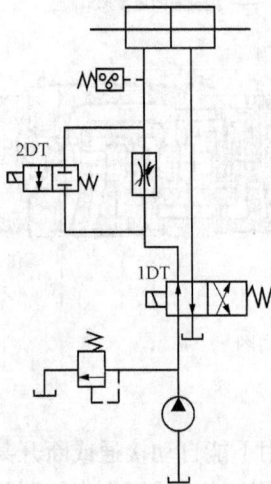

图 5 - 24　压力继电器升压发信安装方式　　　图 5 - 25　压力继电器零压发信安装方式

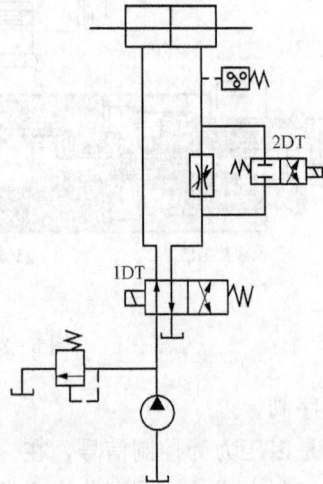

3. 流量控制阀

流量控制阀包括节流阀、调速阀和溢流节流阀等，其中以节流阀最为简单。节流阀是借助改变阀口通流面积或通道长度来改变阻力的可变液阻，在液压回路中，液阻对通过的流量起限制作用，因此节流阀可以调速。

（1）节流阀。

如图 5-26 所示，是节流阀的结构。结构中的节流口是轴向三角槽式，油液从进油口 P1 进入，经阀芯上的三角槽节流口后，由出油口 P2 流出。转动把手可使阀芯做轴向移动，以改变节流口的通流面积。

（2）调速阀。

调速阀由定差减压阀串联而成。定差减压阀能自动保持节流阀前后压差不变从而使执行元件运动速度不受负载变化的影响。其工作原理如图 5-27 所示。

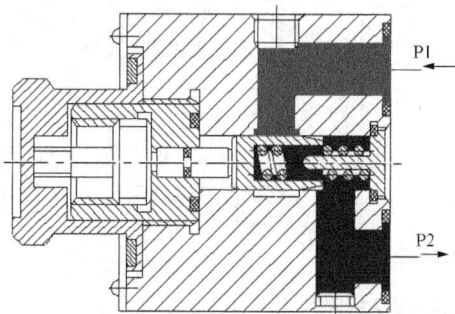

图 5-26 节流阀的结构图　　　　图 5-27 调速阀的结构图

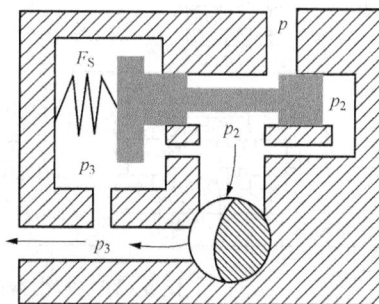

当减压阀芯在弹簧力 F_s、液压力 p_2 和 p_3 的作用下处于某一平衡位置时有：$p_2A_1 + p_2A_2 = p_3A + F_s$，式中 A、A_1 和 A_2 分别为 a 腔、b 腔和 c 腔内压力油作用于阀芯的有效面积，且 $A = A_1 + A_2$。故 $p_2 - p_3 = p = F_s/A$ 因为弹簧刚度较低，且工作过程中减压阀阀芯位移较小，可认为 F_s 基本保持不变，故节流阀两端的压差为定值。这就保证了通过节流阀的流量稳定。

4. 方向控制阀

（1）单向阀。

单向阀只允许油液某一方向流动，而反向截止。这种阀也称为止回阀。对单向阀的主要性能要求是：油液通过时压力损失要小；反向截止密封性要好，其结构如图 5-28 所示。压力油从 P1 进入，克服弹簧力推动阀芯，使油路接通，压力油从 P2 流出；当压力油从反向进入时，油液压力和弹簧力将阀芯压紧在阀座上，油液不能通过。单向阀都采用图示的座阀式结构，这有利于保证良好的反向密封性能。

（2）换向阀。

换向阀的基本作用可归结为利用阀芯和阀体的相对运动使阀所控制的一些油口接通或断开。对换向阀的主要性能要求是：油路导通时，压力损失要小；油路断开时，泄漏量要小；阀芯换位，操纵力要小以

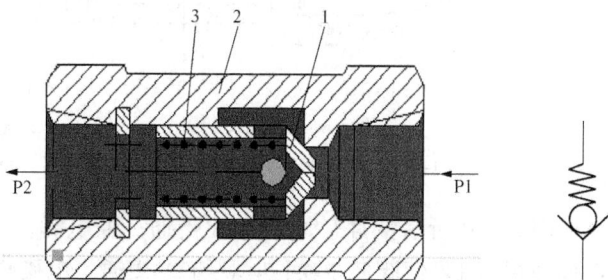

图 5-28 单向阀的结构图与图形符号

及换向平稳等。换向阀的用途广泛，种类也很多，可根据换向阀的结构、操纵、位置和通路数等分类。如图 5-29 所示为常用换向阀的结构原理图和图形符号。

位和通	结构原理图	图形符号	位和通	结构原理图	图形符号
二位二通		B A	二位五通		A B T₁ A P B Tₐ
二位三通		A B P	二位四通		A B P T
二位四通		A B P T	二位五通		A B T₁ A P B Tₐ

图 5-29　常用换向阀的结构原理图和图形符号

弹簧自动复位式三位四通手动换向阀在工作时，推动手柄向右，阀芯向左移动至左位，此时进油口 P 与 A 腔油口相通；推动手柄向左，阀芯处于右位，液流换向。该阀适于动作频繁、工作持续时间短的场合，操作比较完全，常应用于工程机械。在风电机组液压系统中也有较多的使用。

电磁阀借助于电磁铁吸力推动阀芯动作。其操纵方便，布置灵活，易于实现动作转换的自动化，在风力发电机组液压系统中运用最为广泛。

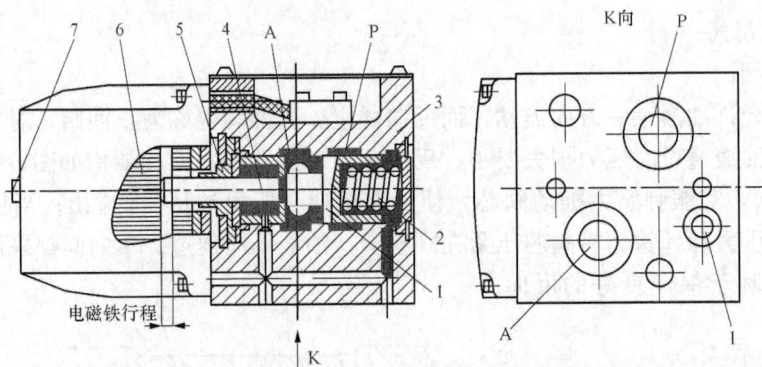

图 5-30　二位二通电磁阀结构图

1—阀芯；2—弹簧；3—阀体；4—推杆；5—密封；6—电磁铁；7—手动推杆

如图 5-30 所示，常态时 P 与 A 不通。通电时，电磁铁 6 通过推杆 4 克服弹簧 2 的预紧力，推动阀芯 1，使阀芯 1 换位，P 与 A 接通。电磁铁顶部的手动推杆 7 是为检查电磁铁是否动作以及在电气发生故障时实现手动操纵而设置的。

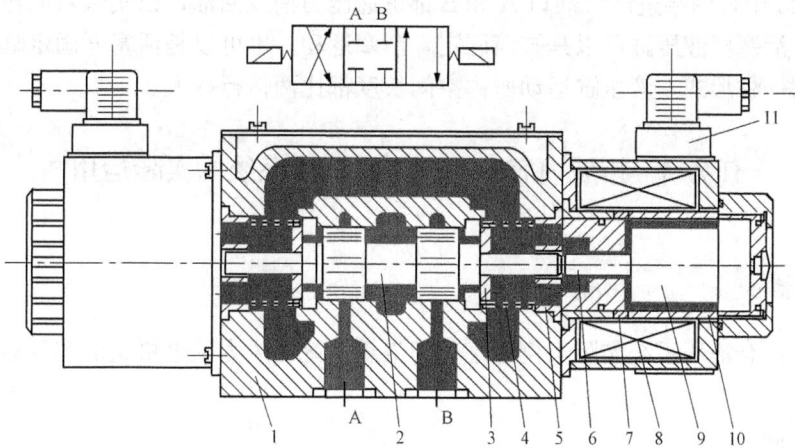

图 5 - 31　三位四通电磁阀结构图

1—阀体；2—阀芯；3—定位套；4—对中弹簧；5—挡圈；6—推杆；7—环；8—线圈；9—衔铁；10—导套；11—插件组建

如图 5 - 31 所示，阀两端有两根对中弹簧 4 和两个定位套 3 使阀芯 2 在常态时处于中位。在右端电磁铁通电吸合时，衔铁 9 通过推杆 6 将芯推到左端；反之左端电磁铁通电吸合时，阀芯被推到右端。在图中滑阀为三槽二台肩式，阀芯两端是和回油腔 T 连通的。

三、液压系统的执行设备

液压缸是将液压能转变为机械能的、做直线往复运动（或摆动运动）的液压执行元件，一般作为液压系统的执行设备。它结构简单、工作可靠。用它来实现往复运动时，可免去减速装置，并且没有传动间隙，运动平稳，因此在各种机械的液压系统中得到广泛应用。

在风力发电机组中，活塞式液压缸运用最为广泛，其结构如图 5 - 32 所示。

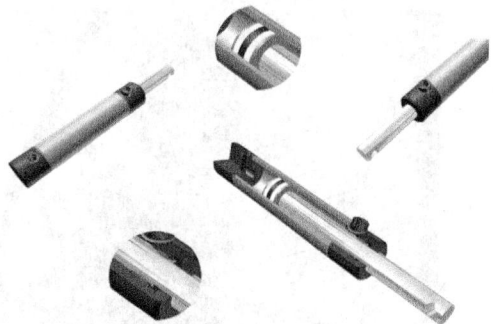

图 5 - 32　活塞式液压缸的结构图

根据常用液压缸的结构形式，可将其分为四种类型：活塞式、柱塞式、伸缩式、摆动式，最常用的是活塞式，如图 5 - 33 所示为单活塞液压缸结构图。

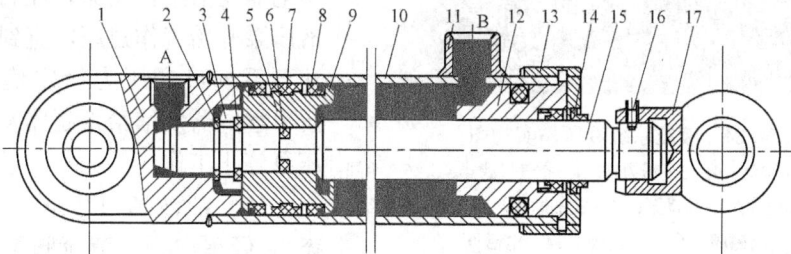

图 5 - 33　单活塞液压缸结构图

1—缸底；2—弹簧挡圈；3—套环；4—卡环；5—活塞；6—密封圈；7—支承环；8—挡圈；9—密封圈；10—缸筒；
11—管接头；12—导向套；13—缸盖；14—防尘圈；15—活塞杆；16—定位螺钉；17—耳环

　　如图 5-33 中，两端进出口油口 A 和 B 都可通压力油或回油，以实现双向运动，故称为双作用缸。单活塞杆液压缸可以是缸筒固定，活塞运动；也可以是活塞杆固定缸筒运动。无论采用其中哪一种形式，液压缸运动所占空间长度都比两倍行程大。

任务 3　拓展内容：典型机组液压系统的实际运用

学习背景

本任务将结合液压系统实际案例详细介绍液压系统在风力发电机组的实际运用情况。

学习目标

1. 掌握风力发电机组中液压系统所起的作用以及工作原理。
2. 掌握伺服控制的变桨距系统的组成及原理。

案例一　风力发电机组液压系统中运用实际案例

以某公司所生产的直驱 1.5MW 风机为例，如图 5-34 所示为液压系统液压站。

图 5-34　液压系统液压站实物图

1—蓄能器；2—偏航余压阀；3—压力表；4—空气过滤器；5、6—手阀；
7—手阀；8—油位计；9—手动泵；10—放油球阀；11—压力继电器；
12—电磁阀；13—安全阀；14—电磁阀

1. 偏航制动器控制回路

液压系统偏航控制回路主要通过提供和释放工作压力控制偏航制动器的制动和释放。偏航制动器是活塞式，作用在塔顶的刹车盘上，在风电机组正常运行及机组停机时，制动器处在最大压力下，阻止机舱的转动。

如图 5-35 为偏航制动器进油加压回路，当风机处于正常运行或者机组停机时，油液按照如粗线 A 所示：

（1）压力开关检测系统压力，当系统压力降低到设定值 15MPa 时，压力继电器发信给控制器，控制器发出指令液压泵开始工作建压，直到系统的压力达到系统最高压力设定值 16MPa 时，压力继电器发信给控制器发出指令，液压泵停止工作。

（2）油液通过手阀（处于打开状态），经单向阀、节流阀至两位三通电磁换向阀，最后至偏航制动器，给制动器提供 15～16MPa 的压力。

（3）手阀此时处于关闭状态，手阀为泄压阀，它打开能够泄去系统中的压力，但是不能够泄去偏航回路中的压力。

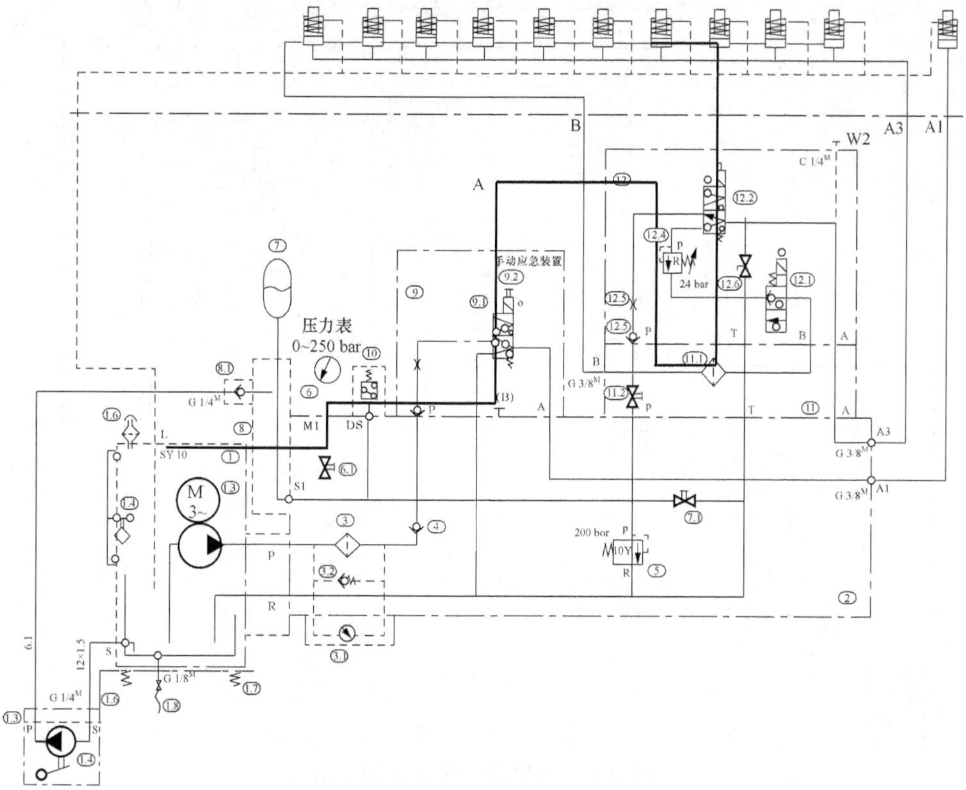

图 5-35　偏航制动器进油加压回路图

2. 偏航制动器泄压回路

在机组偏航对风、偏航侧风时，液压系统将偏航制动器压力释放，但同时保证偏航制动器内留有较小的制动压力存在（2～2.4MPa），使偏航驱动系统在较小阻力下工作，保证机组偏航时整机平稳无冲击，此部分功能通过系统偏航控制回路中换向阀及溢流阀的工作来实现。

如图 5-36 油路图所示，在机组偏航对风、偏航侧风时的油路图如粗线 B 所示：

（1）电磁换向阀动作，油液从偏航制动器流经电磁换向阀。

（2）通过电磁换向阀后，经过溢流阀，最后到油箱。

（3）偏航余压阀，也可称为溢流阀，在机组偏航时，为偏航制动回路提供 2.4MPa 压力，偏航余压值大小可调，调节范围 2～3MPa。

3. 偏航制动器泄压回路

当需要解缆时，液压系统将偏航制动器压力完全卸掉，以防止在较长的一段时间内偏航制动器摩擦片不必要的磨损，此部分功能通过系统偏航控制回路中换向阀的工作来实现。

当需要解缆时，液压系统的油路图如图 5-37 中粗线 C 所示。

（1）二位两通电磁换向阀动作，油液由偏航制动器流向过滤器。

（2）在经过滤器流向二位两通电磁换向阀。

（3）然后经二位两通电磁换向阀直接流入油箱。

（4）解缆的过程中偏航制动器的压力为 0。

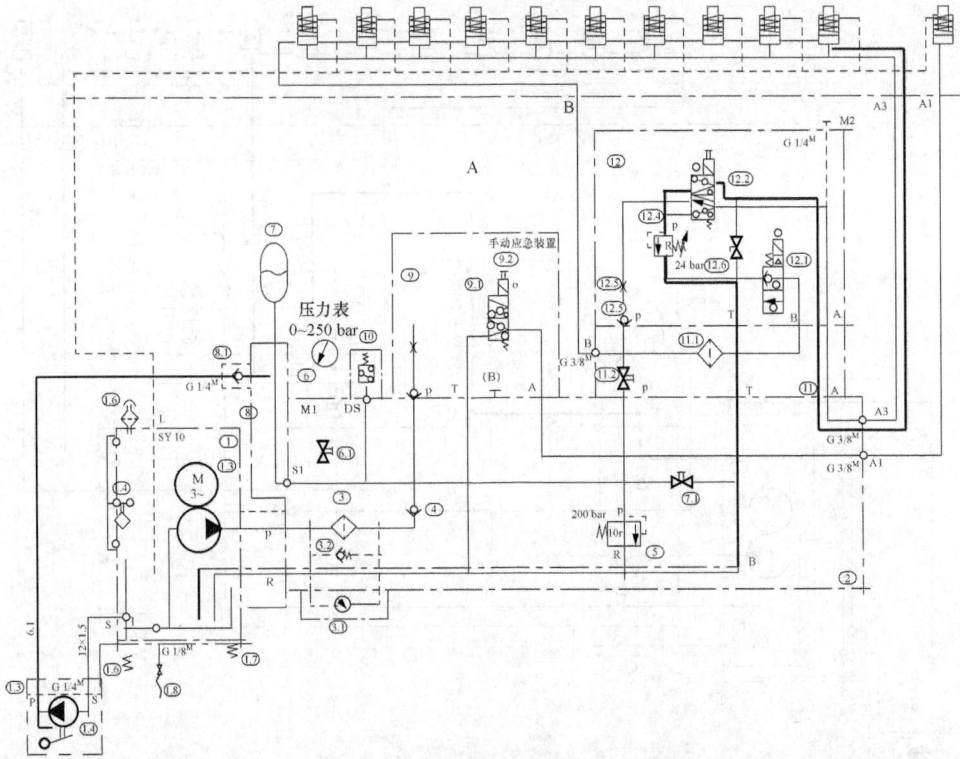

图 5-36　偏航制动器泄压回路图

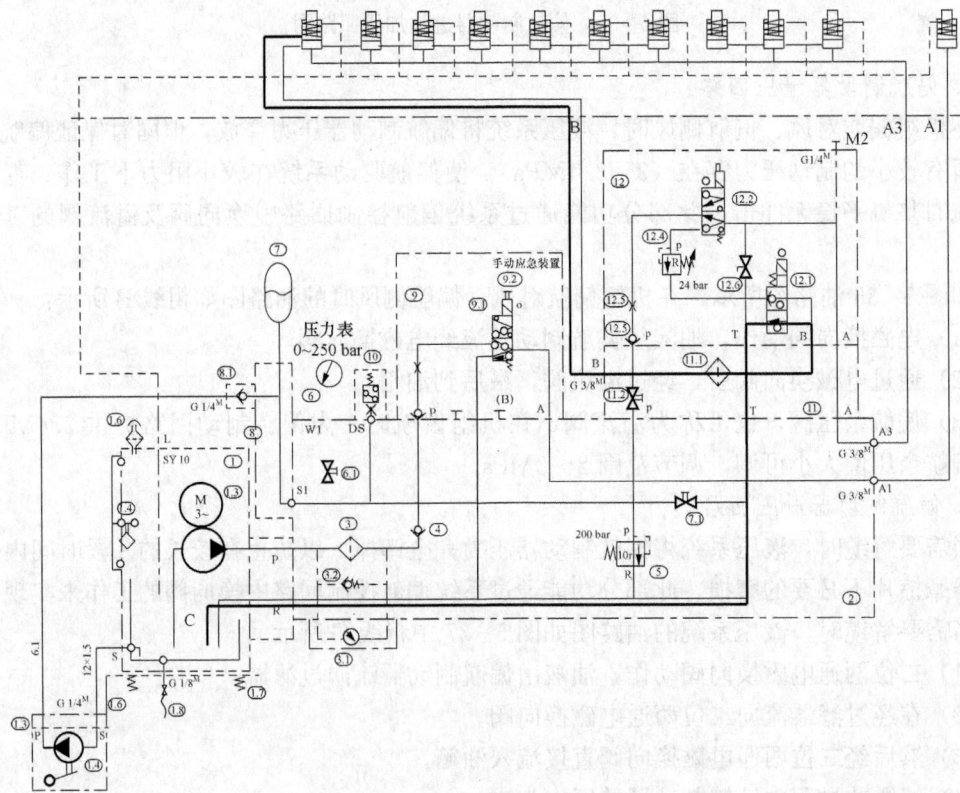

图 5-37　偏航制动器泄压回路图

4. 转子制动器控制回路

　　液压系统转子制动控制回路同样是通过提供和释放工作压力控制转子制动器的制动与释放，转子制动器与偏航制动器一样属于活塞式。当需要进入轮毂进行维护、检修时，首先使机组顺桨停机，然后对转子进行锁定，转子制动器在转子锁定过程中起到对转子进行刹车的作用；当转子锁定后，转子制动器不再工作。此部分功能通过系统转子制动控制回路中换向阀的工作来实现。

　　转子锁定回路的油路图如图 5-38 粗线条 E，释放回路的油路见粗线条 F，当对转子进行锁定时，两位三通电磁换向阀动作，油液通过两位三通电磁换向阀直接进入转子制动器；当释放时，两位三通电磁换向阀失电，油液通过两位三通电磁换向阀直接流入油箱。

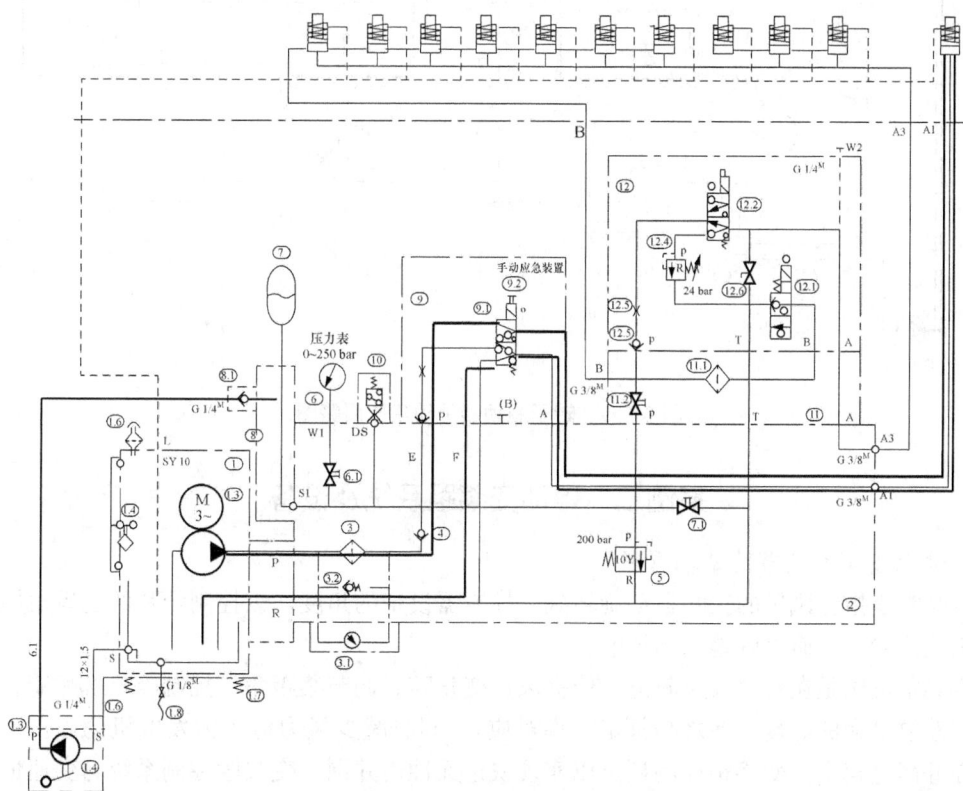

图 5-38　转子制动器控制液压回路图

5. 转子制动器手动建压回路

　　油路流向图如图 5-39 粗线 G 所示，液压系统手动泵 9 主要实现在系统断电的情况下提供应急能源。它在液压系统中起着与电动液压泵一样的功能，提供系统工作压力。为配合手动泵在系统断电情况下或在检修时转子制动器能够实现制动，控制转子动作的电磁阀 12 配备有手动控制限位功能。

　　油液通过手动泵压入油管道经过单向阀进入主油管路，然后经过两位三通电磁换向阀（可手动控制），直接进入转子制动器，为制动器提供压力。

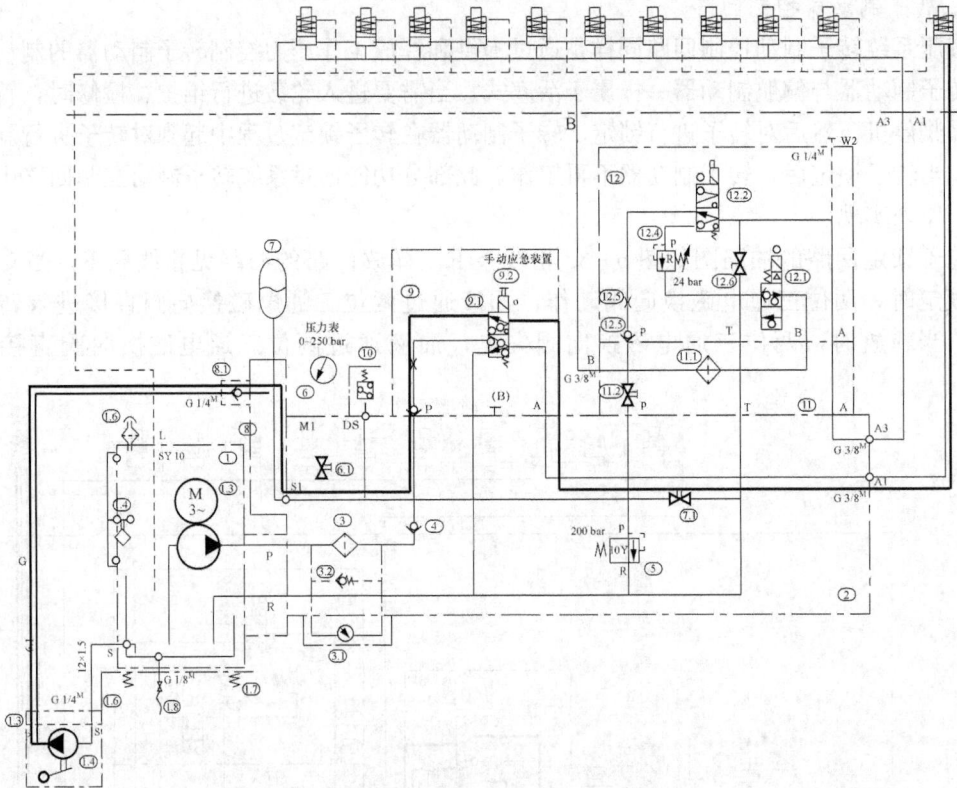

图 5-39　转子制动器手动建压回路图

案例二　电动变桨距系统及设备

1. 电动变桨距调节的基本原理

变桨距是指让风机的桨叶自动旋转到主控制器设定的角度，以控制叶片的迎风角始终保持在最佳位置，从而更好地利用风能。

变桨距机构是在额定风速附近，依据风速变化随时调节桨距角，控制吸收机械能。一方面保证获取最大的能量（使之与额定功率对应），同时减少风力对风力发电机的冲击。另一方面在并网过程中，变桨距控制还可以实现快速无冲击并网。变桨距控制系统与变速恒频技术相配合，以提高风力发电系统的发电效率和电能质量。

变桨距风力发电机组具有以下特点：

（1）改善机组的受力，优化功率输出，输出功率稳定。

（2）比定桨距风力机额定风速低、效率高；且不存在高于额定风速的功率下降问题。

（3）功率反馈控制使额定功率不受海拔、湿度、温度等空气密度变化影响。

（4）启动时控制气动转矩易于并网；停机气动转矩回零避免突甩负荷。

（5）其缺点是增加了变桨距装置控制复杂性。

电动变桨距系统可以允许 3 个桨叶独立实现变桨。每个桨叶有一套蓄电池和轴控制盒以及伺服电机和减速机放在轮毂里，整个系统的通信总线和电缆靠滑环与机舱的主控制器连接。

2. 电动变桨距机构的组成

如图 5-40 所示，变桨距系统接收主控发来的控制指令，通过控制算法输出一个电压形式的速度值，这个值通过伺服驱动器驱动电机运转以带动桨叶。同时，变桨控制器对备用电源进行管理，以保证紧急情况下能快速收桨。

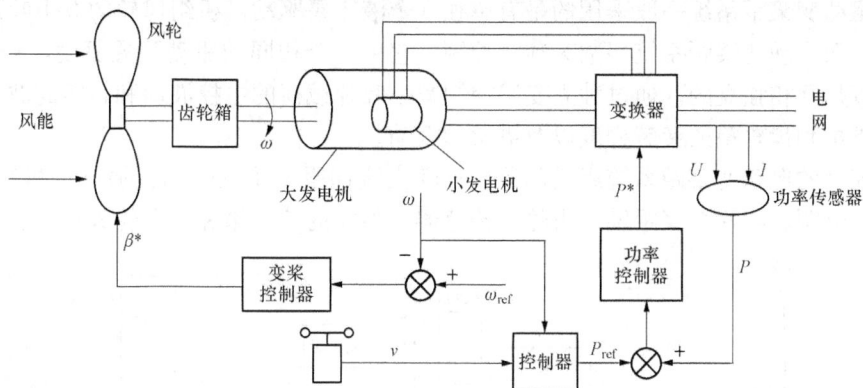

图 5-40 电动变桨距系统原理简图

每个叶片的变桨控制柜都配备一套备用电源。储备的能量，在保证变桨控制柜内部电路正常工作的前提下，足以使叶片从 0°顺桨到 90°。当来自滑环的电网电压掉电时，备用电源直接给变桨控制系统供电，仍可保证短期内整套变桨电控系统正常工作，实现低电压穿越（LVRT）功能。

变桨系统结构有很多种，有 7 柜式、6 柜式、4 柜式、3 柜式等。但是无论哪种结构变桨系统的组成都包括以下部分，如图 5-41、图 5-42 所示。

图 5-41 机组轮毂内变桨控制机构安装示意

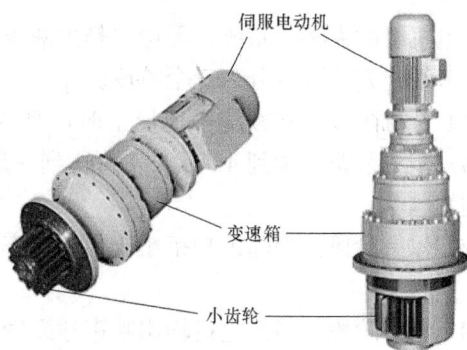

图 5-42 变桨驱动电动机

（1）变桨距轴承。变桨距轴承（回转支撑轴承）安装在每个叶片的根部与轮毂的连接部位。轴承外套圈上有与轮毂连接的法兰，轴承内套圈的端面上是与叶片连接的法兰，内边是内齿圈。

（2）变桨驱动电动机负责驱动整个变桨系统。常见的有三种：感应电动无刷直流电动机、三相永磁同步电动机和交流伺服电动机。

（3）行星齿轮减速器（小齿轮）。行星齿轮减速器安装在变桨驱动的电机轴上，内部包含减速齿轮箱。它与变桨距轴承内圈齿轮配合，实现驱动电机旋转时驱动变桨轴承及叶片旋转。

（4）其他常见部件：包括驱动柜、电池柜、编码器、限位开关、润滑泵等。

3. 电动变桨距调节的功能实现

液压驱动变桨距系统一般采用的是有单独一个液压泵驱动，机组风轮的 3 个叶片同时动作的结构。而电动变桨距系统多数为独立控制，它由 3 个相同的驱动装置驱动，3 个叶片的桨距角调节是互相独立的。通过独立变桨控制减小叶片载荷的主控波动和转矩的波动，从而减小传动机构和齿轮箱的疲劳程度以及塔架的振动。

独立控制的电动变桨距系统组成部分：三套交流伺服系统（包括伺服电动机）、驱动减速箱、后备电源、叶片变桨距轴承齿轮、传感器、独立的控制箱和一套轮毂系统。

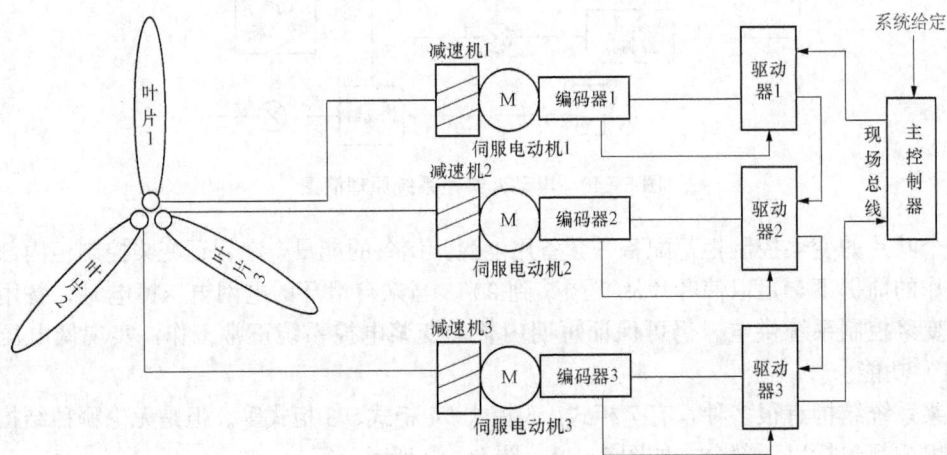

图 5-43　独立控制的电动变桨距系统结构图

风电机组的变桨距系统，无论它是由液压系统驱动还是有伺服电机驱动，在工作过程中它的调节动作方法可以分为三个阶段。

（1）开机阶段：在额定风速以下时，当风电机达到运行条件时，计算机命令调节节距角。第一步将节距角调到 45°，当转速达到一定时，再调节到 0°，直到风电机组达到额定转速并网发电。

（2）保持阶段：当输出功率小于额定功率时，节距角保持在 0°位置不变，尽可能地接收风能。

（3）调节阶段。当发电机输出功率达到额定后，调节系统即投入运行，当输出功率变化时，及时调节距角的大小。在风速高于额定风速时，变桨距机构发挥作用，调整叶片的节距角，进而改变叶片攻角，使发电机的输出功率基本保持不变，保证发电机的输出功率在允许范围内。

项目6 机组偏航系统及设备

任务1 偏航系统及功能

学习背景

偏航系统的存在使风力发电机能够运转平稳可靠，从而高效地利用风能，进一步降低发电成本，并且有效地保护风力发电机组。机组偏航系统又被称为"对风系统"，按照其工作原理一般分为主动偏航和被动偏航两种类型。被动偏航一般多为小型风电机组所采用。本任务学习的主要是目前绝大多数中大型风电机组都具备的主动偏航系统，将就偏航的概念功能和常见分类两个方面进行介绍。

学习目标

1. 掌握偏航的概念及基本功能。
2. 了解偏航系统的常见分类。

一、偏航系统的作用及原理

1. 偏航系统的概念

风力发电机组的偏航系统是风力发电机组特有的伺服系统，是风力发电机组电控系统必不可少的重要组成部分。它的原理是通过风速仪、风向仪检测风向、风速，并将检测到的风向信号送到控制系统的微处理器，微处理器计算出风向信号与机舱位置的夹角，从而确定是否需要调整机舱方向以及朝哪个方向调整能尽快对准风向。当需要调整方向时，微处理器发出一定的信号给偏航驱动机构，以调整机舱的方向，达到对准风向的目的。

2. 偏航系统的作用

偏航系统除了起到高效地利用风能和确保机组运行平稳的作用之外，还在如强风时能够起到相应的保护作用等方面对机组的状态起到很好的辅助控制作用。这里将偏航系统的作用总结如下：

（1）正常运行时自动对风。与风力发电机组控制系统相互配合，充分利用风能，提高发电效率。当机头方向与风向夹角超过设定角度时，机舱开始对风，直至达到允许的角度范围内，自动停止偏航。

（2）扭缆时自动解缆。当风力发电机组出现同一方向的偏航角度过大时，会造成电缆扭缆，因此在控制系统中设定了偏航系统自动解缆及强制解缆动作。机组过度扭缆如图6-1所示。

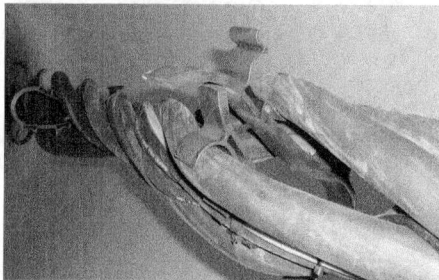

图6-1 机组过度扭缆故障图

（3）失速保护。当有特大强风时，风电机组控制系统会自动停机，同时偏航系统需要释放叶尖扰流器,将机组偏航90°为侧风方向,尽可能地减少机组受力,从而达到保护风轮的目的。

(4)确保机组的稳定性。偏航系统还需要保障在偏航角度调整动作时拥有足够力矩,从而确保风力发电机组不发生振动;同时在机组完成对风动作后安全定位运行。提供必要的锁紧力。

(5)当机组连续的检测风向角度连续较快速变化时,机组偏航系统会根据平均风向判断是否需要偏航,防止在阵风扰动下的频繁偏航动作。

3. 偏航系统的工作原理

在机组具体运行过程中,假设现在是东南风,电机组处于正常工作状态。机舱叶轮处于迎风状态,即朝向东南方向,但是随着时间变化,风的方向逐渐变化为南风方向,那么机组如果还停留在原来位置工作就无法有效地接收风能,所以必须要调整风力发电机组的方向,使其能够跟踪风向的变化。

此时,由机组风速仪、风向仪测得风向变化,并传给控制系统存储下来,控制系统又来控制偏航驱动装置中的四台偏航电机往风速变化的方向同步运转,偏航电机通过减速齿轮箱带动小齿轮旋转。小齿轮是与大齿圈相啮合的,与偏航电机、偏航齿轮箱统一称为偏航驱动装置,偏航驱动装置通过螺栓紧固在主机架上,而大齿圈通过螺栓紧固在塔筒法兰上,不可旋转,那么只能是小齿轮围绕着大齿圈旋转带动主机架旋转,直到机舱位置与风向仪测得的风向相一致。当然,风向变化是一个连续的过程,并不一定瞬时从东南风就变为南风了,而是一个逐渐变化的过程。

由于偏航系统的作用,风力发电机组机舱需要不断地做顺时针旋转或者逆时针旋转的。在这个过程中,机舱不能总是朝向一个方向旋转,因为机舱底部大齿圈内部布置着多根电缆,这些电缆连接了机舱和塔筒。机舱一旦相对塔筒发生了旋转,这些电缆也就跟着扭转,为了防止电缆扭转破坏,需要偏航系统特地控制机舱同一方向旋转圈数不得超过一定角度(如650°)。这种控制方法就是靠偏航接近开关和限位开关来实现的,接近开关一般两侧安装,负责记录机舱位置。当机舱达到如+650°或-650°时就会发出信号,此时,控制系统会控制偏航电机朝着反方向旋转解缆。限位开关是作为极限位置开关使用的,当机舱继续旋转达到如700°时,限位开关被触发而使得风电机组快速停机,并报警。

图6-2　尾翼对风

二、偏航系统的分类

风力发电机组的偏航系统一般分为主动偏航系统和被动偏航系统。

被动偏航指的是依靠风力通过相关机构完成机组风轮对风的偏航方式,常见的有尾翼和舵轮两种。

小微型风电机常用尾翼对风,如图6-2所示。尾翼装在尾杆上与风轮轴平行或成一定角度。为了避免尾流的影响,也可将尾翼上翘,装在较高的位置。

中小型风电机常用舵轮对风,如图6-3所示。当风向变化时,位于风轮后面两舵轮旋转,通过之轮传动使风轮偏转，当风轮重新对准风向后，舵轮停止转动，对风过程结束。

主动偏航就是本项目主要介绍的偏航方式，多为中大型风电发电机组所使用，如图 6-4 所示。

图 6-3　侧风轮（舵轮）对风

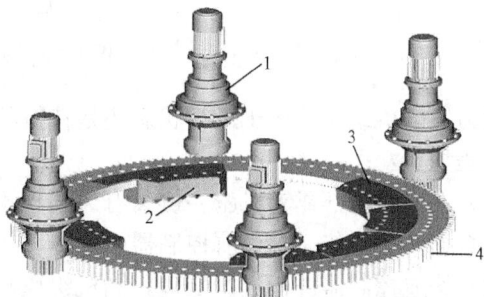

图 6-4　主动偏航系统结构图
1—偏航驱动装置；2—侧面轴承；3—滑垫保持装置；4—偏航大齿圈

主动偏航一般采用电力或液压的方式完成对机组风动作，常见的有齿轮驱动和滑动两种方式。

风力发电机组的机舱安装在旋转支撑上，而旋转支撑的内齿环与机组塔架用螺栓紧固相连，外齿环与机舱固定。调向是通过两台与调向内齿环啮合的调向减速器驱动的。在机舱底板上装有盘式刹车装置，以塔架顶部法兰为刹车盘。

任务 2　偏航系统的组成设备

学习背景

风电机组偏航系统辅助驱动机舱绕塔筒旋转，偏航系统一般由偏航驱动设备、偏航轴承、偏航制动装置、偏航计数器、扭缆保护装置等组成。

偏航系统驱动设备负责在对风、解缆时驱动机舱绕塔筒进行旋转；偏航轴承负责传递偏航驱动力矩，并承受径向力、轴向力外以及倾覆力矩；偏航制动装置负责保证风电机组停止偏航时不会因叶片受风载荷而被动偏离风向。本任务将就以上三个方面进行介绍。

学习目标

1. 掌握偏航系统的典型结构。
2. 掌握偏航驱动装置和轴承的结构及其工作原理。
3. 掌握偏航系统制动装置及其工作原理。

一、偏航系统的典型结构

偏航系统是一个自动控制系统，偏航系统由风向传感器、偏航控制器、执行机构、偏航计数器、偏航位置传感器、各种检测元件和解缆装置等部分组成，其结构如图 6-5 所示。

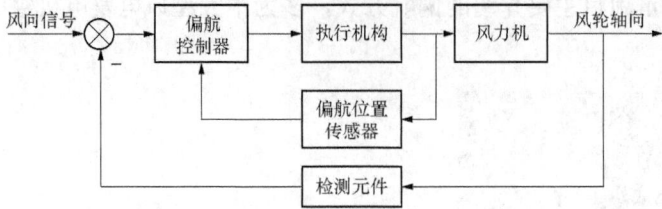

图 6-5　偏航系统

风力发电机组无论出于运行状态还是待机状态均能主动对风，在工作过程中偏航系统的工作过程如下：

（1）在风轮前部或者机舱一侧装有风向检测元件（如风向仪），由风向传感器采集风向变化的数据，然后传递到偏航控制器中。

（2）偏航控制器进行数据处理，当机组风轮的迎风方向与风向仪指向偏离时，计算机开始计时，控制器将处理后的数据作为参考做出是否启动偏航动作的判断。

（3）偏航时间达到一定值时，即认为风向已改变，给出目前机组是否需要进行偏航以及偏航方向的指令。

（4）将偏航指令送达到偏航执行机构，由执行机构驱动机组进行偏航动作。

（5）偏航位置传感器将执行机构的位移信号反馈给偏航控制器。

（6）检测元件一般是偏航计数器，它负责记录偏航系统旋转圈数的装置，配合位置传感器为控制器提供反馈信号。

（7）另外当偏航计数器记录的偏航系统旋转圈数达到规定的解缆圈数时，计数器则给控制器发信号使机组自动进行解缆动作。

（8）解缆动作由偏航系统的解缆装置控制。解缆装置是在偏航系统的偏航动作失效后，电缆的扭绞达到威胁机组安全运行时而发出停机报警和指令。一般情况下，这个装置独立于主控制系统，一旦该装置被触发，机组则进行紧急关机。组缆保护装置一般由控制开关和触点机构组成，控制开关安装在机组的塔架内壁支架上，触点机构一般安装在机组垂悬部分的电缆上，当机组垂悬部分的电缆扭绞到一定程度后，触点机构被提升或被松开而触发控制开关。

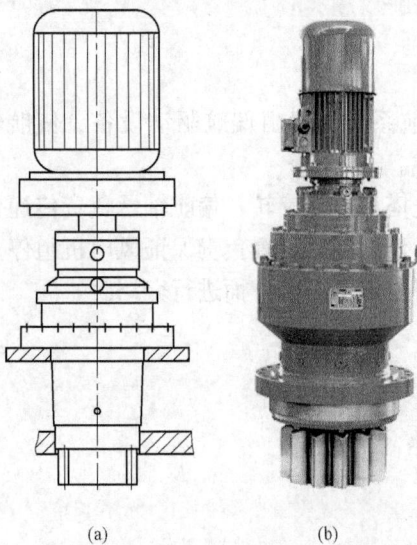

（a）　　　　　（b）

图 6-6　偏航驱动装置

二、偏航系统的驱动设备

偏航驱动设备用在偏航系统对风、解缆时，它负责驱动机舱相对塔筒旋转，一般为驱动电机或液压驱动单元，安置在机舱中。图 6-6 为驱动电机组成的偏航驱动装置简图和实物图。

驱动单元一般由驱动电机、减速器、传动齿轮、轮齿间隙调制机构等组成。驱动装置的减速器一般可采用行星减速器或涡轮蜗杆与行星减速器串联；传动齿轮一般采用渐开线圆柱齿轮。驱动单元通过减速机驱动输出轴上的小齿轮，小齿轮与固定在塔筒上的大齿轮啮合，驱动机舱偏航，啮合齿轮可以在塔筒内也可以在塔筒外。风力发电机组的偏航系统结构，分为外齿驱动和内齿驱动两种，如图6-7所示。

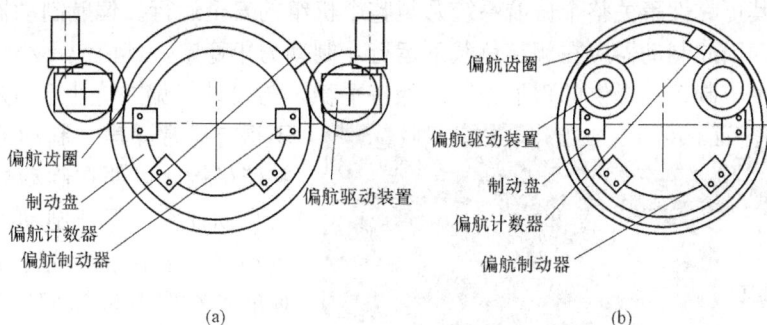

图6-7 偏航系统常见的两种结构形式
（a）外齿驱动形式；（b）内齿驱动形式

三、偏航系统的偏航轴承

偏航轴承一般安装在塔架顶部，如图6-8所示，偏航轴承通过数十个高强度螺栓与塔架紧固在一起，齿圈内圈有一阶梯，上下面都是和滑动衬垫配合。偏航驱动装置的小齿轮就是和偏航轴承的大齿圈啮合并围绕着它旋转的，从而带动整个机舱旋转，它是保证机舱旋转的重要部件。

常用的偏航轴承主要有滑动轴承和回转轴承两种。滑动轴承常用工程塑料做轴瓦，这种材料即使在缺少润滑的情况下也能正常工作。轴瓦分为轴向上推力瓦、径向推力瓦和轴向下推力瓦三种类型，分别用来承受机舱和叶片重力产生的平行于塔筒方向的轴向力，叶片传递给机舱的垂直于塔筒方向的径向力和机舱的倾覆力矩，将机舱受到的各种力通过这三种轴瓦传递到塔架。回转轴承是一种特殊结构的大型轴承，它除了能够承

图6-8 偏航轴承外观

受径向力和轴向力外，还能承受倾覆力矩。目前使用的大多数风电机组都采用这种轴承。

回转轴承的内外圈分别与机组的机舱和塔体用螺栓连接。轮齿可采用内齿或外齿形式。外齿形式是轮齿位于偏航轴承的外圈上，加工比较简单。内齿形式是轮齿位于偏航轴承的内圈上，啮合受力较好，结构紧凑。偏航齿圈的结构简图如图6-9所示。

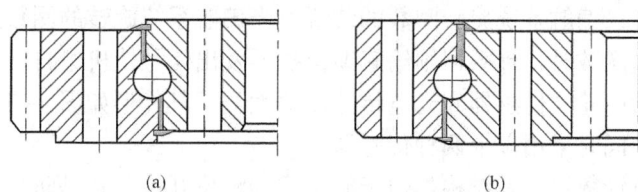

图6-9 偏航齿圈结构简图
（a）外齿形式；（b）内齿形式

四、偏航系统的制动保护及其他设备

1. 偏航制动器

为保证风电机组停止偏航时不会因叶片受风载荷而被动偏离风向的情况，机组上多装有偏航制动器，其可靠性事关整个偏航系统乃至整个机组的安全运行。偏航制动器是使机组安全稳定地停机，因此制动器应在额定负载下运行，制动力矩稳定，其值应不小于设计值。在机组偏航过程中，制动器提供的阻尼力矩应保持平稳，与设计值偏差应小于5％，制动过程

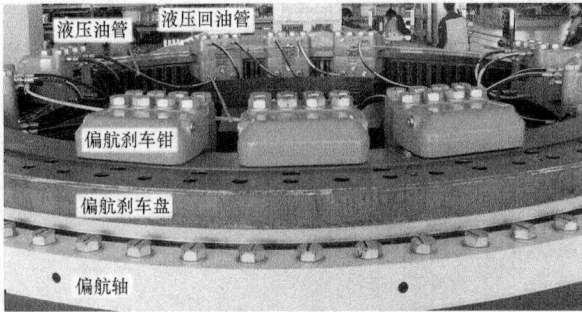

图 6 - 10　偏航制动器外形图

不得有异常噪声。制动器应设有自动补偿机构，以便在制动衬块磨损时进行自动补偿，保证制动力平稳。偏航制动器主要由偏航轴、偏航刹车盘、偏航刹车钳及液压回路等部分组成，其外形如图 6 - 10 所示。

在偏航系统中，制动器可采用常闭式和常开式两种结构形式，常闭式制动器是在有动力的条件下处于松开

状态，常开式制动器则是有动力条件下处于紧锁状态。相比较两种形式并考虑失效保护，一般采用常闭式制动器。现场通常选用液压钳盘式制动器，这种制动器在液压驱动管路上装有预压阀，以使在松闸状态时，制动压缸仍保持有很小的压力，使制动过程中仍有一定阻力，以保证偏航的稳定性，偏航制动器结构简图如图 6 - 11 所示。

2. 解缆保护器

解缆保护器一般由偏航计数器和触点机构组成，偏航计数器一般安装于机组的塔架内壁支架上，触点机构一般安装于机组悬垂部分的电缆上。当机组悬垂部分的电缆扭绞到一定程度时，当偏航计数器发出解缆信号，解缆保护器执行设定的解缆保护程序，触点机构被提升或被松开而触发控制开关。一般情况下，这个装置是独立于控制系统

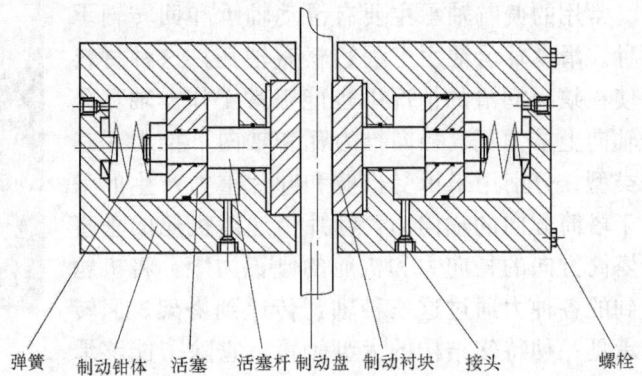

弹簧　制动钳体　活塞　活塞杆 制动盘　制动衬块　接头　　螺栓

图 6 - 11　偏航制动器结构简图

的，一旦这个装置被触发，则机组必须进行紧急停机。

3. 偏航计数器

偏航计数器是记录偏航系统旋转圈数的装置，当偏航系统旋转的圈数达到设计所规定的初级解缆和终极解缆圈数时，计数器则给解缆保护器发出信号使机组自动进行解缆。

偏航计数器分为凸轮式传感器和光电传感器两大类，其外形如图 6-12 和图 6-13 所示。许多风电机组会同时采用以上两种传感器。

（1）凸轮式偏航计数器，其结构类似于旋转式的限位开关，它是防止电缆缠绕而设置的传感器。当机舱偏航旋转圈数达到一定角度（如 700°）时，限位开关就会发出信号，使整个机组快速停机。

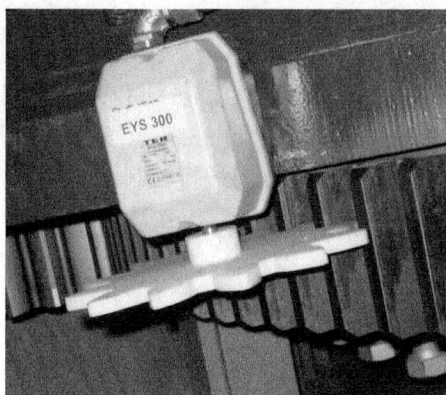

图 6 - 12 凸轮式偏航计数器

图 6 - 13 光电式偏航计数器

　　正对叶轮方向看去，凸轮式偏航计数器一般直接通过螺栓固定于主机架上。偏航计数器的小齿轮与偏航盘相啮合，在偏航动作的同时也会带动凸轮控制器内部的齿轮转动，当转动一定圈后会触动机械开关动作。解缆保护器接收到后就进行判断，是否需要解缆。一般凸轮控制器有三个开关：顺偏位置开关、中间位置开关、逆偏位置开关。其中中间位置可以单独调整。三个开关均为切换时间很短的快动开关，并且每个都有一个断路触点和闭合触点。

　　（2）光电式偏航计数器。它是一个光传感器，利用机组偏航盘齿圈齿的高低不同而使得光信号不同，采集光信号并计数。通过一左一右两个接近开关采集的信号，控制系统控制机组偏航不超过如 650°，防止线缆缠绕。

　　光电式偏航计数器是安装到支架上的，在主机架正前方，调整背紧螺母可以调整接近开关和偏航盘齿圈齿顶之间的距离。为了采集到信号，这个距离应保持在 2.0～4.0mm 之间。

任务 3 偏航系统的控制

学习背景

　　偏航系统的控制由控制器来实现，由于风向瞬时波动频繁，但幅度不大，通常设置一定的允许偏差，如果在此偏差范围内，就可以认为是对风状态，机舱保持既定方向。偏航控制共包括四种状态，分别是手动偏航、自动偏航、自动解缆和停止偏航。这四种状态根据人机界面的操作状态和机组所执行的偏航程序进行转换。本任务将就偏航系统控制过程中控制状态的过程及功能特点进行介绍。

学习目标

　　1. 了解偏航系统的常见控制状态。
　　2. 掌握各个控制状态的动作过程。
　　3. 理解各控制状态的功能特点。

　　4. 掌握偏航系统的制动原理和作用。

一、偏航系统整体控制

　　偏航系统的控制过程可分为自动偏航、90°侧风、手动偏航、自动解缆和人工解缆五种，如图 6 - 14 所示。

　　手动偏航是指操作人员在该控制模式下人为地对风机偏航方向进行控制。

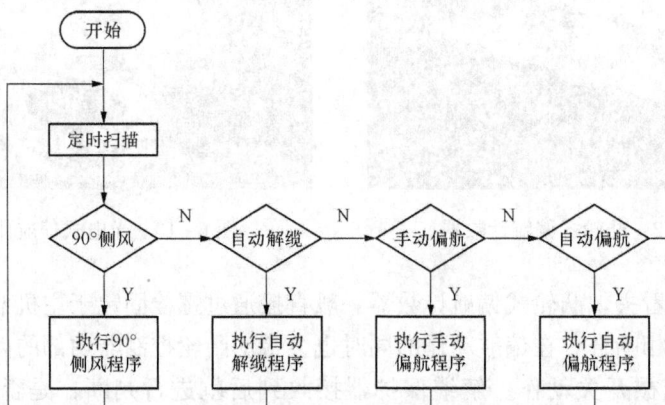

图 6 - 14　偏航系统控制主流程图

　　自动偏航控制过程中，为了保证风力发电机组发挥最大效能，机舱必须准确对风，只有风力发电机叶轮法线方向与风向一致时，风能利用率最大。具体来说，整个偏航系统的四个主要功能的控制过程中一般是优先判断是否需要 90°侧风；然后判断机组电缆缠绕圈数是否达到规定数值时，如果达到则需要进行自动解缆操作；在确保机组安全和无需解缆操作的前提下进行自动偏航控制；当自动偏航失败时通过手动偏航对机组方向进行调整。

　　(1) 90°侧风。当风力发电机组的转速大于超速上限时，做偏转 90°侧风控制，同时机组还将投入气动刹车制动动作，并将发电机脱网。待机组转速降下来后，系统抱闸机械制动停机。

　　(2) 自动偏航。控制器连续一段时间内检测风向情况，由控制系统判定机舱与风向的偏离角度，若风向确定，根据偏离的程度和风向传感器的灵敏度给出偏航控制命令。

　　(3) 手动偏航。手动偏航是当自动偏航失败或机组需要维修时，需要通过人工指令来进行的偏航措施。

　　(4) 自动解缆。不同的风力发电机对需要解缆时的缠绕圈数都有规定。解缆动作包括计算机控制的凸轮自动解缆和扭缆开关控制的安全链动作报警解缆两部分。

二、自动偏航状态的控制

　　在实际的偏航控制中，控制器首先根据自动偏航风向标传感器判断机舱位置是否处于零位，若是，则表明机舱已处于对风位置；若不是，则继续判断机舱位置是否处于零位右边，若是，则偏航电机正转进行机组左偏航；若不是，则偏航电机反转进行机组右偏航。

　　在偏航动作时，控制器松开偏航制动，起动偏航电机运转，开始偏航对风程序，同时偏航计数器开始工作，根据机舱所要偏转的角度使风轮轴线方向与风向基本一致。

　　自动偏航控制系统一般会根据风速大小来判断自动偏航动作，这里以某 1.5MW 机组自动偏航控制系统为例：

（1）低风速下（风速小于 9m/s），对风误差大于 8°，系统延时 210s，若误差依然满足，则启动偏航自动对风。

（2）高风速下（风速大于 9m/s），对风误差大于 15°，延时 20s，若误差依然满足，则启动偏航自动对风。

（3）在风机加速或发电运行状态下，如果风向突变，并且对风误差超过了 70°，系统会先将机组正常停机，完成对风偏航之后，再重新启动机组。

偏航电机工作后启动偏航计时器计时，控制偏航电机运转一定时间。系统会计算偏航旋转 360°所需要的时间，若偏航系统的计时时间超过偏转 360°所需时间偏航电机仍未停止工作，则停止偏航，向中心控制器发出安全停机信号和风向标故障信号。

同时，为了有效地防止电缆缠绕，控制系统读取上次偏航方向并取其反方向，记录此次偏航方向，计算出机组在当前方向下应有的"零位"。当偏航动作经过零位点时，控制系统发出信号表示完成本次偏航动作，自动偏航标志位清零复位，完成本次偏航调整。自动偏航流程图如图 6 - 15 所示。

三、手动偏航状态的控制

手动偏航是指系统正在维修、解缆或者自动偏航失效时启动手动命令来进行偏航的方式。手动偏航控制包括顶部机舱控制、面板控制和远程控制偏航三种方式。

手动偏航控制过程如下：首先，检测手动偏航起停信号。若此时有人手动偏航信号，再检测此时系统是否正在进行偏航操作；若此时系统无偏航操作，封锁自动偏航操作；若系统此时正在进行偏航，清除自动偏航控制标志。然后读取手动偏航方向信号，判断与上次手动偏航方向是否一致。若一致，松航闸，控制偏航电机运转，执行手动偏航；若不一致，停止偏航电机工作，保持偏航闸为松闸状态，向相反方向进行运转并记录转向，直到检测到相应的手动偏航停止信号出现，停止偏航电机工作，抱闸，清除手动偏航标志。

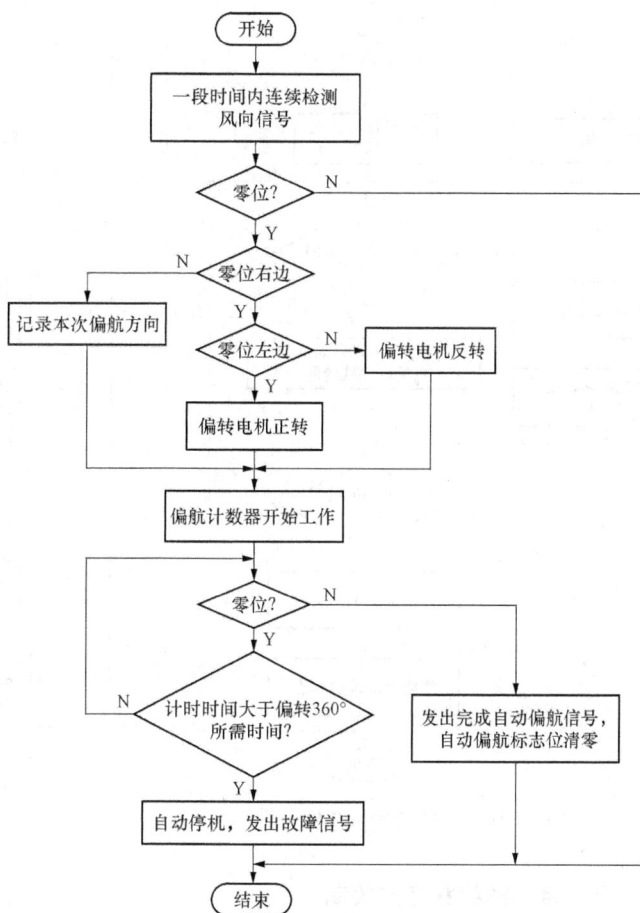

图 6 - 15　自动偏航流程图

如果此时没有手动偏航请求，则退出手动偏航状态，转入偏航等待状态。另外，如果出现偏航标定初始化信号，并且偏航零位开关失效，则进入手动状态下偏航标定。图 6 - 16 为手动偏航流程图。

四、90°侧风状态的控制

90°侧风是出于保护风电机组安全的目的而设计的。当外部环境很恶劣时，如暴风、强风、遭遇切除风速以上的大风暴时，将会对机组产生巨大影响，为了快速保证风电机组的安全，这时必须使机组从当前角度到 90°侧风的位置所用时间最短，所以在 90°侧风时，控制系统应当使机舱走最短路径，且屏蔽自动偏航指令；在侧风结束后应当抱紧偏航闸，同时当风向变化时，继续追踪风向的变化，确保风力发电机组的安全。若大风方向继续变化，侧风程序需要跟进风向，以确保系统安全。90°侧风控制流程如图 6-17 所示。

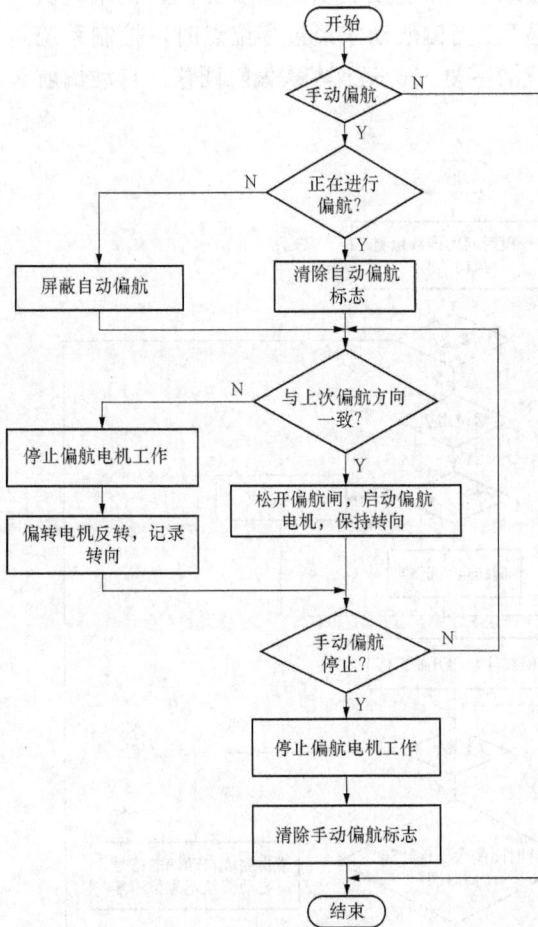

图 6-16　手动偏航流程图

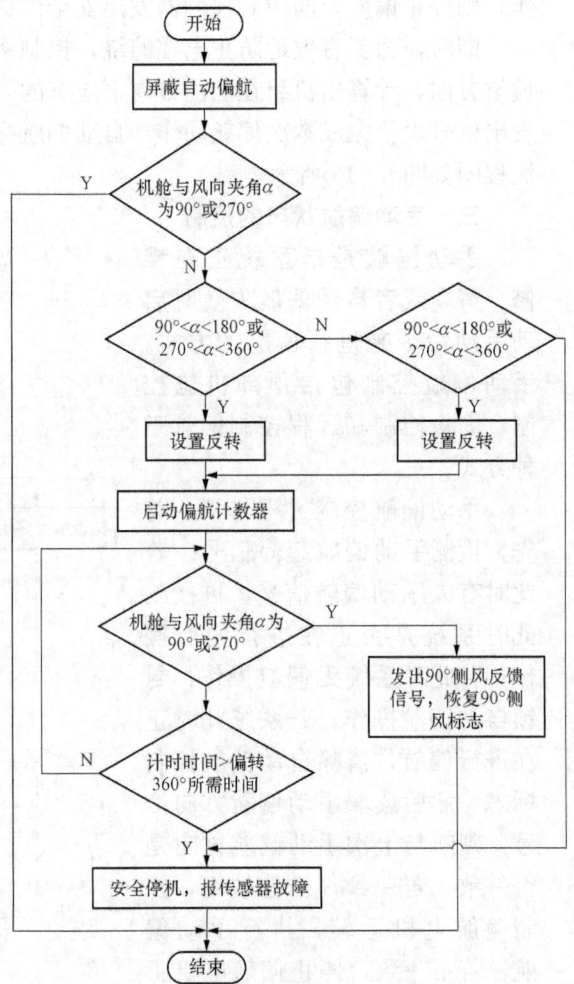

图 6-17　90°侧风控制流程图

五、自动解缆状态的控制

由于风向的不确定性，风力发电机就需要经常偏航对风以获得最大功率，而且偏航的方向也是不确定的，由此引起的后果是电缆会随风力发电机的转动而扭转。如果风力发电机多次向同一方向转动，就会造成电缆缠绕，绞死，甚至绞断，因此必须设法解缆。

不同的风力发电机需要解缆时的缠绕圈数都有其规定。当达到其规定的解缆圈数时，系统应自动解缆，此时启动偏航电机向相反方向转动缠绕圈数解缆，将机舱返回电缆无缠绕位置。

若在自动解缆的过程中出现了故障，自动解缆未起作用，也规定了一个极值圈数，在扭缆达到极值圈数左右时，扭缆开关将被触发动作，控制系统报送扭缆故障，机组将停机等待人工解缆。

在自动解缆过程中，必须屏蔽自动偏航动作。自动解缆控制流程图为图 6-18 所示。

六、机组偏航的制动

1. 机组偏航制动的作用与工作状态

在风力发电机组中，偏航刹车制动时，由液压系统提供压力，使与刹车闸液压缸相连的刹车片紧压在刹车盘上。偏航时，液压压力释放但保持一定的余压，这样可以使机组在偏航过程中始终保持一定的阻尼力矩，大大减少机组在偏航过程中的冲击载荷。偏航系统中的偏航制动器一般为活塞式，制动力矩作用在塔顶的刹车盘上。偏航系统的制动存在三种不同的工作状态。

（1）当风电机组运行，风轮已对准主风向时，液压系统偏航控制回路主要通过提供和释放工作压力控制偏航制动器的制动和释放。偏航制动器是活塞式，作用在塔顶的刹车盘上，在正常运行及停机时，制动器处在最大压力下，阻止机舱的转动。

（2）在机组偏航对风、偏航侧风时，液压系统将偏航制动器压力释放，但同时保证偏航制动器内留有较小的制动压力存在，使偏航驱动系统在较小阻力下工作，保证机组偏航时整机平稳无冲击，此部分功能通过系统偏航控制回路中换向阀及溢流阀的工作来实现。

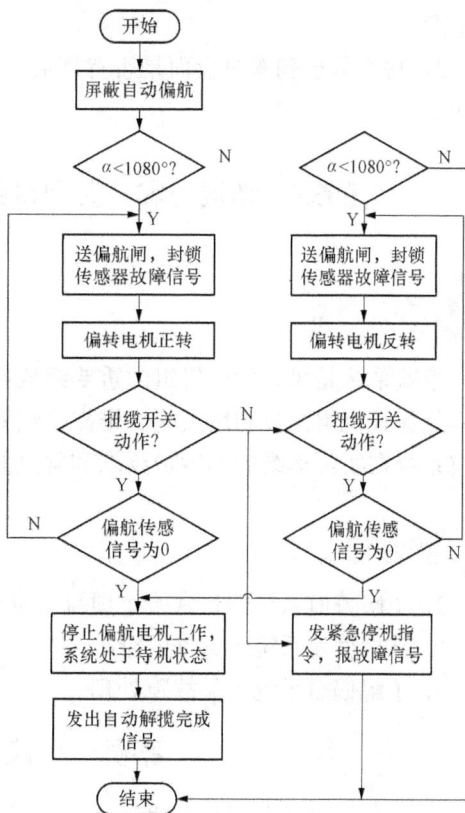

图 6-18 自动解缆控制流程图

（3）当需要解缆时，液压系统将偏航制动器压力完全卸掉，以防止在较长的一段时间内偏航制动器摩擦片出现不必要磨损，此部分功能通过系统偏航控制回路中换向阀的工作来实现。

2. 偏航制动装置的维护与保养

偏航制动装置的维护与保养应注意如下几个要点。

（1）对偏航制动器的检查处理。

1）检查液压接头是否有漏油现象，如有需进行清洁和处理。

2）按照螺栓紧固力矩表紧固偏航制动器与底座的连接螺栓。

3）检查偏航制动器的闸间隙，未减压前闸间隙应在 2~3mm 之间，并保证上、下闸间隙一致。

4）偏航制动器在使用后，需定期检查偏航制动器的摩擦片厚度，当摩擦片厚度为 2mm

左右时，需要更换新的摩擦片。

（2）对偏航刹车盘的检查处理。

1）偏航刹车盘是一个固定在偏航轴承上的圆环板，风电机组在运行过程中，有可能使油脂滴落到刹车盘上。油脂的存在会降低摩擦系数使刹车片失去功效，同时由于刹车盘上有油脂的存在，在偏航过程当中会形成刹车片破坏油脂粘力造成的风机振动和噪声，对机组有很大的影响；平时检查时如果发现应及时刮铲除去油脂，然后用清洁剂与水的混合液将其擦拭干净。

2）检查偏航刹车盘盘面是否有划痕、磨损和腐蚀现象，运行时是否有异常噪声并及时排除。

任务 4 拓展内容：典型机组偏航系统的日常维护与典型故障

学习背景

偏航系统是风力发电机组的重要组成部分，也是故障高发区，做好偏航系统定期维护和保养是保证机组高效利用风能、维持机组安全稳定运行的前提条件。本任务将介绍风电机组偏航系统在实际运维中的维护要求和常见故障的处理方法。

学习目标

1. 了解偏航系统的日常检查项目与维护保养内容。
2. 掌握偏航系统零部件的维护。
3. 了解偏航系统常见故障处理。

案例一 偏航系统的日常维护

1. 偏航系统维护时的基本要求

（1）用维护钥匙将风机打至维护状态，最好将叶轮锁锁定。

（2）如遇特殊情况下不允许停机时，必须确保有人守在紧急开关旁，可随时按下停机开关。

（3）当处理偏航齿轮箱润滑油时，必须佩戴安全帽。

（4）如果环境温度低于−20℃，不得进行维护和检修工作。

（5）如果环境温度低于−30℃，不得进行维护和检修工作。

（6）如果风速超过限值，不得上塔进行维护和检修工作。

2. 偏航系统的整体维修和保养

1）每月检查油位，如有必要，补充规定型号的油到正常油位。

2）每隔 2000h 运行后，需要清洗剂清洗后，更换机油。

3）每月检查以确保无噪声和漏油现象。

4）每运行一年检查一次偏航系统驱动与机架的连接螺栓，保证其紧固力矩为规定值。

5）检查齿轮副的啮合间隙。

6）制动器的额定压力是否正常，最大工作压力是否为机组的设计值。

7）制动器压力释放、制动是否有效。

8）偏航时偏航制动器的阻尼压力是否正常。

9）较长时间停机不用时，每周应使偏航减速器运转 10min 左右。

3. 偏航系统零部件的维护

（1）偏航制动器。

1）检查液压制定器的额定工作压力。

2）定期检查摩擦片的磨损情况；当摩擦片的最小厚度不足 2mm 时必须进行更换。

3）检查是否漏油现象。

（2）偏航轴承。

偏航轴承承载机舱自重及偏航载荷，其日常维护主要是滚道润滑油脂加注及偏航齿面润滑保养。

1）偏航轴承内圈或外圈均布有数个注油嘴，定期使用油枪加注规定型号的润滑脂进行润滑。

2）偏航齿面应定期使用规定的喷剂喷涂或使用润滑脂均匀涂抹，长时间停止运行的机组必须对齿面做好保养措施。

（3）偏航电动机。

1）每次例行检查，均应使用纱布、汽油对偏航电动机进行仔细清洁，便于检查漏油、防腐脱落情况。

2）检查偏航电动机电缆线有无破损、烧损现象。

3）机舱内手动偏航检查偏航电动机运行时有无不正常的机械和电气噪声。

（4）偏航减速器。

1）每次例行检查，均应使用纱布、汽油对偏航减速器进行仔细清洁，便于检查漏油、防腐脱落情况。

2）每次检查均应通过偏航减速器油窗检查偏航减速器油位，如低于油窗指示刻度，应立即加注规定的润滑油剂。

3）偏航减速器表面防腐如有脱落应立即进行防腐处理。

4）偏航电机与减速器的连接是否紧固。

5）定期使用经过校准的工具按照规定的力矩值对偏航减速器与机舱底座连接螺栓进行紧固，在手动盘车正反转时候有无阻滞现象。

风力发电机组偏航系统的其他维护项目和要求见附录一。

案例二　偏航系统的常见故障

在风力发电机组中，机械部件比电气部件更容易坏，而偏航系统部件又是机械中经常出现故障的重点部位。偏航系统的故障大致有以下几种情况。

1. 偏航定位不准确原因及处理

（1）造成偏航系统偏航定位不准的主要原因有：①风向标信号不准备；②偏航系统的阻尼力矩过大或过小；③偏航制动力矩达不到机组的设计值；④偏航系统的偏航齿圈与偏航驱动装置的齿轮之间的齿侧间隙过大。

（2）处理方法。①检查风向标，如损坏，及时更换风向标。②调整减压阀，调整阻尼力矩。③针对偏航制动力矩达不到机组的设计值问题，应对液压系统压力进行检测，是否达到要求。④啮合间距的调整。偏航减速器通过高强度螺栓固定在机舱底座上，其输出轴圆心与固定螺栓孔圆心并不重合，两个圆心之间的距离称为偏心距。该偏心距可以用来调整偏航大小齿轮之间的啮合间隙。一般偏航减速器固定螺栓法兰面上标示有偏心距调整箭头，可根据调整箭头调整偏心距。

2. 偏航计数器故障的原因及处理

（1）造成偏航系统偏航计数器故障的主要原因有：①计数器连接螺栓松动；②有异物侵入；③连接电缆损坏；④计数器小齿轮磨损。

（2）处理方法。①检查并紧固计数器与主机架之间的紧固螺栓，如果经常发生松动现象，建议使用螺栓紧固胶辅助紧固。②按照风力发电机维护手册的要求，定期做好维护工作，注意偏航系统大齿轮处是否漏油，以及及时清理异物，并检查机舱相应密封防护是否到位。③更换连接电缆或者直接更换偏航计数器部件，并固定好电缆，防止电缆裸露悬吊在外。④由于磨损造成计数结果异常的情形一般出现在凸轮式传感器，因为这种传感器凸轮一般为工程塑料制作，此时建议更换凸轮或者更换整个传感器，并调整好预紧力。

3. 齿面磨损原因及处理

（1）造成偏航系统齿圈齿面磨损的主要原因有：①齿轮的长期啮合运转；②相互啮合的齿轮齿侧间隙中渗入杂质；③润滑脂严重缺失使齿轮处于干摩擦状态。

（2）处理方法。①按照风力发电机维护手册的要求，定期做好维护工作，对偏航齿轮进行定期巡视检查，确保齿轮处于良好的润滑状态。②针对气候做好风机的密封，避免杂质进入齿轮间隙，造成齿面磨损。③对于自动注油设备，要检查油脂罐油脂是否充足，控制注油的间隔时间是否合适。

4. 液压管路渗漏原因及处理

（1）造成偏航系统液压管路渗漏的主要原因有：①管路接头松动或损坏；②密封件损坏。

（2）处理方法。①按照风力发电机维护手册的要求，定期做好维护工作，对偏航制动系统进行定期巡视检查，及时发现渗漏，及时更换损坏部件。②密封件属于易耗品，对液压系统的密封件要定期进行更换。

5. 偏航压力不稳原因及处理

（1）造成偏航系统偏航压力不稳的主要原因有：①液压管路出现渗漏；②液压系统的蓄能器出现故障；③液压系统元器件损坏。

（2）处理方法。①按照风力发电机维护手册的要求，定期做好维护工作，对液压系统进行定期巡视检查。针对渗漏部位，及时更换损坏部件。②蓄能器出现故障，会导致液压系统压力不稳定，需及时进行更换。③液压系统元器件损坏，如减压阀损坏，会导致液压子系统的压力不正常，影响风机的安全运行，需及时对损坏件进行更换。

6. 出现异常噪声原因及处理

（1）造成偏航系统发生异响的主要原因有：①润滑油或润滑脂严重缺失；②偏航阻尼力矩过大；③齿轮损坏；④偏航减速器油位过低。

　　（2）处理方法：①按照风力发电机维护手册的要求，定期做好维护工作，对偏航系统进行定期巡视检查，确保齿轮处于润滑状态，对于自动注油设备。要检查油脂罐油脂是否充足，控制注油的间隔时间是否合适。②针对偏航阻尼力矩过大问题，应调整减压阀，调整阻尼力矩。③定期对减速器进行检查，发现缺油，及时补充。

项目 7 机组制动系统及设备

任务 1 制动系统及功能要求

学习背景

风力发电机组的制动系统在风机的安全系统中起着非常重要的作用，它为风机的安全稳定运行提供了强有力的保障。根据风电机组机型的不同，风机的制动系统的运用以及结构有着非常大的区别，但最终的目的是一样的。本任务将就机组中制动系统的作用和基本工作原理两个方面进行介绍。

学习目标

1. 掌握机组制动系统的基本概念。
2. 掌握风电机组对制动系统的功能要求。

一、机组制动系统的概述

风力发电机组工作环境相对比较恶劣，且风向变换频繁，并且机组控制自动化程度很高，所以风力发电机组对自身的转速都会做出要求。一旦风速超出这个范围，风力发电机组就必须进行刹车制动，防止风轮失速引起发电机组和变速机构的损坏。当风速低于设计要求的范围，在检修机组时也需要制动机构确保机组的刹车状态，防止发生安全事故。所以，风机的制动系统起着非常重要的作用。

同时，机组的风轮系统的质量极大，它的转动惯量要远远大于机组发电机的转动惯量，所以不单单要在发电机上设置刹车制动装置，还要在风轮系统设置制动装置。根据以上两种制动方式，在风力发电机组中主要分为空气制动和机械制动两类，这两种制动系统的动力来源一般都是液压系统。

以定桨距风力发电机组需要制动时会由液压装置驱动叶尖阻尼板旋转约 90°以及变桨距风力发电机组中叶片处于顺桨位置均是利用空气阻力使叶轮减速或者停止，属于空气动力制动。

在主轴或者齿轮箱的输出轴（高速轴）上设置盘式制动器，属于机械制动。高速轴通过刹车片与刹车盘间的摩擦力实现停机。

另外，在风力发电机组偏航系统和低速轴刹车系统中，使用刹车卡钳，也属于机械制动的一种。

二、机组制动系统的技术要求

1. 国家对风电机组制动系统相关要求

根据 GB 18451.1—2001《风力发电机组的安全性要求》，风力发电机组的控制与保护系统应有一个或多个能使风轮由任意工作状态转入停止或空转状态的装置，这种装置可以是机械式的、电动式的或液压式的。它们之中至少应有一个必须作用在低速轴上或风轮上。必须提供使风轮在小于参考（安全）风速的任意风速下，由危险的空转状态转为完全静止的方法。

2. 通用水平轴风电机组制动系统的设计要求

（1）水平轴风力发电机组的制动系统设计时应考虑载荷情况与制动引起的制动力矩的组合。制动系统的额定静态制动力矩应大于风力发电机组的所需最小静态制动力矩，所需最小静态制动力矩的确定应以极限工况为准。制动系统的额定动态制动力矩应大于风力发电机组的所需最小动态制动力矩，并小于风力发电机组的最大许用制动力矩。

刹车过程平稳，振动小。制动过程中由于制动而产生的制动力矩应不会导致部件（尤其是风轮叶片、风轮轴、风轮叶片连接件、轮毂）产生过大的应力。紧急制动应保证制动系统及其主要部件不产生不可修复的破坏。

一般机组制动过程中首先由均匀分布的 3 个叶片的叶尖阻尼板动作，降低速度，然后再由圆盘闸制动，这就使得刹车过程变得较为平稳。

（2）风力发电机组包含两套及两套以上刹车制动机构时，应保证控制和执行是相互独立的，这样才能保证不会由于一套刹车系统的失灵而造成另一套也失去工作能力。如当液压系统故障，压力建立不起来，圆盘闸不能正常刹车时，阻尼板则恰好因为失压而被弹出来，起到了阻尼刹车的作用，这样增强了该刹车系统的可靠性。

（3）制动系统的制动力矩应在正常工作方式下采用，也可以采用半刚性或阶梯形加载方式。不同制动方式制动力矩曲线如图 7-1 所示。

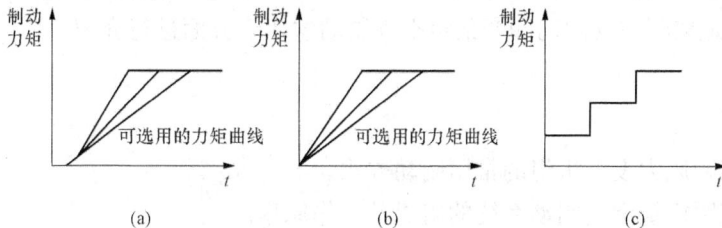

图 7-1　制动方式制动力矩曲线
（a）柔性加载方式；（b）半刚性加载方式；（c）阶梯形加载方式

柔性加载方式是在制动系统制动力矩增加过程中，没有制动力矩增长加速度突变的加载方式。半刚性加载方式是在制动系统制动力矩增加过程中，没有制动力矩增长速度突变的加载方式。阶梯形加载方式是在制动系统的制动力矩增加过程中，存在制动力矩突变的加载方式。

（4）如果机械制动装置的刹车材料过度磨损，则应提供磨损指示器对材料磨损程度进行监测以保证风机能正常关机。若机械制动装置采用弹簧操作，则应设有能自动调节弹簧最小弹性力的设备。在制动系统有多个摩擦副的情况下，同一级制动装置各个摩擦副之间的最大静态制动力矩的差值不应大于 10%；同一级制动装置各个摩擦副之间的最大动态制动力矩的差值不应大于 5%。

（5）就制动系统的压力而言，即使没有动力供给，机械制动装置也能刹住风轮五天以上。刹车材料应便于维护和更换。

（6）安全系统被触发后，不经许可，风力发电机组不应自动重新启动。

（7）锁定装置必须设计成正操纵，并且保证传动装置和偏航系统具有良好的可达性和维护性。日常生活中的插销就是一种锁定装置，正操纵为进入锁定，可达性即容易实现。

（8）制动表面应用盖子、防护板或类似物进行保护，以使其免受润滑油污垢等的影响。

3. 液压制动系统的工作条件

采用液压驱动的制动系统，工作压力及相关工作条件应与风力发电机组其他部位的液压系统相匹配。对其制动系统零部件的要求如下：

（1）适用温度条件应与风力发电机组的使用温度条件一致。

（2）表面处理和防护性能应适应风力发电机组的工作环境条件。

（3）尺寸应与风力发电机组相应部分的设计尺寸相匹配。

（4）安装方式应符合风力发电机组的设计要求。

任务 2　空气制动机构及设备

学习背景

在风力发电机组中，风机的制动系统起着非常重要的作用，风机的空气制动方式根据机型的不同一般可以分为两种，定桨距空气制动和变桨距空气制动。虽然两种制动方式的最终目的都是通过降低叶轮的转速使得风机停机，但是两种方式的制动原理以及执行机构差别较大。本任务将就定桨距空气制动和变桨距空气制动这两个方面进行介绍。

学习目标

1. 掌握定桨距风力发电机组的常用制动方式。

2. 掌握定桨距机组空气制动系统的组成及工作原理。

3. 掌握变桨距机组空气制动系统的组成及工作原理。

一、定桨距风电机组的空气制动

1. 定桨距风力发电机组的常用制动方式

定桨距风力发电机组具有结构简单、性能可靠的特点，在我国早期风场有较多安装使用。定桨距风电机组的叶片和轮毂的连接是固定的，运行中的风电机组在脱网的情况下，叶片自身必须具备制动能力，使机组在大风情况下安全停机。

定桨距风力发电机制动的常用方式有三种，分别是空气制动、轴系制动和偏航制动。

（1）定桨距机组的空气制动。

叶尖扰流器在风电机组上的成功应用，解决了在突甩负载的情况下安全停机的问题。安装在叶尖的扰流器通过钢丝绳与叶片根部的液压油缸的活塞杆相连接，机组叶片叶尖制动装置使用的是液压油缸驱动，液压站为液压缸提供动力，在机组控制系统发出停机命令或者机组出现故障时，机组控制系统会控制液压系统中相应的电磁阀动作，油缸也会随即动作，驱动叶尖制动装置，空气制动使叶轮转速降低，进而使机组停机。

（2）定桨距机组的轴系制动。

与变桨距机组类似，定桨距风电机组在主轴或者齿轮箱的输出轴（高速轴）上设置盘式制动器，均属于轴系制动。高速轴是通过刹车片与刹车盘间的摩擦力，实现停机。制动盘通过胀紧套式联轴器或过盈配合与齿轮箱高速轴连接，制动器安装在齿轮箱的箱体或者机窗底座上。制动系统的刹车片一般带有温度传感器和磨损制动补偿的装置，分别为机组提供刹车过热和刹车片磨损保护。

在正常停机状态下，先启动叶片变桨制动，使叶轮转速降低到一定转速后，机械制动动作，使叶轮停止旋转，机组停机。在机组处于紧急停机的状态下，叶片变桨制动和高速轴制动同时动作，确保风电机组在短时间内停机。另外在紧急停机的过程中变桨的速度也会加快，在最短的时间内促使叶轮停止旋转。

（3）定桨距机组的偏航制动。

在风力发电机组中，偏航制动系统主要是靠液压系统的制动来完成的，主要包括偏航刹车闸、偏航刹车盘。偏航刹车盘是一个固定在偏航轴承上的圆环。偏航刹车闸一般为液压盘式，由液压系统提供一定的压力，使刹车片紧压在刹车盘上，提供足够的制动力，保证机组在运行的过程中机舱的稳定。偏航时，液压释放但保持一定的余压，这样一来，偏航过程中始终保持一定的阻尼力矩，大大减少风电机组在偏航过程中的冲击载荷。

2. 定桨距空气制动的原理

在失速型定桨距风力发电机组中，空气制动是机组安全保障的重要环节，也是采用最为普遍的一种制动形式。空气制动机构是通过叶尖扰流器利用空气的阻力使机组叶轮停止运行的一种机构，又称为气动刹车机构。叶尖扰流器通过钢丝绳与叶片根部的液压缸的活塞杆相连接构成的，如图 7-2 所示。

当风力发电机组正常运行时，叶尖扰流器作为桨叶的一部分起到吸收风能的作用，保持这种状态的动力是风力发电机组的液压系统。液压系统提供的压力油通过旋转接头进入安装在桨叶根部的液压缸，压缩叶尖扰流器机构中的弹簧，通过钢丝绳将叶尖扰流器紧紧拽住，使叶尖扰流器与桨叶主体平滑的连为一体，共同接收风能。

当外界环境改变或者风力发电机组需要检修时，启动正常制动程序。液压系统释放压力油，叶尖扰流器在离心力的作用下释放弹出，并按照设计的轨迹旋转 90°左右，在空气阻力下起制动作用。由于叶尖部分离叶片根部最远，扰流器将产生很大的气动阻力，使风力发电机组的风轮转速迅速降下来直到停止，这一完整的过程即为叶片空气动力制动，如图 7-3 所示。

3. 定桨距空气制动在机组中的应用

图 7-2　正在吊装中的叶尖扰流器

叶尖扰流器是定桨距风力发电机组的主要制动器，不管是在控制系统的正常指令下，还是在风机故障或者液压系统故障的情况下，空气制动机构的液压缸失压都将导致叶尖扰流器释放而使叶轮停止运行。它提高了风力发电机组的运行安全性以及可靠性。叶尖扰流器同大部分制动系统一样，通常按照失效保护的原则进行设计，即失电时或者液压系统失效时机组处于制动状态。

定桨距风电机组通过叶尖扰流器来完成制动的过程一般有以下三种。

```
外界环境改变或风力发电机需要检修
            │
      进入正常制动程序
            │
      叶尖扰流器弹出
      │                    │
  发电机未并网          发电机已并网
      │                    │
 叶轮转速下降至15r/min   发电机转速降低到同步转速时
      │                    │
   刹车闸制动          发电机与电网脱网
      │
  当叶轮停止转动后
      │
   进入停机状态
      │            │
 叶尖扰流器收回    刹车闸闭合
```

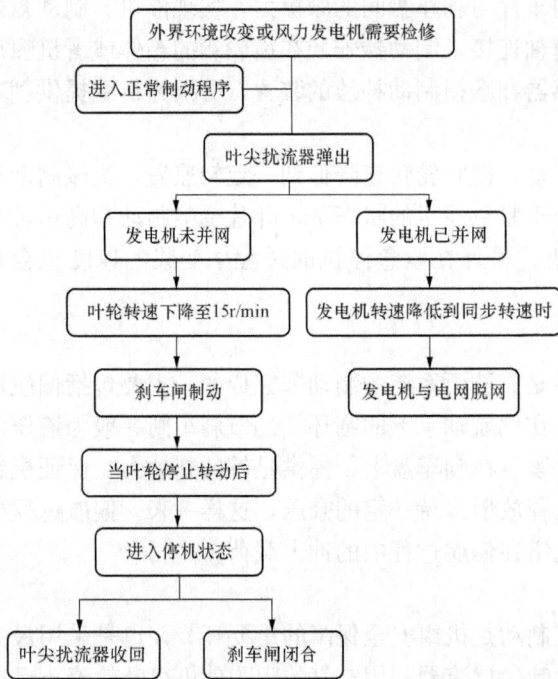

图 7-3 定桨距风电机组空气制动控制流程

（1）如果机组没有联网运行正常停机时，机组的制动程序是：①电磁换向阀失电，释放叶尖扰流器；②当风轮转速低于设定值时，机械刹车投入；③机组停机后叶尖扰流器收回。

（2）如果发电机已经联网运行正常停机时，机组制动程序：①电磁换向阀失电，释放叶尖扰流器。②当发电机转速降低至一定值时（通常为同步转速以下），发电机主接触器动作，发电机与电网解列。③当风轮转速低于设定值时（如 15r/min 时），机械刹车投入，在机械刹车机构的作用下，风轮完全停止，机组停机。④机组停机后叶尖扰流器收回。

（3）安全停机的制动程序：①电磁换向阀失电，释放叶尖扰流器。②当发电机转速降低至一定值时，发电机主接触器动作，发电机与电网解列。③当风轮转速低于设定值时，机械刹车投入，在机械刹车机构的作用下，风轮完全停止，机组停机。④叶尖扰流器不收回。

（4）紧急停机的制动程序：①相关接触器和继电器失电。②叶尖扰流器和机械刹车同时投入，发电机同时与电网解列。③在二者共同作用下，使得机组在最短时间内安全停机。

风力发电机组的控制系统在发出指令后规定时间内应接收到机械刹车已松开的反馈信号，否则将报出制动器故障信号，执行安全停机。风电机组根据风速、叶轮转速、发电机转速以及刹车的反馈信号，可以判断故障原因。

二、变桨距风电机组的空气制动

1. 变桨距空气制动的原理

绝大多数变桨距机组处于低风速时，叶片的迎角较大，以获得较大的升力和转动力矩，随着风速的增加到一定时，机组开始变桨，开始调整叶片的桨距角度，实现增加桨距角使迎角变小，在保持最大功率输出的同时防止气流边界层脱离叶片表面。控制叶片的迎风角始终保持在最佳位置，从而更好地利用风能。

变桨距风力发电机组中的空气动力制动也是由变桨距系统实现的。当风轮吸收的风能超过发电机组额定功率的时候，也可以利用变桨距系统的空气制动功能对机组的功率进行调节控制，当叶片旋转（变桨）到接近 90°的位置时，整个桨叶实际上是一块气动阻尼板，机组转速逐渐下降，实现变桨距机构的气动刹车，机组停机。

叶片变桨空气制动的工作原理是：当机组需要刹车停机或者减速制动时，通过变桨距执行机构控制叶片沿轴线转动，从而改变其攻角，减少叶片升力，是风轮系统获得最佳的制动性能，以达到降低叶片转速甚至停机的目的。

2. 变桨距空气制动在机组中的应用

由于变桨距风力发电机组的启动性好，空气刹车机构简单且制动性能良好，叶片处于顺桨位置后叶轮转速可以继续调整使其逐渐下降；发电系统在功率曲线的功率额定点以后的输出功率平滑，叶片根部承受的静、动载荷都较小等各种优点，使得变桨距风力发电机组得到了大量的运用，而定桨距风力发电机组则已经逐渐被淘汰。

在实际运用中，变桨距空气制动过程一般有以下三种情况：

（1）如果机组没有联网运行正常停机时，机组的制动过程为：①风电机组主控制系统 PLC 控制叶片变桨，桨距角逐渐增大，叶轮转速逐渐降低。②当风轮转速低于设定值时，机械刹车投入。③机组停机后，叶片一般处于接近 90°。

（2）如果发电机已经联网运行正常停机时，机组制动过程为：①风电机组主控制系统 PLC 控制叶片变桨，桨距角逐渐增大，叶轮转速逐渐降低。②当发电机转速降低至一定值时，发电机主接触器动作，发电机与电网解列。③当风轮转速低于设定值时，机械刹车投入。④机组停机后，机组叶片处于接近 90°。

（3）安全停机的制动程序为：①风电机组主控 PLC 控制叶片变桨，桨距角逐渐增大，叶轮转速逐渐降低。②当发电机转速降低至一定值时，发电机主接触器动作，发电机与电网解列。③当风轮转速低于设定值时，机械刹车投入。④机组停机后，机组叶片处于接近 90°。

（4）紧急停机的制动程序为：①相关接触器和继电器失电。②叶片变桨和机械刹车同时投入，发电机同时与电网解列。

在风电机组正常停机和紧急停机的过程中，变桨距风力发电机组叶片变桨的速度不一样，紧急变桨时，叶片变桨速度最快，能够使机组在最短时间内停下来，保证机组的安全。

任务 3　液压制动机构及设备

学习背景

在大中型风力发电机组中，风机的液压制动机构运用基本相同，一个是用在风力发电机组的高速轴或者低速轴刹车上，另一个是用在偏航刹车上，两者在机组中的作用是不相同的。

在高速轴机械制动机构中，由安装在高速轴上的制动盘和分布在它周围的液压刹车卡钳组成。在低速轴的机械制动中，也是利用液压系统提供压力，使与刹车闸液压缸相连的刹车片紧压在刹车盘上确保足够的制动力。在偏航制动过程中，设备由液压系统提供压力，使与刹车闸液压缸相连的刹车片紧压在刹车盘上，确保机组停止偏航时不会偏离风向。本任务将就机组液压制动机构的组成、工作原理和运行维护三个方面进行介绍。

学习目标

1. 掌握机组液压制动机构的原理和组成。

　　2. 掌握机组液压制动系统的相关机构以及工作原理。

　　3. 掌握机组液压制动系统运行维护注意事项。

一、风电机组主轴的制动机构

　　1. 风电机组主轴制动的制动设备

　　风电机组主轴制动器主要组成部分有制动器液压站、连接管路、制动盘、制动钳、摩擦材料等。制动器液压站设备及原理已经在前面的第 5 篇中介绍过，所以这里主要介绍制动盘、制动钳、摩擦材料。

　　（1）制动盘。

　　制动盘也称刹车盘，是一个金属圆盘，是用合金钢制造并通过胀紧套固定在联轴器上，随主轴一起转动，其外观如图 7-4 所示。风力发电机在旋转的过程中刹车时，制动卡钳夹住制动盘起到减速或者停车的作用。一般盘式制动器的制动盘上还开了许多小孔，其作用是减轻质量、增加摩擦力，以加速通风散热和提高制动效率。制动盘种类繁多，特点是壁薄，盘片及中心处由砂芯形成。不同种类制动盘，在盘径、盘片厚度及两片间隙尺寸上存在差异，盘毂的厚度和高度也各不相同。

　　（2）制动钳。

　　制动钳有时也叫制动器本体，它由液压驱动控制，主要零部件有制动衬垫、分泵、油管等。分泵固定在制动器的底板上，制动钳上的两个制动衬垫分别装在制动盘的两侧，分泵的活塞受油管输送来的液压作用，推动衬垫压向制动盘发生摩擦制动，动作起来就好像用钳子钳住旋转中的盘子，迫使它停下来一样。钳盘式制动器是取之制动盘与制动钳的形状而得名。

　　盘式制动器沿制动盘向施力，制动轴不受弯矩，径向尺寸大小，制动性能稳定，其外形如图 7-5 所示。

图 7-4　紧固制动盘与胀紧套之间的螺栓　　　　图 7-5　制动钳结构简图

　　（3）摩擦材料。

　　摩擦材料是一种应用在动力机械上，依靠摩擦作用来执行制动和传动功能的部件材料。它主要包括制动器衬片（刹车片）和离合器面片（离合器片），刹车片用于制动，离合器片用于传动，其外形如图 7-6 所示。

　　摩擦材料是制动或传动装置上的关键性部件。它最主要的功能是通过摩擦来吸收或传递动力，如离合器片传递动力，制动片吸收动能。它们使机械设备与各种机动车辆能够安全可靠地工作。

制动摩擦材料应具有高而稳定的摩擦系数，抗热衰退性能好，不能在温度升到某一数值后摩擦系数突然急剧下降；材料的耐磨性好，吸水率低，有较高的耐挤压和耐冲击性能；制动时不产生噪声和不良气味，应尽量采用少污染和对人体无害的摩擦材料。摩擦材料的性能对比见表 7-1。

图 7-6　钳盘式制动器的摩擦材料

表 7-1　　　　　　　　　　　　　　　摩擦材料性能对比

材料性能	有机类			无机类	
制法	编织物	石棉模压	半金属模压	金属烧结	金属陶瓷烧结
硬度	软	硬	硬	极硬	极硬
密度	小	小	中	大	大
承受负荷	轻	中	中—重	中—重	重
摩擦系数	中—高	低—高	低—高	低—中	低—高
摩擦系数稳定性	差	良	良	良—优	优
常温下的耐磨性	良	良	良	中	中
高温下的耐磨性	差	良	良	良—优	优
机械强度	中—高	低—中	低—中	高	高
热传导率	低—中	低	中	高	高
抗振鸣	优	良	中—良	差	差
抗颤振	—	中—良	中	—	—
对偶性	优	良	中—良	差	差
价格	中—高	低—中	中—良	高	高

（4）制动器间隙的调整方法。

钳盘式制动器的形式很多，从机构上说多是制动盘在中间，与动力装置成一体，盘式制动器的制动钳在制动盘的周边，中间有 0.5～2mm 的间隙（具体距离根据制动器的大小而定）。制动时，在制动器动力的作用下，制动钳向中间夹紧，将制动盘夹住，机械装置停止运转。

盘式制动器的间隙的调节，一般指的是调节制动钳的位置。一般需要根据制动器厂家提供的说明书调节相应的螺栓即可，但调节时应当注意制动钳绝对不容许碰到制动盘，并且要保证二者之间两边的间隙要相等。在调试制动器动作时，要确保夹紧，对上下运行的机构，正式运行前必须做额定载荷试验，并有设定相当的余量。

下面以某兆瓦级风电机组中高速轴钳盘式制动器的间隙调节过程为例，进行讲解，其外观如图 7-7 所示。

调整前先确认制动器钳体能够两根浮动轴上自由滑动。

1）将制动器闭闸。

2）旋松滑动系统紧定螺栓 10、螺母垫圈 12 和螺母 13（见图 7-8）。

3）旋松辅助系统螺母 1 和螺母 2，使螺母 1 距制动器临近端面距离大于 4mm。

4）旋紧止动螺栓 9，使图 7-8 中所示"间隙"为零。

5）将制动器闭闸。

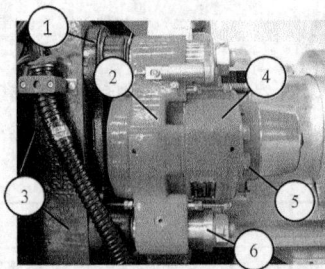

图 7-7　待调整间隙的钳盘式制动器外观及结构
1—底座；2—制动钳；3—齿轮箱壳体；
4—主动钳；5—螺栓；6—浮动轴

图 7-8　制动器滑动系统

6）拧紧紧定螺栓 10。

7）旋松止动螺钉 9，退出的距离大致为图 7-8 中所示制动器间隙的一半。

8）旋紧螺母 13。

9）制动器开闸。

10）检查图中所示制动盘两侧间隙是否相等，如不相等则需要将制动器闭闸，并旋松止动螺钉 9 进行微调。

11）开合制动器 3 次以上观察两侧气隙是否有变化。

12）制动器开闸。

13）旋紧螺母/垫片 12。注意该螺母不能拧死，保证制动器动作时不会妨碍其带动定位销 2 在图 7-9 所示预调"间隙"内（1～1.5mm）移动。

14）手动旋紧辅助系统螺母 1，在保证螺母 1 不发生位移的前提下，用 17mm 开口扳手拧紧螺母 2。对另外两个辅助系统螺母进行同样操作。

15）间隙调节完成。

2. 风电机组主轴制动的制动原理

风力发电机组中主传动轴系的制动设备的工作原理是，利用其与机组机架相连的非旋转元件和与传动轴相连的旋转元件之间的相互摩擦来阻止轮轴的转动或转动的趋势。

在风力发电机组中，传动轴系的制动一般分为两种，一种是高速轴制动，一种是低速轴制动，但基本原理是一致的，均采用液压系统驱动的机械制动钳盘式制动闸。高速轴制动一般运用在双馈机组中，而低速轴制动一般运用在直驱机组中。

（1）机组高速轴制动的原理。

风电机组高速轴指的是变速齿轮箱连接发电机系统的那个轴，高速轴机械制动更多应用在双馈式风电机组当中，其安装位置如图 7-9 所示。高速轴机械制动有以下优点：因为高速轴的制动力矩与齿轮箱的传动比有关系，通过齿轮箱增速后，高速轴的制动力矩明显减小，实现了以较小的制动力矩使机组回到安全状态，减小了所需制动器个数，缩小了制动器尺寸。设计时既考虑了安全性又避免对齿轮箱造成过大的冲击。

不足是：在高速轴设置制动对齿轮箱有较大的危害，风轮叶片在制动时的不连贯停顿会产生动态载荷，使齿轮箱内齿与齿来回碰撞，导致齿牙长期受弯曲应力，使齿轮箱容易过载。而齿轮箱是当今风力机组设备中最容易出现重大故障的部件之一，这是影响整个机组性能的一个重要原因。目前国内外大、中型风力发电机组的机械制动机构一般都采用的是高速轴机械制动。

在高速轴机械制动机构中，由安装在高速轴上的制动盘和分布在它周围的液压制动卡钳组成。如图 7-9 所示，液压制动卡钳是固定的，制动盘随着机组的高速轴一起转动，由风机的主控制系统实现对制动卡钳的打开和关闭控制，从而实现对风力发电机组传动轴的刹车和释放，进而实现机组的制动。

当风电机组运行时，刹车油路与油箱相连，压力基本为零，高速轴制动卡钳处于张开状态，制动卡钳与制动盘无任何摩擦，风电机组正常运行；当机组需要进行停机操作时，机组主控制系统控制相应的液压阀动作，使液压压力作用于刹车卡钳，使刹车卡钳的制动块与刹车盘产生摩擦，使风机停机。

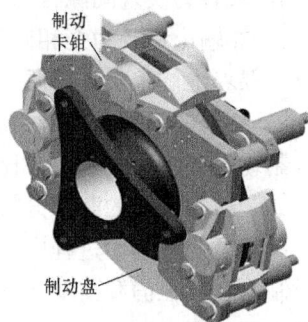

图 7-9 高速轴机械制动机构结构图

（2）机组低速轴制动的原理。

在风电机组的主传动系统中低速轴安装在齿轮箱前面的主轴之上。将液压制动设备设置在低速轴上有以下优点：液压制动力矩较大，停机制动效果相对更可靠，而且制动过程中产生的制动载荷不会作用在齿轮箱上，避免了对齿轮箱的冲击。

低速轴制动存在的不足是：低速轴所需要的制动力矩很大，需要更大的液压力，所以对液压执行机构、闸体材料和支撑材料要求较高。此外，低速轴制动设备的密封要求也相对更高。

机组低速轴的机械制动原理与高速轴制动类似，也是利用液压系统提供压力，使与刹车闸液压缸相连的刹车片紧压在刹车盘上确保足够的制动力。低速轴由于所需要提供制动力矩较大，一般采用多组制动卡钳同时作用于制动盘的形式，低速轴刹车卡钳内部结构如图 7-10 所示。

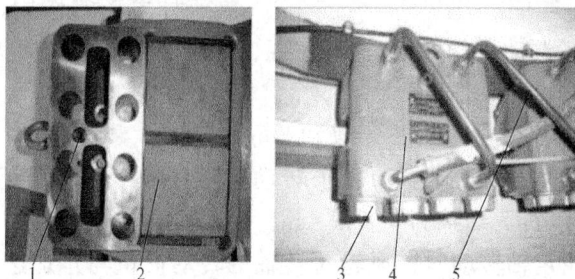

图 7-10 低速轴刹车卡钳内部结构

1—O 形密封圈；2—摩擦片；3—制动器固定螺栓；4—制动卡钳本体；5—液压油管

（3）钳盘式制动器的特点。

风电机组主传动系统的制动设备，无论是高速轴制动，还是低速轴制动均大多采用钳式制动器。是因为这种钳盘式制动器与其他制动器相比，有以下优点：

1）一般无摩擦助势作用，因而制动器效能受摩擦系数的影响较小，对负载大的场合制动的耐高温性能很好，即效能较稳定可靠。

2）钳盘式制动装置在浸水后效能降低较少，通常只须经一两次制动即可恢复正常。

3）较容易实现间隙自动调整，调整液压系统的压力即可调整制动力大小。

4）在输出制动力矩相同的情况下，钳盘式制动装置的尺寸一般较小，且质量轻，构造简单，保养维修也都较简便。

5）装置的制动盘和卡钳在绝大多数应用是外露在空气当中的，出现故障比较容易发现，而且制动过程中的散热效果比密封式制动装置效果更好。

二、机组制动的载荷分析

制动系统在制动过程中，主要受到制动力矩和温度两种因素的作用。制动器静载荷分析是对制动系统在静载荷情况下，即忽略温度影响，仅考虑制动力矩作用的情况下，进行模拟制动力矩分析。

水平轴风电机组在运行中，对其实施制动，使叶轮停止转动不是轻而易举的事，因为除了风轮气动力矩的作用外，还要考虑到风电机组的风轮及传动系统具有很大的转动惯量。风电机组发电容量越大，其对应的风轮直径就越大，停机制动也就越困难。制动系统的性能必须灵敏可靠，因为制动系统不但要满足机组开停机工作的需要，而且还起到安全保护作用。

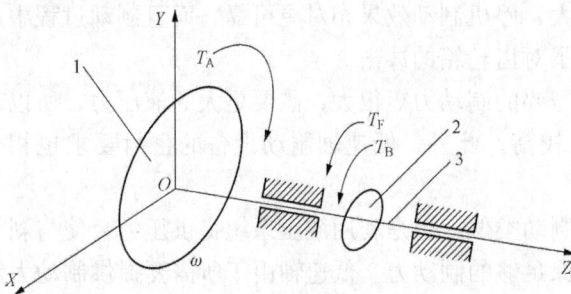

图 7-11　风轮受力图
1—风轮旋转平面；2—制动力矩作用平面；3—风轮轴线

（1）制动系统的数学模型。

根据大部分机组的实际情况，在分析计算制动系统力矩时一般考虑以下因素：风轮和传递装置的惯性、风轮的气动力矩、传递装置的摩擦力矩以及风轮的制动力矩，风轮受力图如图 7-11 所示。

传递装置和风轮看作一个转动惯量为 J 的整体大飞轮。这个飞轮受到三种力矩的作用，作用在风轮桨叶上的气动力矩 T_A、来自于制动机构的制动力矩 T_B、传递装置上的摩擦力矩 T_F，因此运动方程为

$$J\varepsilon = T_A - T_B - T_F \tag{7-1}$$

式中：ε 为转子角加速度，rad/s；J 为转子转动惯量，$kg \cdot m^2$；T_A 为气动力矩，$N \cdot m$；T_B 为制动力矩，$N \cdot m$；T_F 为摩擦力矩，$N \cdot m$。

由式（7-1），风轮定轴转动时，风轮对转轴的转动惯量与角加速度之积等于作用在风轮上所有外力对转轴力矩的代数和。

基于以上理论分析制动力矩的计算过于复杂，且需要大量实验（如摩擦力矩的计算）难以实现。本章主要对制动系统在静载荷情况下进行力矩分析，分析时暂时不考虑摩擦力矩只

需要分析最大制动力矩。根据以上结论，制动力矩的最大值出现在制动开始阶段。

（2）转动惯量。

转动惯量 J 与质点质量 m_i 成正比，与 m_i 的旋转半径 r_i^2 成正比。风轮及传动系统的转动惯量 J 应是构成其各个质点的转动惯量的总和，即

$$J = \sum m_i r_i^2 \tag{7-2}$$

式中：m_i 为旋转件上任意质点的质量；r_i 为该质点的旋转半径。

相对于风轮质量和旋转半径，传动系统各旋转件的质量及其旋转半径都远远小于它，可以为了简化设计和计算将传动系统部分的转动惯量忽略不计。

风轮由非金属和金属材料构成。无法用数学表达式来描述其质量分布的不均匀状况，因此很难以直接计算求得其转动惯量。但是，可用类比法在可能的条件下求得。采用此法的条件是，选用的类比件必须是结构相似、几何形状相似、质量相近。对于无可类比者，可用称量法或用摆动实验分别求得风轮叶片的质量及其质量中心后再计算求得。

这种方法可能与试制后的实物有误差，有时甚至误差较大，必要时可用有关方法加以修正。但是无论是计算还是实验，实施起来都相当复杂烦琐。

（3）气动力矩。

计算气动力矩时，要用到风速。风速可以是恒定的，也可以是随时间变化的。比较常见的分析方法是采用 Glauert 旋涡理论计算，具体公式如下：

$$T_A = c_m \frac{1}{2} p \pi R^3 v^2 \tag{7-3}$$

式中：c_m 为力矩系数，它由距转轴 r 处叶片的弦长、机组叶片数、升力系数、阻力系数、气流角、攻角、安装角等共同决定。

不同叶素处的安装角和攻角的不同，需要大量实际测量数据来配合，具体计算过程也非常复杂，这里就不专门介绍了。

（4）摩擦力矩。

制动装置分析中的摩擦力矩通常取自于实验数据。根据风电机组转子转速以及在这些转速下摩擦力矩所消耗的功率，求出此机组的摩擦力矩与转子转速的关系式。这需要大量的实验数据，而且对不同风机机型和不同摩擦副材料需要进行重复实验，耗费人力、财力和时间，且实验结果仍不能保证完全与实际运行情况相符。

任务 4 拓展内容：典型机组制动系统的工作原理与应用

学习背景

本任务将结合液压系统的相关知识，详细介绍液压系统在风力发电机组的实际运用。

学习目标

1. 了解兆瓦级风力发电机组制动系统回路工作原理。
2. 掌握液压系统的现场应用及故障处理的注意事项。

案例一 兆瓦级风力发电机组制动回路

以国内某兆瓦级水平轴变桨距风电机组为例，简要介绍该机组完整的制动回路工作过程及原理。该机组制动回路系统由主轴制动回路、偏航制动回路和风轮锁定回路三个部分组成。

1. 主轴制动回路

主轴制动系统是风力发电机组安全链上的重要装置，就主轴制动本身的型式而言，分为主动式液压制动和被动式液压制动两种；根据其在风力发电机组上的安装位置不同，分为低速轴制动和高速轴制动。本案例将以安装于此台风力发电机组高速轴位置的是主动式液压制动系统为例，介绍主轴制动回路的原理。

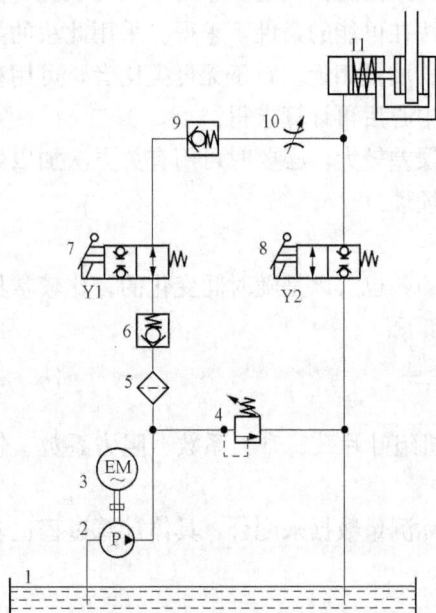

图 7-12 主轴制动回路原理图

如图 7-12 所示，主轴制动器 11 为主动式液压制动器，当制动油缸内充入压力油时，制动器制动，泄压时制动器松闸。风力发电机组正常运行发电时，电磁铁 Y1、Y2 同时得电，制动器 12 油缸内无压力油，制动器处于松闸状态；需要制动时，电磁铁 Y1、Y2 同时失电，压力油经电磁换向阀 7 进入制动器油缸，实现制动。采用这种"失电制动"控制方式的优点是，当出现系统掉电等故障时，主轴制动器能够及时制动，避免风电机组严重超速发生危险。节流阀 10 起延时制动的作用，防止主轴制动器突然制动对风机传动链造成冲击，进而保护传动链上的部件不受损害。

2. 偏航制动回路

同一地区的风力和风向在不同时刻是不断变化的，为了最大限度地有效捕获和利用风能，风力发电机组设置了偏航驱动器。偏航驱动是指使机舱相对塔架旋转的机械装置，其目的是保持风电机组正向迎风和背离风向或者在电缆过度扭缆时解缆。

偏航制动器一般为主动式液压制动器。按照风力发电机组的工况要求，偏航制动器有三种工作状态：完全刹车、半刹、松闸。当风力发电机组正常发电时，需要风轮正向迎风，此时利用偏航制动器的完全刹车状态使风轮固定；当风向改变，需要对风时，风轮在偏航驱动电机的作用下实现偏航，为了防止偏航时产生振动，同时保证偏航位置的精准性，偏航制动器仍需提供一定的摩擦阻尼；为了防止偏航过程中电缆过度扭曲，在风轮单方向旋转一定圈数之后，风轮需要反向旋转进行解缆，此时偏航制动器完全松闸。因此液压系统需要向偏航制动器提供三种压力状态：完全压力、部分压力、零压力。图 7-13 为偏航制动回路原理。

在图示位置时，偏航制动器完全刹车；电磁铁 Y3、Y4 同时得电，偏航制动器松闸，风力发电机组处于解缆状态；溢流阀 17 设定压力为偏航压力，电磁铁 Y3、Y5 同时得电，蓄能器（图中未画出）向偏航制动器提供压力实现半刹，风力发电机组正常偏航。

3. 风轮锁定回路

风力发电机组需要停机维护时，风轮锁定装置用于固定叶轮的位置，以保证维护人员和设备的安全。

　　风轮锁实际上是一个双作用液压缸，利用液压缸活塞杆的伸出与缩回实现对风轮的锁定和解锁。图 7 - 14 为风轮锁定回路原理。

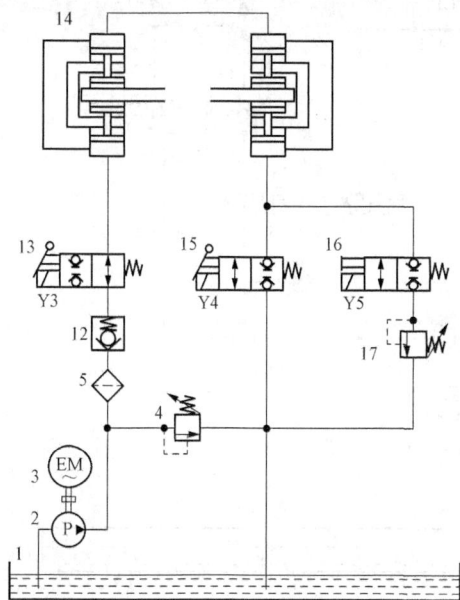

图 7 - 13 偏航制动回路原理图　　　　图 7 - 14 风轮锁定回路原理图

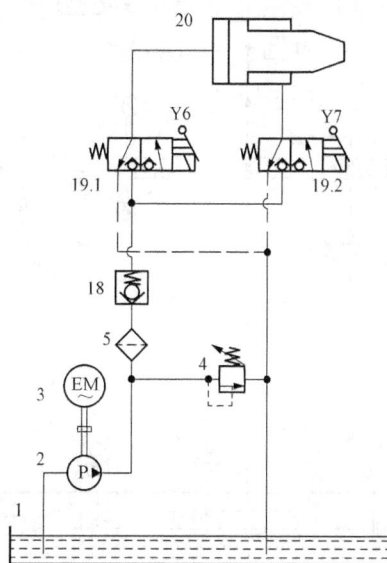

　　电磁铁 Y6 得电，压力油经该换向阀进入风轮锁无杆腔，活塞杆伸出并进入锁紧孔内，实现对风轮的锁定；电磁铁 Y7 得电，压力油进入风轮锁有杆腔，活塞杆从锁紧孔退回，实现对风轮的解锁。

4. 液压制动系统整体设计

　　风力发电机组机舱内空间非常有限，对各部件结构紧凑要求较高，便于设备的安装和维护。因此在实际应用中设计时将以上提到的三种回路集成到一个系统中，图 7 - 15 为液压系统原理图。

　　主轴制动回路中，为了获得符合风力发电机组制动力要求的压力，设置了减压阀 22。压力继电器 24 用于检测主轴制动器的松闸压力。正常情况下，系统可由主油路中的蓄能器 27 进行保压，同时主油路中设置了可以调节回差的压力继电器 26，当压力低于压力继电器 26 设定的低点压力时，液压泵 2 启动，当压力值达到压力继电器 26 设定的高点压力时，液压泵停止工作，这样可以防止液压泵频繁启动，延长使用寿命，同时节约了能源。压力蓄能器 25 与节流阀 10 匹配设计，以满足主轴制动器的延迟时间和制动爬坡时间。

　　偏航制动回路中，节流阀 29 可以减少偏航和解缆动作中偏航制动器的沿程阻力损失，并且可以维持系统主压力。蓄能器 30 确保偏航制动器柔性制动，避免系统过压，并且确保在维护期间将机舱维持在指定的位置。

　　电磁换向阀 33 将风轮锁回路与主回路隔离开，防止风轮锁意外启动。电磁铁 Y8 与 Y6 或 Y7 同时得电动作。液控单向阀 34.1 和 34.2 组成液压锁，防止风轮锁活塞意外动作。

　　手动泵 21 用于紧急情况下对液压系统进行操作。

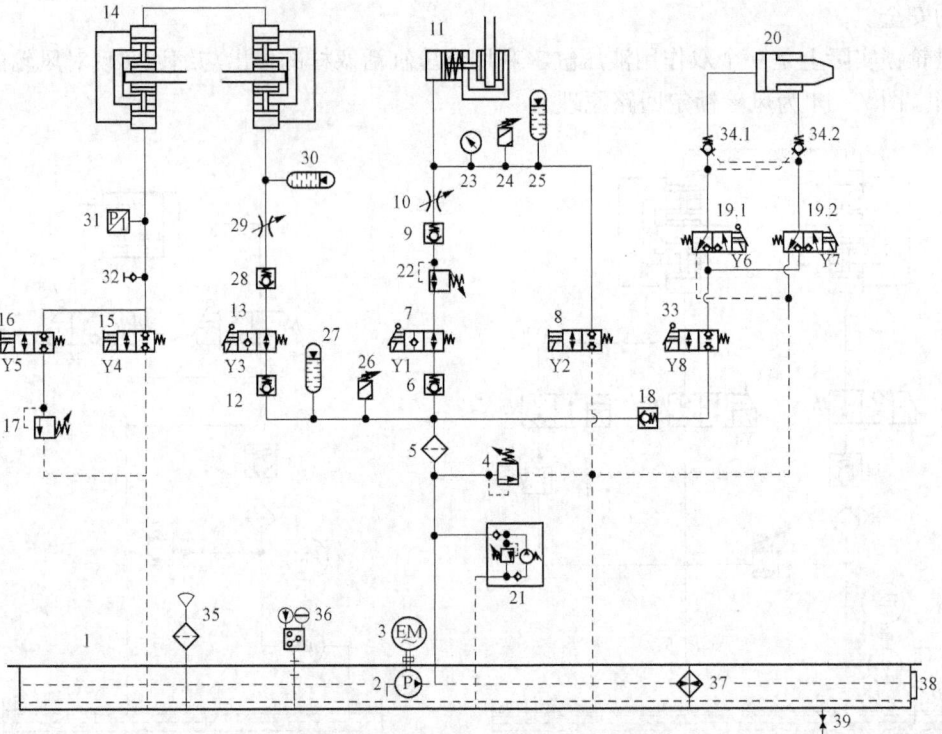

图 7-15　机组制动系统整体原理图

1—油箱；2—液压泵；3—电机；4，17—溢流阀；5—过滤器；6，9，12，18，28—单向阀；7，13—两位两通电磁换向阀；
8，15，16，33—两位两通电磁换向阀；10，29—节流阀；11—主轴制动器；14—偏航制动器；19—两位三通电磁换向阀；
20—风轮锁；21—手动泵；22—减压阀；23—压力表；24，26—压力继电器；25，27，30—蓄能器；31—压力传感器；
32—测压点；34—液控单向阀；35—空气滤清器；36—液位液温继电器；37—加热器；38—液位计；39—放油阀

　　液压站三维模型如图 7-16 所示。根据风力发电机组的使用环境条件，各组成部件的低温、防腐、可靠性要求很高，因此在油箱、阀块等加工件的材料选择以及元器件的选型方面，需要特别考虑。

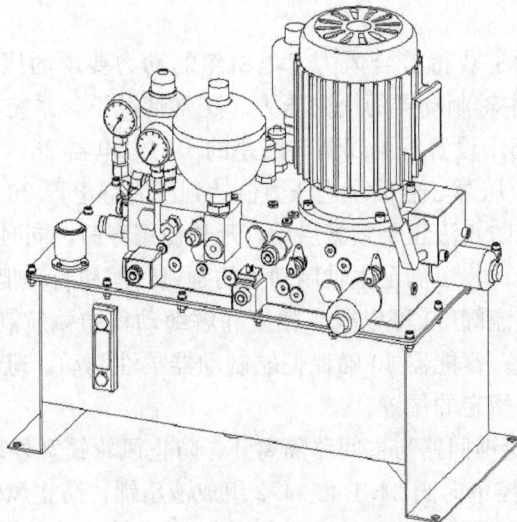

图 7-16　液压制动系统原理图

案例二　制动系统的调试及故障处理

1. 机组制动系统现场调试注意事项

维护和检修工作，必须由制造厂家技术人员或接受过制造厂家相关培训，并得到相应操作资质认可的人员完成。

在进行维护和检修前，必须：①事先阅读《安全手册》。所有操作必须严格遵守《安全手册》。②确定环境温度。如果环境温度低于10℃，不得进行修理工作。③确定风速。如果超过手册规定的任何一个限定值，必须立即停止工作，不得进行维护和检修工作。

在进行维护和检修工作时，必须：①填写、办理并携带制动机构相关《检修卡》。必须依据《检修卡》上的每项内容必须严格进行检修与记录。②对制动器进行任何维护和检修，必须首先使风力发电机停止工作，各制动器处于制动状态并将叶轮锁锁定。③如果维护和检修时需要制动器处于非制动状态，在检修前，必须确保风速符合上述规定并风轮锁以锁定。④当处理具有腐蚀性或刺激性气味的物质时时，必须穿戴安全面具和手套。

一般情况下，主轴制动器只是在叶片变桨调节系统或手动安全刹车失效后才发生作用，或者空气制动将速度减到非常低时投入使用，相对而言使用次数较少。但是，风力发电机在每次启动之前，都会自动检测主轴制动回路的安全性和可靠性，并返回一个刹车信号。因此为了保证风力发电机组的正常运行，现场不得擅自调节该回路中的减压阀、节流阀和压力继电器。

偏航制动回路通常是风电机组液压系统中使用频率最高的回路，液压站出厂前节流阀、溢流阀已经根据风力发电机组的要求设定好，在现场安装、使用和维护过程中不能随意调节。

风轮锁回路在风力发电机组正常运行过程中不使用，仅在风电机组停机维护时投入使用。两位三通电磁换向阀带有手动功能，当系统掉电的情况下，可以与手动泵结合使用进行手动锁紧和解锁。

典型检查项目如下：

(1) 制动器间隙的检测。使用塞尺进行间隙检查，保证制动盘每侧的间隙都必须在1mm以上，如图7-17所示。

(2) 制动器闸瓦的检测。闸瓦（摩擦材料）的磨损量如果超出5mm，就必须立即更换。此外，为保持闸瓦具有一定的摩擦系数，必须保持闸瓦的清洁。如果发现闸瓦上沾染油污，必须立即更换，并检查油污来自何处，如图7-18所示。

图7-17　制动器间隙检测　　　　　　图7-18　制动器闸瓦（摩擦材料）的检测

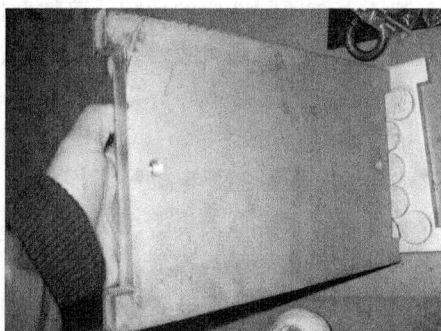

(3) 制动盘检测。制动盘做磁粉探伤，检验制动盘是否有裂纹。如有，必须立即更换。

如制动器磨损严重，制动盘的厚度小于规定值必须更换。

（4）其他检测。①定期检查制动器外表，保持表面清洁。②定期检查液压油，进行油样化验。③定期检查滤网，清洗或更换滤网。④定期检查制动钳的弹簧包。⑤定期检查传感器、电磁阀、电机的接线与安装情况。

2. 机组制动系统常见故障及处理

目前国内运行的兆瓦级三叶片、变桨距风力发电机组所采用的液压制动系统，原理差别不大。在风力发电机组长时间运行中，无论进口产品还是国产产品，都发生过一些的故障，选取较为典型的故障进行介绍如下。在机组的日常运行中一旦发现这些现象，必须重视并及时排除。

（1）电机频繁启动。

故障表现：制动系统液压泵电机启动，系统压力达到压力继电器设定的高点后，电机停转，通过压力表观察到主油路压力下降，下降至压力继电器设定的低点后，电机重新启动。

排查及处理：导致这一问题的主要原因往往是泄漏。液压系统的泄漏可分为内泄和外泄，内泄情况复杂，可能原因是油封性能不佳或损坏，需重点检查阀类或者液压泵，跟踪液压系统各点的压力变化，确定故障点位置，及时调节或更换液压元件。外泄除了少数因元件壳体或者管道破损引起外，大部分是密封问题产生的，所以应及时更换密封件。

（2）噪声过大。

故障表现：液压系统工作时噪声过大。

排查及处理：噪声分为很多种，包括机械故障导致的噪声，溢流阀、减压阀等压力控制元件的尖叫声，气蚀和困油的异常声音等等。针对此类故障，应采取下列措施进行排查：对于机械故障导致的噪声，应检查电机、联轴器与液压泵是否同心、联轴器是否故障或松动、各部位紧固件是否松动、电动机转向是否正确；对于压力控制元件的异常噪声，应检查各阀的设定值是否符合相关文件的要求；对于气蚀和困油产生的异常噪声，必须及时排气并对液压泵进行处理。

（3）主轴制动器工作故障。

故障表现：主轴制动器工作故障表现为制动力矩不足、制动器制动缓慢、制动器制动失效等。

排查及处理：主轴制动器故障可能是由制动器本身造成的，也可能是液压系统故障造成的，对于液压系统原因造成的故障，可按照以下方法排查：应检查动力传送是否出现问题即电机、联轴器、齿轮泵是否故障，管路是否泄漏，溢流阀、减压阀等压力元件设定值是否正常，流量阀、控制阀是否故障，以及各元件是否被污染物阻塞。

（4）油温过高。

故障表现：液位液温继电器高温报警。

排查及处理：继电器的报警点温度一般设置为700℃，首先应排除是否是继电器故障导致的误报警，方法是用手触摸液压阀、油箱等部位，如果无灼热感，则说明继电器故障信号错误，否则继续进行排查。导致液压系统温度过高的原因主要包括：液压泵气蚀、液压油内混有空气、液压泵过载、液压油污染导致过滤器及液压元件阻塞等，因此在维修过程中应及时对系统进行排气、检查工作负载是否超载、更换滤芯、检测并更换受污染的液压油等。

（5）机组制动器其他常见故障及解决办法。

表 7 - 2　　　　　　　　　制动器其他故障及排除方法

故障	原因	排除方法
制动钳不能抬起	电磁阀未处于工作位置	从机械上和电器上检查电磁阀是否损坏
	油压不足	检查油量是否充足
制动钳抬起过慢	系统中有空气	给系统排气
	压力过低	检测系统压力，调整安全阀预设压力
闸瓦磨损过快	制动钳抬起位置不正确	检查油压、检查压力继电器的初设压力
制动过慢	系统中有空气	给系统排气
	制动盘与闸瓦之间的间隙过大	重新调整间隙
	压力油黏度过大	检查压力油的类型及温度
制动时间或距离过长制动力矩不足	载荷过大或速度太高	检查载荷、转速
	制动盘或制动衬垫被油、脂等污染	清洗制动盘，更换制动衬垫
	弹簧位置不正确或损坏	更换整个弹簧包
泄漏	密封圈损坏	更换新的密封圈
衬垫磨损不平均	制动器安装未对正	重新安装制动器，必须符合公差要求

项目 8　机组发电系统及设备

任务 1　风电机组的发电系统

学习背景

　　风力发电机组将自然界中的风能吸收，形成叶片旋转的机械能，而机组主传动系统将这部分机械能转换传递给了机组的发电系统。发电系统的任务就是将机组得到的机械能稳定且高效地转换为电能，它的工作直接决定了机组的经济效益，可见它对整个风力发电系统十分关键。同时，发电系统的设备及其控制关系到输送给电网电能的质量，对电网整体安全十分重要。风电机组的发电系统设备主要采用双馈式异步发电机和永磁直驱同步发电机两种方式，本任务将从相对简单的同步和异步发电机开始，逐步介绍以上两种发电机的原理及设备特点。

学习目标

1. 掌握典型交流发电机的结构。
2. 掌握交流同步发电机、交流异步发电机、双馈异步发电机的原理。
3. 了解直流永磁直驱发电机的原理。

一、发电机结构及基本原理

1. 发电机基本工作原理

发电机是风力发电机组中最关键的零部件，它是将由风能转换来的机械能转换成电能的机械设备，水平轴风力发电机组的发电机安装位置为图 8-1 中指示部位。

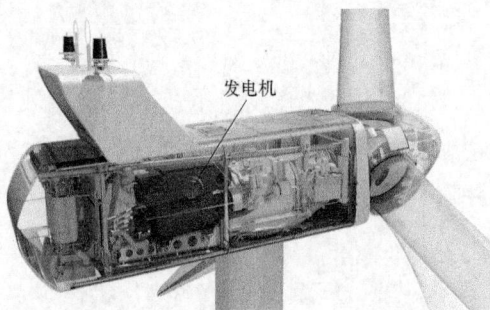

图 8-1　水平轴风电机组机舱内发电机的位置

　　发电机的形式有很多种，但它们都是利用电磁感应定律和电磁力定律工作的。发电机的基本工作原理是按照电磁感应定律，导线切割磁力线产生感应电动势。所以，发电机构造的一般思路是：用适当的导磁和导电材料构成互相进行电磁感应的磁路和电路，以产生电磁功率，达到能量转换的目的。

　　无论哪一种发电机，其结构都由转子、转子绕组、定子和定子绕组组成，它们是感应式发电机进行能量转换所必需的两大相对运动部件。

　　转子主要指发电机或电动机中的旋转部件，转子与原动机构链接负责产生电磁场，它是用来实现电能与机械能和机械能与电能的转换装置。转子分为内转子转动方式和外转子转动方式两种。内转子转动方式为电机中间的芯体为旋转体，外转子转动方式即以电机外体为旋转体，不同的方式是为了不同场合的应用布局方便。

　　定子主要指发电机的静止部分，由机座、定子铁芯、定子绕组、端盖等部分组成。主要作用在让转子里形成旋转磁场在其内部切割磁场，从而产生电动势，是各类发电机的关键部件之一。其同步发电机工作原理和发电机出线的接线分别以直驱式风力发电机组为例，如图8-2和图8-3所示，交流发电机的转子与风轮为同轴连接，当气流推动机组叶片高速旋转时，发电机转子跟随其转动。发电机转子绕组内通入直流电源后，便建立了一个方向由绕组直流决定的电磁场，于是这个磁场也随着发电机转子旋转。磁通自转子的一个极（N极）出来，经过空气隙、定子铁芯、空气隙，进入转子另一个极（S极）构成回路。

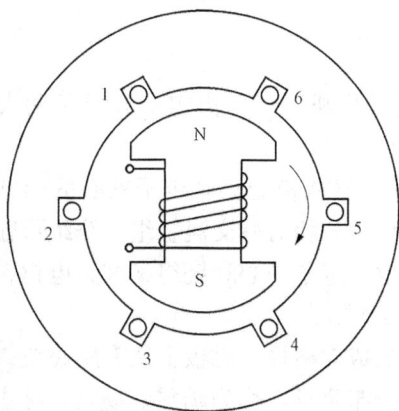

图 8-2　同步发电机工作原理图　　　　　　图 8-3　发电机出线的接线

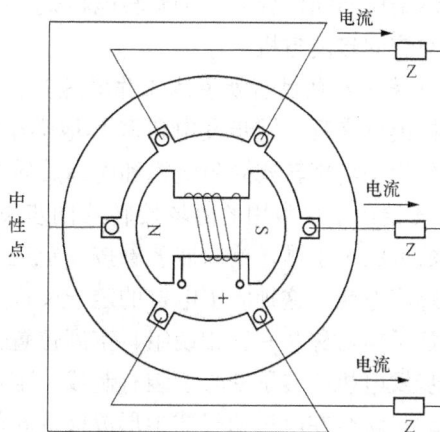

　　如果发电机转子只有一对磁极，转子磁场在旋转过程中切割定子绕组导线产生感应电动势，转子旋转一周，定子绕组中感应电动势正好交变一次。

　　当机组叶片以每分钟3000转旋转时（实际很难达到，需要变速机构），发电机转子每秒钟要旋转50周，磁极也要变化50次。那么在发电机定子绕组内感应电动势也变化50次。这样，发电机转子以每秒50周的恒速旋转，在定子三相绕组内感应产生相位不同的三相交变电动势，即频率为50Hz的三相交变电动势。

　　而直流发电机的工作原理就是把定子电枢线圈中感应产生的交变电动势，靠换向器配合电刷的换向作用，使之从电刷端引出时变为直流电动势。

　　需要注意的是，在风力发电机的实际工作过程中，机组启动初始由于风能不可控，一般无法做到平稳启动。所以此时需要将发电机当成是电动机使用，机组向电网获取电能，拖动风力发电机组开始旋转直到同步转速附近，之后再继续发电。

　　2. 发电机的常见分类

　　发电机的种类很多，按发出电流的性质不同可分为：

　　1）直流发电机，即将机械能转换为直流电能的发电机，一般有永磁、他励、并励和复励四种类型。

　　2）交流发电机，就是发出的电流方向交替变化的发电机，频率是随着发电机的转速变化而变化。

　　交流发电机又可以分为：①同步发电机；②异步发电机。

　　交流发电机按相数分为：①单相发电机；②三相发电机。

　　按原动机的不同可分为：①汽轮发电机；②风力发电机；③水轮发电机；④核能发电机；⑤燃气轮发电机；⑥太阳能发电机；⑦柴油发电机。

　　交流同步发电机按其结构特点分为：①有刷交流同步发电机；②无刷交流同步发电机。

　　按转子形式不同可分为：①凸极式发电机；②隐极式发电机。

　　按冷却介质和冷却方式不同可分为：①空气冷却；②全水冷却；③全氢冷却；④水氢氢冷却；⑤水水氢冷却；⑥水水空（双水内冷）冷却。

　　按主轴安装方式不同可分为：①卧式安装；②立式安装。

　　按本体结构不同可分为：①旋转电枢式；②旋转磁极式。

二、交流同步发电机

1. 同步发电机的结构及基本工作原理

　　从结构模型来看，同步发电机和其他类型的旋转电机一样，由定子和转子两大部分组成。一般分为磁场旋转式同步电机和电枢旋转式同步电机。

　　图 8-4 给出了最常用的磁场旋转式同步发电机的结构模型，其定子铁心的内圆上均匀分布一定数量的定子槽，槽内嵌放着按一定规律排列的三相对称交流绕组。绕组可输出感应电动势和感应电流，这种同步电机的定子又称为电枢，定子铁心和绕组又称为电枢铁心和电枢绕组。定子上对称装有三相绕组，空间位置互差 $120°$。

　　在同步发电机的转子铁心上装有制成一定形状的成对磁极，磁极上绕有励磁绕组，通以直流电流时，将会在电机的气隙中形成极性相间的分布磁场，称为励磁磁场，也称主磁场或转子磁场。

　　定子电枢内圆和转子磁极之间保持着均匀的小间隙，称之为气隙。气隙层一方面保证发电机定子和转子之间良好稳定的相对运动，另外它的厚度和形状对电机内部磁场的分布和同步电机的性能有十分大的影响。

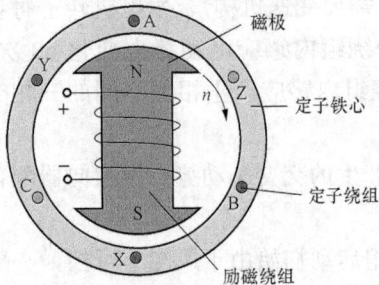

图 8-4　同步发电机工作原理

　　而电枢旋转式同步电机结构与之类似，只是其磁极安装于定子上，交流绕组分布于转子表面的槽内，这种同步电机的转子充当了电枢。

　　实际应用中，使用同步发电机的风力发电机组一般采用这种电枢旋转式同步电机结构。在转子上装有由直流励磁的磁极，形成恒定的直流磁场。当机组风轮在风的作用下高速旋转时，转子产生的直流磁场也一起旋转，且用原动机把转子带到同步转速，则在气隙中同样出现一个圆形旋转磁场，这样获得的旋转磁场又称直流励磁磁场。

　　数个极性相间的直流励磁磁场随着电机轴旋转，并顺次切割定子各相绕组。根据运动的相对性，此时相当于定子绕组线圈内的导体反向切割直流励磁磁场。由于电枢绕组与主磁场之间的相对切割运动，电枢绕组中将会感应产生大小和方向按周期性变化的交变电势。又由于电枢绕组的对称性分布，保证了同步发电机输出感应电势的三相对称性。通过定子引出线，即可提供交流电源。

　　由于定子绕组产生的磁场是由转子直流励磁磁场运动产生的，同时在工作过程中二者之间总是保持着一先一后并且速度相等的"同步关系"，其机组转速 n 和产生的交流电频率 f 成固定比例关系，所以人们将这类发电机称之为同步电机，它的产生感应电流频率的计算公式为

$$f = np/60 \qquad\qquad (8-1)$$

式中：n 为同步电机的转速，p 为极对数。

对于大多数使用同步发电机的场合，由于电枢绕组是固定在发电机定子之上的，而直流励磁磁场是在转子上产生的，这部分励磁能量从何如来？通常有两种做法可供选择：一种方法是在转子同轴上安装一个直流发电机组，由直流发电机组转子电枢给直流励磁回路提供能量；另一种方法是将电网中的交流电经过整流器馈给直流励磁回路。实际应用中，为了实现同步发电机组在额定范围内稳定输出电压，可以通过调控转子直流励磁磁场来调节不同负载条件下的同步发电机输出电动势。

2. 同步发电机的并网运行

实际应用中，通常把同步发电机并联至电网的过程称为并网，或称为并列。

在风力发电场发电运行过程中，单机供电的缺点是非常明显的：既不能保证供电质量（电压和频率的稳定性）和可靠性（发生故障就得停电），也无法实现供电的灵活性和经济性，这些不足可以通过多台机组并联运行工作方式来解决。

这种发电机组并联运行方式优点主要包括：

（1）提高风电场运行的经济性。风电场可以在运行过程中根据负荷变化情况，灵活调节投入并联运行的发电机数目，提高机组的运行效率。

（2）有利于风电场供电的可靠性。由于风力发电机组维护维修要求一般比较高，如果一台电机发生故障或定期检修不会引起停电事故，降低了发电机检修成本和事故率。

（3）节约风电场的储备容量。风电场可以根据负荷的发展，相应地逐步增加建设发电机的台数规模。

（4）提高供电的质量和可靠性。从整个大电网的角度，由许多发电厂组成的电力系统，容量大，更有利于调控电网电力结构，形成坚强稳定的电网。单个负载的变化对电压和频率的影响就很小，也提高了供电的质量和可靠性。

（5）提高了供电的经济性和灵活性。例如水电厂与火电厂并联时，在枯水期和丰水期，两种电厂可以调配发电，使得水资源得到合理使用。在用电高峰期和低谷期，可以灵活地决定投入电网的发电机数量，提高了发电效率和供电灵活性。

为了避免产生巨大的冲击电流，防止同步发电机受到损坏，电力系统受到严重干扰，风电机组并网应需要满足一定条件，具体如下：

（1）发电机的电压和电网电压应具有相同的有效值、极性和相位。

（2）发电机电压的频率应与电网的频率相等。

（3）并联合闸瞬间，发电机与电网的对应相的电压应同相位，亦即与发电机与电网回路电势为零。

（4）对三相发电机，还要求发电机的相序和电网相同。

（5）发电机的电压波形应与电网电压波形相同，即均为正弦波形。

如果在安装和并网操作时上述条件得不到满足，将会在发电机和电网组成的回路中出现瞬态冲击电流，转轴也会受到突然的扭矩，进而很有可能威胁到发电机及电网的安全运行。

上述条件中，除相序一致是绝对条件外，因为通常电机可以承受一些小的冲击电流，其他条件都是相对的。

3. 同步发电机的主要参数

为了确保发电机的运行条件满足其设计需要，包括同步发电机在内的各类发电机在出厂时都会在铭牌上标注出额定参数大小规格，同时在产品附带的说明书及手册中加以进一步说明。

发电机的额定参数主要如下：

（1）额定容量，是指发电机满足设计技术条件时正常运行输出的视在功率，单位用 kVA 或 MVA 表示。

（2）额定功率，是指发电机正常运行时输出的有功功率，单位用 kW 或 MW 表示。

（3）额定定子电压，是指发电机满足设计技术条件时正常运行时，定子绕组出线端的线电压，单位用 kV 表示。

（4）额定定子电流，指发电机定子绕组出线的额定线电流，单位用 A 表示。

（5）额定功率因数（COSφ），指发电机在额定功率下运行时，定子电压和定子电流之间允许的相角差的余弦值。

（6）额定转速，指正常运行时发电机的转速，单位用 r/min 表示。

（7）额定频率，我国电网的标准频率为 50Hz（即每秒变化 50 个周期）。

（8）额定励磁电流，指发电机在额定出力时，转子绕组通过的励磁电流，单位用 A 或 kA 表示。

（9）额定励磁电压，指发电机励磁电流达到额定值时，额定出力运行在稳定温度时的励磁电压。

（10）额定温度，指发电机在额定功率运转时的最高允许温度，单位用℃表示。

（11）效率，指发电机输出与输入能量之百分比，一般额定效率在 93%～98% 之间。

同步发电机的技术参数除了额定数据外还有许多与安装、振动、噪声、防护和冷却等方面相关的内容。表 8-1 为某采用 850kW 同步发电机系统的风电机组发电机技术参数。

表 8-1　　　　某 850kW 同步发电机技术参数

型号：TF850-4850kW	安装方式：IMB3
功率范围：178～850kW	接法：双绕组系统 Y 接星点引出两两成 60°
电压范围：690～730V	振动等级：1.8mm/s
额定电流：2-355A	噪声等级：70dB（A）
频率范围：34.7～56.7Hz	励磁方式：无刷励磁机励磁
转速范围：1040～2000r/min	励磁机功率：5kW
额定转速：1700r/min	励磁机励磁电压：150V DC 方波，方波载波频率 1～1.5kHz
功率因数：0.95～1.0	励磁机励磁电流：1.1A
防护等级：IP54	励磁机频率：190.7～366.7Hz
绝缘等级：F	励磁机绝缘等级：F
效率：96.0%	励磁机防护等级：IP54
冷却系统：循环冷却液冷却，<40℃，90L/min	

三、交流异步发电机

1. 异步发电机基本工作原理以及与同步发电机的区别

目前我国各大风电场所使用的风力发电机组为什么多采用交流异步笼型感应式发电机而较少采用同步发电机呢？以下从交流异步发电机与同步发电机工作原理的区别上进行分析。

（1）异步发电机及基本工作原理。

通常，从运行特性上分析，电机的运行是可逆的。异步电机一般称感应电机，既可作电动机运行，同时也可作发电机运行。

异步机作为电动机应用非常广泛而作为发电机的情况则比较少。但由于异步发电机具有结构简单，价格便宜，坚固耐用，维修方便，启动容易，并网简单等特点，它在大中型风力发电机组中得到非常广泛的应用。

异步发电机的基本结构和同步发电机的一样，也是由定子和转子两大部分组成。异步机的定子与同步机基本相同，其转子可分为绕线式和鼠笼式，绕线式异步机的转子绕组和定子绕组相同，鼠笼式异步机的转子绕组是由端部短接的铜条或铸铝制成像鼠笼一样。

把鼠笼式异步电机的定子接到三相电源时，定子中会有三相电流，定子电流产生一系列的气隙旋转磁通密度。其中起主要作用的是以同步速、顺着绕组相序旋转的基波气隙旋转磁通密度。同步速的大小取决于电网频率和绕组极对数。

异步电机是利用电磁感应原理通过定子的三相电流产生旋转磁场并与转子绕组中的感应电流相互作用产生电磁转矩以进行能量转换。通常异步电机的转子转速总是略低于或略高于旋转磁场的转速。旋转磁场的转速 n_1 与转子转速 n 之间的差为转差，转差与同步转速 n_1 的比值称为转差率，用 S 表示，即

$$S = (n_1 - n)/n_1 \qquad\qquad (8 - 2)$$

转差率是表征异步机运行状态的一个基本变量。

如图 8-5 所示，一台鼠笼异步电机，当定子外加电压作电动机运行时，转速 n 总是低于气隙旋转磁场的转速 n_1，即 $n < n_1$，这时电机中产生的电磁转矩与转向相同。若电机空载运行，并外加一个驱动转矩使转速等于同步转速（即 $n = n_1$）时，由于旋转磁场与转子间没有相对运动，电机的电磁功率为零，定子电流纯粹为励磁电流，定子从电网吸收的功率用于克服定子铜耗和铁耗，转子上的驱动功率则用于克服风耗和轴承损耗。

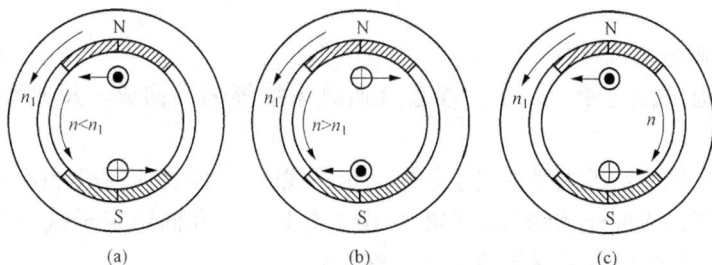

图 8-5　鼠笼式异步电机运行状态示意图
(a) 电动状态；(b) 发电状态；(c) 制动状态

若继续增大驱动转矩，转子的转速将高于同步转速（$n > n_1$），此时转子导体切割旋转磁场的方向就与 $n < n_1$ 时相反，因而转子感应电势的方向就 $n < n_1$ 与时相反，转子电流的有功

分量随之反向。在电网电压不变的情况下，为了维护气隙主磁通的数值，转子电流有功量反向。于是，转子从原动机吸收机械功率通过电磁感应由定子输出电功率电机处于发电机状态。

（2）异步发电机与同步发电机的区别。

交流发电机可分为同步发电机和异步发电机两种。现代发电企业最常用的是同步发电机。

同步发电机作为风力发电机与电网并联的优点是：由直流电流励磁，既能提供有功功率，也能提供无功功率，可以调节无功，功率因数高，可满足各种负载的需要。缺点是：在变速情况下，电流的频率不可调，励磁绕组需要与直流电源连接，结构较为复杂，且成本也没鼠笼式的低。

异步发电机作为风力发电机与电网并联的优点是：发电机结构简单牢固，质量较小，操作方便，成本低，易维护，并网控制容易。它的缺点是：异步发电机由于没有独立的励磁绕组，不仅不能向负载提供无功功率，而且还需要从所接电网中汲取滞后的磁化电流。为了弥补这一缺陷，异步发电机运行时必须与其他同步电机并联，或者并接相当数量的电容器来改善，这限制了异步发电机的应用范围。

在实际应用中，由于风电场的特殊性，在风力发电系统中因为风力的不稳定性，外加它的并网和解列的操作十分频繁，所以在发电机的选择上和其他场合有所区别。

从转速上来讲，同步发电机的风机是定桨定速的，就是说叶片迎风角都是固定的，风机叶片转速基本是恒定的。而异步发电机的风机多为变桨变速，即桨叶角度可以旋转调节，从而改变迎风角，同时叶片转速也随风速大小而改变，在风速变化时跟踪最佳叶尖速比。

对于中大型风力发电机组而言，由于投资成本的限制以及管理、维修等方面的优点，现在国内外大多数的中大型风电场都采用异步发电机作为主力机型。其中，以双馈式异步发电机应用最为广泛。

对于中小型风力发电机组而言：首先，常规电网系统多采用三相同步发电机并网发电。其次，同步发电机并网时必须满足发电机的电压、相序、频率与电网的电压、相序、频率相同，相位角和波形一致等条件，才不会产生冲击电流，不会引起电网电压下降，不会对发电机造成冲击。

2. 异步发电机的组成结构

异步发电机通常由定子、转子、端盖及通风系统等部件构成，其典型结构如图8-6所示。

（1）异步发电机的定子主要由定子铁芯、定子线圈、机座、端盖等部分组成。

机座是用钢板焊成的壳体结构，它的作用主要是支撑和固定定子铁芯和定子绕组。此外，机座可以防止氢气泄漏和承受住氢气的爆炸力。

端盖是发电机密封的一个组成部分，安装位置如图8-6所示。为了安装、检修、拆装方便，端盖由水平分开的上下两半构成，并设有端盖轴承。在端盖的合缝面上还设有密封沟，沟内充以密封胶以保证良好的气密。

定子铁芯是构成发电机磁路和固定定子绕组的重要部件。为了减少铁芯的磁滞和涡流损耗，定子铁芯采用导磁率高、损耗小、厚度为0.5mm的优质冷轧硅钢片冲制而成。

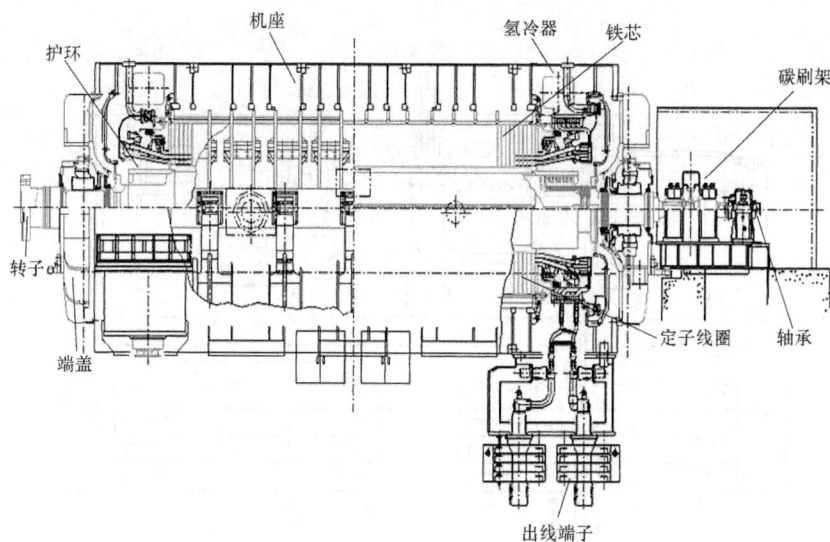

图 8-6　异步发电机的典型结构

定子线圈的主要作用是切割由转子里形成的旋转磁场产生电动势进而发电，它是由嵌入铁芯槽内的绝缘线棒在端部联结成的线圈。由于励磁部分的容量和电压常较电枢小得多，把电枢装设在定子上，主磁极装设在转子上。

发电机各相和中性点出线均通过集电环端机座下部出线端子引出机座，在出线罩与定子外机座之间放置有密封垫以维持气密性。出线罩板采用非磁性材料以减少定子电流产生的涡流损耗。出线罩板下方开有排泄孔以防止引线周围积存油或水。

定子出线及氢冷回路如图 8-7 所示，定子出线通过高压绝缘套管穿出机壳外，套管由整体的陶瓷和铜导电杆组成，导电杆两端镀银。过渡引线及出线套管均采用氢气内冷，套管上装有电流互感器供测量和保护用。氢气从铜导电杆上端的进风口进入导电杆内管，在底部转入双层铜管的环形空间，通过上部一特殊接头排入过渡引线，再由固定过渡引线的空心磁套管排入出线罩的夹层风道后进入内外端盖间的低压风区。

（2）异步发电机的转子是由转子铁芯（或磁极、磁轭）绕组、护环、中心环、滑环、风扇及转轴等部件组成。

转子铁芯是由一根整体合金钢锻件加工而成，在转子本体上径向地开有许多纵向槽用于安装转子绕组，同时作为磁路。转子绕组在槽内由铝合金和钢槽楔紧固以抵御离心力。这种磁性和非磁性两种槽楔的应用能够保证合理的磁通分布。

转子绕组的主要作用是产生旋转磁场，它由高强度含银铜线制成，具有较高的抗蠕变能力，从而提高了发电机承担调峰负荷的能力。

转子引线和集电环及碳刷可以给发电机提供额定出力及强励时所需的励磁电流。转子电流通过电刷通入热套在转子外伸端的集电环，再通过与集电环相连接的径向和轴向导电螺杆传到转子绕组产生磁场。

集电环用耐磨合金钢制成，是一对带沟槽的钢环，经绝缘后热套在转子轴上的。在集电环与转轴之间设有绝缘套筒。集电环上加工有轴向和径向通风孔。表面的螺旋沟可以改善电刷与集电环的接触状况，使电刷之间的电流分配均匀。

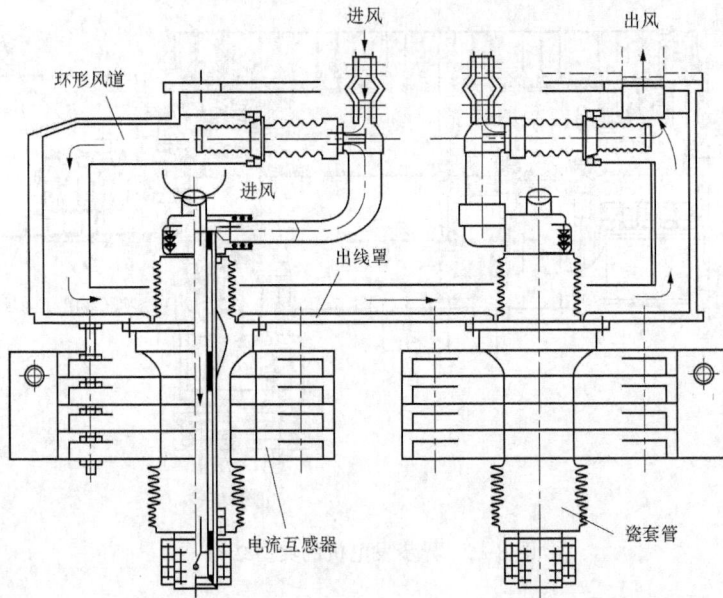

图 8-7　发电机定子出线及氢冷回路

碳刷是将励磁电流投入高速旋转的转子绕组的关键部件，由天然石磨材料黏结制成，碳刷具有低的摩擦系数和自润滑作用。每个碳刷带有两柔性的铜引线（即刷辫）。采用恒压式弹簧径向地装在刷盒上，从而在碳刷长度达到磨损极限之前没必要调整弹簧压力。弹簧的压力施加在碳刷中心线上，弹簧是一种螺旋式的，压力是恒定的。为了能在发电机运行时安全、迅速地更换碳刷，采用了盒式刷握结构。每次可换一组（通常为 4 个）碳刷。具体结构如图 8-8 所示。

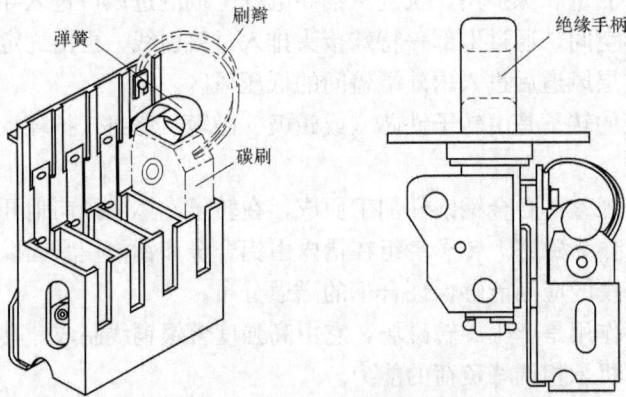

图 8-8　发电机励磁碳刷结构

碳刷的更换：正常操作条件下，电刷磨损量在 1000h 时为 10～15mm，当电刷长度达到接近磨损极限时，电刷软导线处于几乎完全伸长的状态。因此，在电刷上标有一条磨损极限，如果电刷磨损超过这条线，将不能继续使用，需进行更换。

（3）异步发电机的通风系统以氢气作为主要冷却介质，采用径向多流式密闭循环通风方式运行，定子绕组采用单独的水冷却系统，而氢气冷却系统，包括风扇和氢气冷却器完整地置于发电机内部。

1）发电机定子铁芯沿轴向分为多个风区、进风区和出风区相间布置。装在转子上的两个轴流风扇将风分别鼓入气隙和铁芯背部，进入背部的气流沿铁芯径向风道冷却进风区铁芯后进入气隙；少部分风进入转子槽内风道，冷却转子绕组。这种交替进出的径向多流通风保证了发电机铁芯和绕组的均匀冷却，减少了结构件热应力和局部过热。

2）转子通风系统。转子通风冷却方式一般分为下面两种情况：①转子本体段的导体冷却采用的气隙取气径向斜流式通风系统。在转子线棒凿了两排不同方向的斜流孔至槽底，于是，沿转子本体轴向就形成了若干个平行的斜流通道。②由于任何数量的斜流段都可以沿轴向排列，因而转子绕组的这种结构设计方式与转子长度无关，具有很方便的灵活性。

3）氢气冷却器。为减少氢冷发电机的通风阻力和缩短风道，氢气冷却器安放在机座内的矩形框内。大型异步发电机的冷却器一般分为四组，立放在发电机机座的四角。冷却器和机座间的密封垫结构既可以密封氢气，又可以在冷却器因温度变化胀缩时起到补偿作用，从而始终起到良好的密封作用。氢气冷却器的水箱结构保证了发电机在充氢的状态下，可以打开水箱清洗冷却水管，当冷却器水管从外部水管拆开后，氢气冷却器可以从发电机中抽出。

四、双馈异步发电机

1. 双馈异步发电机的分类

按风力发电系统的一般构成中各部件类型及组合的不同，目前主要有以下三类风力发电系统：

（1）恒速恒频（constant speed constant frequency，CSCF）风力发电系统，其特点是在有效风速范围内，发电机组产生的交流电能的频率恒定，发电机组的运行转速变化范围很小，近似恒定。通常该类风力发电系统中的发电机组为鼠笼式感应发电机组。

（2）变速恒频（variable speed constant frequency，VSCF）风力发电系统，其特点是在有效风速范围内，发电机组定子发出的交流电能的频率恒定，而发电机组的运行转速变化。通常该类风力发电系统中的发电机组为双馈感应式异步发电机组。

（3）变速变频（variable speed variable frequency，VSVF）风力发电系统，其特点是在有效风速范围内，发电机组定子侧产生的交流电能的频率和发电机组转速都是变化的，因此，此类风力发电系统需要串联电力变流装置才能实现联网运行。通常该类风力发电系统中的发电机组为永磁同步发电机组。

图 8-9～图 8-11 是几种典型风力发电系统的结构示意。

双馈异步发电机是变速恒频风力发电系统采用的主要机型，目前在风力发电领域中占有十分重要的地位。

2. 双馈异步发电机的基本原理

双馈异步风力发电机发电就是其叶轮

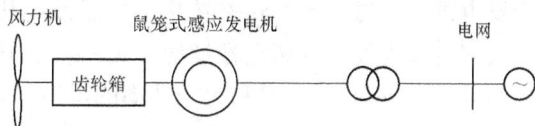

图 8-9　恒速恒频风力发电系统结构示意

将风能转变为机械转矩（即风轮转动惯量），通过主轴传动链，经过齿轮箱增速到异步发电机的转速后，通过励磁变流器励磁而将发电机的定子电能并入电网。如果超过发电机同步转速，转子也处于发电状态，通过变流器向电网馈电。

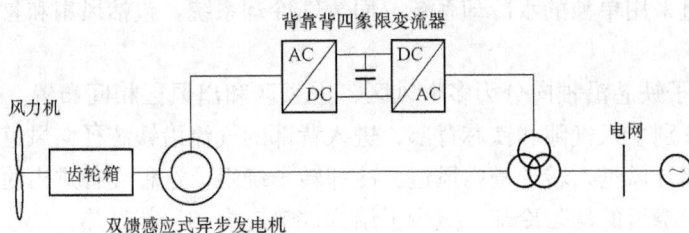

图 8-10 变速恒频风力发电系统结构示意

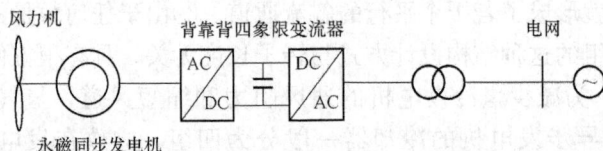

图 8-11 变速变频直驱风力发电系统结构示意

"双馈"的意思就是指感应电机的定子和转子可以同时发出电能，叶片的旋转动能传递到发电机转子，转子通过变频器的控制以达到定子侧输出相对完美正弦波，同时在额定转速下，转子和定子都最终联于电网。在这个过程中，可以认为转子与定子都参与励磁；此外，其定子、转子都可以与电网有能量交换，以达到最大利用风能效果。

双馈异步发电机原理图如图 8-12 所示。

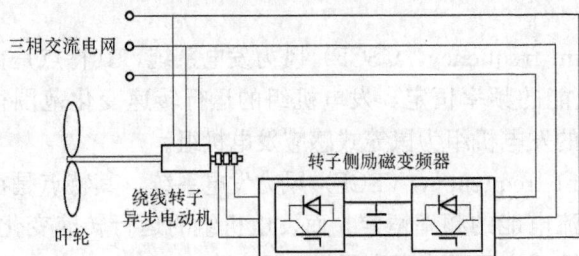

图 8-12 双馈异步发电机原理图

双馈发电机的转子绕组由具有可调节频率、相位、幅值和相序的三相电源励磁，采用双向可逆专用变频器。双馈发电机可以在不同的风速下运行，其转速可以随风速的变化做相应调整，使风电机组的运行始终处于最佳状态，提高了风能的利用率。同时，通过控制馈入转子绕组的电流参数，不仅可以保持定子输出的电压和频率不变，还可以调节输入到电网的功率因数，提高系统的稳定性。

3. 双馈异步发电机的运行特性

（1）双馈异步发电机的特点。

1）由于定子直接与电网连接，转子采用变频器供电，因此，系统中的变频器容量仅取决于发电机运行时的最大转差功率，一般发电机的最大转差率为 25%～35%，因而变频器的最大容量仅为发电机额定容量的 1/4～1/3。这样，系统的总体配置费用就比较低。

2）可以实现有功功率和无功功率的调节。功率因数可调，发电机组具有无功功率控制能力，功率因数可恒为 1。根据需要，功率因数可在额定电压下最大达到容性 0.95，感性 0.90 左右。

3）降低控制系统成本、减少系统损耗，提高效率。双馈异步发电机只处理转差能量就可以控制电机的力矩和无功功率，降低了变频器的造价。变频器的容量仅为总机组容量的 1/3 左右。

4）可以追踪最大风能，提高风能利用率，具有变速恒频的特性。低风速时能够根据风速变化，在运行中保持最佳叶尖速比以获得最大风能利用；高风速时储存或释放风能量，提高传动系统的柔性，使功率输出更加平稳。先进的双 PWM 变频器，实现四象限运行。变速恒频技术大幅延长了核心部件的使用寿命，同时显著提高发电量。

（2）变速恒频的实现。

实际工作时，当双馈发电机转速大于旋转磁场的同步转速时，处于超同步运行状态，此时发电机由定子和转子同时发出电能给电网；当电机转速等于旋转磁场的同步转速时，此时发电机作为同步电机运行，变频器向转子提供直流励磁。在异步电机转子以变化的转速转动时，若控制转子供电频率响应变化，即在转子的三相对称绕组中通入转差频率的电流，则在双馈电机的定子绕组中就能产生 50Hz 的恒频电势。所以，只要控制好转子电流的频率，使其保持恒定不变，与电网频率保持一致，就可以实现变速恒频发电了。

（3）双馈异步发电机的运行状态。

1）亚同步发电状态（$1 > s > 0$）：当风速小于风力发电机组额定风速时，机组运行在亚同步状态。在此种状态下转子转速 $n < n_1$ 同步转速，由滑差频率为 f_2 的电流产生的旋转磁场转速 n_2 与转子的转速方向相同，因此 $n + n_2 = n_1$。此时的电磁功率 $P_{em} < 0$，由电机定子绕组馈入电网；转差功率 $P_s < 0$，由电网通过变频器提供给转子绕组，电机实际发电功率为 $(1 - s)P_{em}$，如图 8 - 13 所示，转子通过变频器从电网中吸收能量来提供励磁，定子直接馈送电能给电网。

2）超同步发电状态（$s < 0$）：当风速大于风力发电机组额定风速时，发电机转子转速 $n > n_1$ 同步转速，发电机运行在超同步状态。改变通入转子绕组的频率为 f_2 的电流相序，则其所产生的旋转磁场转速 n_2 的转向与转子的转向相反，因此有 $n - n_2 = n_1$。为了实现 n_2 反向，在由亚同步运行转向超同步运行时，转子三相绕组必须能自动改变其向序；反之也是一样。此时的电磁功率 $P_{em} < 0$，由电机定子绕组馈入电网；转差功率 $P_s > 0$，由转子绕组经变频器将其馈入电网，电机实际发电功率为 $(1 + s)P_{em}$，如图 8 - 14 所示，转子通过变频器馈送电能给电网，定子直接馈送电能给电网。

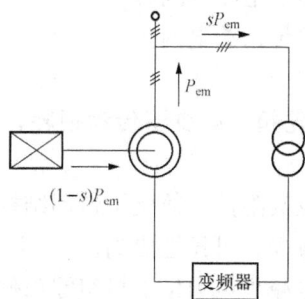

图 8 - 13　亚同步发电状态　　　　　　图 8 - 14　超同步发电状态

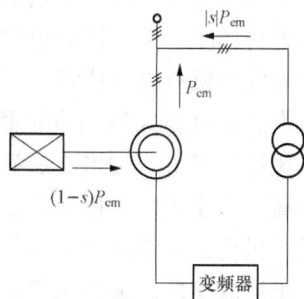

3）同步运行状态：此种状态下 $n = n_1$，滑差频率 $f_2 = 0$，这表明此时通入转子绕组的电流的频率为 0，也即是直流电流，因此与普通同步发电机一样。此时 $s = 0$，$P_{em} = P_{emc}$，机械能全部转化为电能并通过定子绕组馈入电网，转子绕组既不从电网吸收功率也不馈送电能给电网，仅提供电机励磁，变频器向转子提供接近直流的无功励磁电流。

五、永磁直驱发电机

1. 永磁直驱发电机的基本工作原理

在风力发电领域正越来越多的采用永磁直驱风力发电机。

永磁直驱发电机顾名思义是在传动链中不含有变速齿轮箱。不仅可以提高发电机的效率，而且能在增大电机容量的同时也显著地减少体积和机组质量。另外由于发电机采用了永磁结构，省去了电刷和集电环等易耗机械部件，提高了系统的可靠性，它也是风电发电机的发展重要趋势之一。

直驱式风力发电机始于 20 世纪 90 年代，由于电气技术和成本等原因，发展较慢。随着近几年技术的发展，其优势才逐渐凸显。丹麦、德国都是在该技术领域发展较为领先的国家，国内的永磁直驱技术也得到了飞速进步。

永磁直驱发电机的工作原理是通过增加磁极对数从而使得电机的额定转速下降，取消了增速齿轮箱结构，故称之为"直驱"，在项目四的任务 1 中对直驱式风电机组的结构已有介绍。

永磁直驱型风力发电系统是采用风轮直接驱动多极低速永磁同步发电机发电，通过功率变换电路将电能转换后并入电网，相对于双馈型发电系统，直驱式发电机采用较多的极对数，使得在转速较低时，发电机定子电压输出频率仍然比较高，完全可以在电机的额定功率等级下工作，并且其定子输出电压通过变流器后再和电网相接，定子频率变化并不会影响电网频率。

2. 双馈异步发电机与永磁直驱发电机的对比

微型及容量在 10kW 以下的小型风力发电机组，采用永磁式或自励式交流发电机，经整流后向负载供电及向蓄电池充电。

目前国内外容量在 100kW 以上的中大型并网运行的风力发电机组主要采用双馈式与直驱式这两种机型，二者各有优势并相互竞争，同时它们在技术上也相互促进。

双馈式风力发电机具有以下优点：

（1）能控制无功功率，并通过独立控制转子励磁电流解耦有功功率和无功功率控制。

（2）双馈感应发电机无需从电网励磁，而是从转子电路中励磁。

（3）能产生无功功率，并可以通过电网侧变流器传送给电网。

永磁直驱风力发电机有以下优点：

（1）发电效率高，直驱式风力发电机组没有齿轮箱，减少了传动损耗，提高了发电效率，尤其是在低风速环境下，效果更加显著。

（2）可靠性高。直驱式风电机组省去了齿轮箱及其附件，简化了传动结构，提高了机组的可靠性。同时，机组在低转速下运行，旋转部件较少，可靠性更高。

（3）运行及维护成本低。采用无齿轮直驱技术可减少风力发电机组零部件数量，避免齿轮箱油的定期更换，降低了运行维护成本。

（4）电网接入性能优异。永磁直驱风力发电机组的低电压穿越使得电网并网点电压跌落时，风力发电机组能够在一定电压跌落的范围内不间断并网运行，从而维持电网的稳定运行。

永磁直驱发电机的缺点是稀土永磁材料成本高，导致整机成本相对较高，永磁材料在高温、振动和过电流情况下，有可能永久退磁，致使发电机整体报废，这是永磁直驱发电机的重大缺陷。

　　笼型异步发电机因为结构简单可靠，并且转速可以在 $2\%\sim5\%$ 的范围内自动调节，在中大型风力发电系统中获得广泛的运用；双馈异步发电机可实现变速恒频运行，风能利用效率高，功率变换器容量小，成为现代风力发电机的主流。永磁同步发电机因为磁场主要由永磁体励磁，发电机的效率高，在低速风力发电系统中越来越受到青睐。

任务 2　发电系统其他设备

学习背景

　　风电安全稳定的利用，首先需解决的问题是如何将风电能稳定地接入电网中，使发电机的输出电压、频率与电网保持一致。所以风力发电机组发电系统除了发电机外还需要有相应的设备负责控制发电机转子提供相应方向的励磁，调节有功功率和无功功率，控制发电机定子侧输出电压的幅值、频率和相位与电网相同，实现风力发电机软并网，尽可能减小并网冲击电流对电机和电网造成的不利影响等功能。本任务将简单介绍变频器和变流器在风力发电系统中的作用，进一步了解风力机组整个发电系统的工作过程。

学习目标

　　1. 掌握变频器的原理及在机组发电系统中的作用。
　　2. 掌握变流器的原理及在机组发电系统中的作用。

一、变频器及作用

　　变频器是利用电力半导体器件的通断作用将工频电源变换为另一频率的电能控制装置。可分为交 - 交变频器，交 - 直 - 交变频器。交 - 交变频器可直接把交流电变成频率和电压都可变的交流电；交 - 直 - 交变频器则是先把交流电经整流器先整流成直流电，再经过逆变器把这个直流电流变成频率和电压都可变的交流电。

　　变频器的主电路大体上可分为电压型和电流型两类。电压型是将电压源的直流变换为交流的变频器，直流回路的滤波是电容；电流型是将电流源的直流变换为交流的变频器，其直流回路滤波是电感。

　　采用双馈异步发电机的机组，风力发电变频器主要和带有转子绕组和滑环的感应式发电机一起使用，连接于双馈发电机转子和电网之间。在双馈发电机同步工作状态、亚同步工作状态和超同步工作状态，变频器以不同的方式工作。

　　1. 双馈异步发电机运行于亚同步状态

　　当风速小于风力发电机组额定风速时，机组运行在亚同步状态，这时发电机转子转速 n_1 小于同步转速 n，不能保证发电机定子并网条件。这时变频器给发电机转子提供正相序励磁电流，向发电机转子输入有功功率。转子电流产生的旋转磁场的转速与发电机转子的转速同向，保证发电机转子的转速达到同步转速，满足定子并网条件，保证了在低风速时风力发电机能持续捕捉到最大的风能量。

　　2. 双馈异步发电机运行于超同步状态

　　当风速大于风力发电机组额定风速时，发电机转子转速大于同步转速，发电机运行在超

同步状态 $n < n_1$，不能保证发电机定子并网的条件。这时变频器向发电机转子提供反相序励磁，转子电流产生的旋转磁场的转速与发电机转子的转速反向，发电机转子向变频器输出有功功率。发电机的定子和转子同时向电网馈电，保证在高风速时风力发电机能稳定输出额定功率。

3. 双馈异步发电机运行于同步状态

当发电机转子转速等于同步转速时，发电机处于同步运行状态，变频器向发电机转子提供直流励磁，此时变频器和转子绕组间无功率交换，风力发电机恒功率运行。

二、变流器及作用

风电变流器在现代风力发电机组的结构中起到解耦及电能转换的作用，将机侧的变频输入转换为网侧的恒频输出，当风速变化导致发电机转速变化时，变流器通过控制转子的励磁电流频率来改变转子磁场的旋转，使发电机的输出电压、频率和电网保持一致，是风能转换系统中的核心元件。

1. 双馈感应发电机系统交-直-交变流器

变流器通过对双馈异步风力发电机的转子进行励磁，使得双馈发电机的定子侧输出电压的幅值、频率和相位与电网相同，并且可根据需要进行有功和无功的独立解耦控制。变流器控制双馈异步风力发电机实现软并网，减小并网冲击电流对电机和电网造成的不利影响。变流器提供多种通信接口，如 Profibus，CANopen 等（可根据用户要求扩展），用户可通过这些接口方便地实现变流器与系统控制器及风场远程监控系统的集成控制。变流器配电系统提供雷击、过流、过压、过温等保护功能。变流器提供实时监控功能，用户可以实时监控风机变流器运行状态。变流器可根据海拔进行特殊设计，可以按客户定制实现低温、高温、防尘、防盐雾等运行要求。

这种整流逆变装置具有结构简单、谐波含量少等优点，可以明显地改善双馈异步发电机的运行状态和输出电能质量。这种电压型交-直-交变流器的双馈异步发电机励磁控制系统，实现了基于风机最大功率点跟踪的发电机有功和无功的解耦控制，是目前双馈异步风力发电机组的一个代表方向。

2. 永磁同步发电机系统全功率变流器

永磁发电机的励磁不可调，导致其感应电动势随转速和负载变化。机侧采用可控 PWM 整流或不控整流后接 DC/DC 变换，可维持直流母线电压基本恒定，同时可控制发电机电磁转矩以调节风轮转速；在电网侧采用 PWM 逆变器输出恒定频率和电压的三相交流电，对电网波动的适应性好。

3. 某国外中大型风力发电机组变流器

某国外中大型风力发电机组风能变流器由并网柜、控制柜和功率柜三部分组成，介绍如下。

(1) 并网柜主要用于实现变流器与电网的并网脱网，满足用户配电需求，实现与主控制器的信号交互功能。

监控模块安装孔位位于并网柜前门上。打开并网柜前门，并网柜内主要实现的开关功能有：电源指示灯开关、内部配电开关（除 UPS 输入外）、UPS 供电输入开关、400V/16A 供电开关、配电总开关、网侧防雷器开关、400V/63A 供电开关、690V/63A 供电开关、690V/40A供电开关、230V/16A 供电开关、配电变压器开关、400V/16A 供电开关、690V/16A 供电开关、内部配电防雷开关、用户配电防雷开关、主开关、并网开关等。

并网柜内主要控制部件包括：并网柜的其他部件、内部配电防雷器、用户配电防雷器、网侧防雷器、网侧进线电流互感器、UPS 供电装置、配电变压器、温度传感器、并网柜通风风扇等。

（2）控制柜主要有完成信号调理、控制信号产生和通信等功能。

控制柜内的主要控制部件及作用包括：内部 IO 接口板用于变流器内部执行器件的控制和状态检测。检测板，对电网、电机和变流器内部的电压、电流和温度等信号进行调理。DSP 控制板，实现网侧变换器和转子侧变换器的矢量控制算法，完成变换器运行的逻辑控制，完成对主控和人机界面的信息处理。码盘通信接口板，完成差分码盘信号（包括光信号和电信号）的解码，实现 CAN、SCI、码盘和 IO 信号转接。用户 IO 扩展板，实现与主控 I/O 信号的交互。主动故障模块的控制单元，在电网故障时发保护指令。用户电源板，为监控和网关提供＋24V、－24V 电源。辅助电源板，为控制系统提供＋15V、－15V 和三路隔离＋24V 电源。

（3）功率柜实现转子转差功率和电网的交互与传输，对转子励磁电流进行控制，从而实现对定子电压、频率、有功和无功的控制。

功率柜内主要开关部件包括：主接触器、软启接触器、风机 400V 供电保护开关、投切电容接触器、风机 440V 供电保护开关、风机 400V 供电接触器、风机 440V 供电接触器、软启电阻保护开关、主动 Crowbar 功率模块、母线熔断器、母线磁环、网侧模块、网侧模块风机、网侧模块接地连接板、转子侧接线铜排、转子侧模块接地连接板、转子侧模块风机、滤波电容、转子侧防雷器、转子侧防雷器开关、转子侧模块、功率柜端子排、软启动电阻、du/dt 电抗器、滤波电抗器、功率柜风机。

任务 3　拓展内容：典型机组发电系统的功率控制与并网

学习背景

通过对风机发电系统的两个项目的学习，大家应该掌握了风力发电机组的常见类型和基本原理。本任务将结合机组发电系统所学的相关知识，补充学习有功功率和无功功率的相关知识，并分别从电网和风电场的角度向大家详细介绍发电系统在并网和机组功率控制过程中的实际应用情况，及对大规模风电并网的控制需求、影响因素等若干问题。

学习目标

1. 掌握有功功率和无功功率的概念及其控制的特点。
2. 了解风电机组发电系统功率控制。
3. 掌握风电机组及风电场并网控制的相关要求。

资料一　发电机组的功率控制

1. 有功功率、无功功率与视在功率

（1）有功功率。对于用电负载而言，在交流电路中，凡是消耗在电阻元件上、功率不可逆转换的那部分功率（如转变为热能、光能或机械能）称为有功功率，简称"有功"，用 P 表示，单位是瓦（W）或千瓦（kW）。它反映了交流电源在电阻元件上做功的能力大小，或单位时间内转变为其他能量形式的电能数值。

实际上它是交流电在一个周期内瞬时功率的平均值，故又称平均功率。

（2）无功功率。在交流电路中，凡是具有电感性或电容性的元件，在通电后便会建立起电感线圈的磁场或电容器极板间的电场。人们将电感或电容元件与交流电源往复交换的功率称之为无功功率，简称"无功"，用"Q"表示。单位是乏（var）或千乏（Kvar）。

在交流电每个周期内的上半部分（瞬时功率为正值）时间内，它们将会从电源吸收能量用建立磁场或电场；而下半部分（瞬时功率为负值）的时间内，其建立的磁场或电场能量又返回电源。因此，在整个周期内这种功率的平均值等于零。就是说，电源的能量与磁场能量或电场能量在进行着可逆的能量转换，而并不消耗功率。

对于实际负载的工作，凡是有线圈和铁芯的感性负载，它们在工作时建立磁场所消耗的功率即为无功功率。无功功率表达了交流电源能量与磁场或电场能量交换的最大速率，如果没有无功功率，电动机和变压器就不能建立工作磁场了。

（3）视在功率。对于负载而言是交变电网所能提供的总功率，称之为视在功率或表现功率，在数值上是交流电路中电压与电流的乘积。视在功率用 S 表示。单位为伏安（VA）或千伏安（kVA）。它通常用来表示交流供电设备或者变压器的容量大小。

视在功率既不等于有功功率，又不等于无功功率，但它既包括有功功率，又包括无功功率。

2. 有功功率和无功功率在发电机功率控制中的应用

有功功率 P、无功功率 Q、视在功率 S 它们三者之间在数值上的关系三角形称为"功率三角形"，如图 8 - 15 所示。数学计算关系为：$S^2 = P^2 + Q^2$。但是对于发电机组而言，在实际运行中并无一定是一成不变的。

下面介绍有功功率和无功功率在发电系统功率控制方面应用上的一些特点。

（1）发电机的定子和转子除了是一个原动力的拖动外，是完全独立、互不干扰的两部分。发电机的定子可以理解为有功源，产生感应电动势、电流，在原动力的拖动下，向外输出交流电。发电机的转子则可以理解为是无功源、绕组从外部引入直流电建立磁场，在原动力的拖动下，向外输送无功。

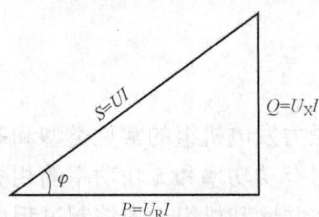

图 8 - 15 功率三角形

功。所以发电机的有功和无功是互相不影响的，只有电压和电流的变化。

（2）如果风力发电机组是属于孤立小电网运行，此时由用电负荷变化而引起的无功功率波动相对更大。所以应当要注意多发无功功率时发电机容易出现过负荷，严重时会出现低频、低压跳闸等故障。因为发电机是按一定的功率因数设计的，如果此时无功功率多发了，而有功功率不减少，实际电流就可能超过额定值，增加了过负荷跳闸的机会。

（3）如果风力发电机是并入大电网运行，无论是什么问题引起的电压波动，在保证发电机定子电流在额定范围内运行的前提下，只要控制得当，不管无功功率是多少，对机组发电机本身无太大影响，也对风电场或者其他形式的发电厂实际上是没有损失的。

（4）对于发电厂或风电场而言，从安全方面考虑，任何情况无功功率是越少越好，无功功率小则电流小，设备的发热量均会相对减少。另外，尽可能地限制无功功率可以起到减少了设备和电缆老化、跳闸等出故障的作用。

（5）对于并入大电网的风电场是要分别考核其有功功率和无功功率的。一般情况下只要发电机的温度不高，在风力适合的时候要尽量争取多发有功功率。在风力不足或者由于其他原因发电机的有功功率受限制不能多发时，只要电压允许，此时可以适当多发无功功率。

（6）发电机有功功率的大小会直接对无功功率造成影响。而调整发电机无功功率的大小，对发电机有功功率的输出是没有影响的。

（7）无功功率是能量交换的速率，本身并不产生损耗，但无功负荷在能量交换过程中必然带来有功损耗，而且负荷与电源的距离越远则损耗越大，并且会占用大量的线路输送能力。为了减小这方面的损失，就要在无功负荷设备的旁边加装反性质的无功负荷，使其互相进行能量交换，减小对电源的依赖，达到提高线路输送能力及减小线损的目的。

3. 并网运行风力发电机组的功率调节

为了保证输出电能频率恒定，并网型风电机组主要采用恒速恒频和变速恒频这两种控制方式。

过去，风力发电多采用恒速恒频技术，但是随着风电技术的发展，为了提高风能转换效率，应用变桨距技术使叶轮的转速能够跟随风速变化，通过变流技术实现对发电机的转矩控制，从而保证输出电能频率恒定。变速恒频成为目前风力发电机组并网运行的主要控制方式。

除了采取变速恒频技术之外，并网型风力发电机组在不同风速条件下运行时，其功率控制一般分为以下两种运行模式：

（1）恒功率运行。风力发电机组在额定风速以上且在切出风速以下运行时，主控制系统应能够根据机组控制策略协调控制变桨距系统和变流器等部件，使机组输出功率的波动范围不超过额定功率的 10%。主控制系统在恒功率运行控制的整个过程中，应避免整个机组的载荷变化过大，并且机舱振动不应超过机组允许范围。

（2）跟踪最大功率运行。风力发电机组在额定风速以下运行时，不能满功率发电，主控制系统应能够根据机组控制策略协调控制变桨距系统和变流器等部件，使风轮转速始终跟踪最佳叶尖速比运行，尽量捕捉最大风能。在此过程中，应避免传动链的载荷变化过大，并且机舱振动不应超过机组允许范围。

资料二　机组功率控制和风电场的并网

无论是国内还是国外，目前已经有越来越多的风电场开始接入更高电压等级电网。风电的大规模接入对电网的运行带来诸多方面的影响，如电网安全稳定、风电送出、调频调峰、电能质量、备用安排、运行单位众多协调困难等问题。这些问题不仅将影响到电网的安全运行，也影响到电网接纳风电的能力。

所以，风力发电机组以及风电场必须通过对风电进行有效的控制，在现有的网架结构、电源结构、负荷特性、风电预测水平、风机制造技术水平等条件下，尽可能地提高电网接纳风电的能力，保证电网的安全稳定运行。

国内外电网企业和研究机构对风力发电技术及风电接入对电力系统的影响开展了深入的研究。

西班牙作为欧洲第二大风电国家，于 2006 年就成立了世界上第一个可再生能源电力控制中心。对全国以分散接入为主的装机容量大于 10MW 的风电场进行集中控制，提高了电网公司对风电的实时监控能力，有效降低了瞬时风电波动对电网的影响，提高了西班牙电网的安全运行水平。

德国等对风电场的集群控制进行了研究，将地理上相邻分布的几个大型海上风电场汇成一个百万千瓦级的集群，控制系统协调运行该风电集群，使其从运行性能上如同一个大风电场，优化间歇性能源接入电网的性能指标。

我国在提高电网接纳风电能力的控制领域也开展了一些有益的技术实践和探索。主要包含电网安全稳定控制、考虑电网约束条件的风电有功控制、无功电压控制 3 个方面。

1. 电网安全稳定控制现状

安全稳定控制是提高电网输送能力，保证电网安全稳定运行的重要手段，目前在电网中已有大量的应用。如二滩送出安全稳定控制、华中—西北直流背靠背联网安全稳定控制、三峡发输电系统安全稳定控制、江苏苏北安全稳定控制等。但国内电网用于提高风电送出能力的电网安全稳定控制系统还处于持续探索阶段，如甘肃嘉酒电网区域稳定控制系统、承德地区风电电网安全稳定控制系统等。其实现方法都是在电网故障情况下，通过采取紧急控制措施来提高正常情况下的风电送出能力。

风电场往往远离负荷中心，而这些地区的网架结构一般比较薄弱，电网送出能力也十分有限。如甘肃酒泉千万千瓦级风电基地目前已实现风电并网 5600MW 左右，到 2015 年风电装机容量达到 12 710MW，到 2020 年增加到 20 000MW，但前期投产的 750kV 送出通道，以及原有的 330kV 送出通道，由于电网安全稳定问题，送出能力不能满足需求。

2. 风电有功功率控制现状

风电发展初期，风电在整个电网中占比不高，从电网角度一般将其作为负的负荷考虑，通过采取一些手段提高电网接纳风电能力，不考虑对风电部分进行调整。随着风电的快速发展，它对电网的影响也越来越大，于是通过各种手段如改善负荷特性、优化开机方式、部署安全稳定控制机构提高风电送出能力等，提高电网接纳能力已经不能满足风电全部并网的需求，需要控制风电。

电网在需要对风电机组进行有功功率控制，应用初期通常采取调度员人工控制的模式，经过一段时间的运行，发现人工控制存在如下不足：

（1）若调度端调节不及时，将会威胁到整个电网安全。

（2）风电场站端调节速率慢，电网需要预留较大的裕度以保证安全。

（3）由于风电出力的随机性、间歇性，人工控制难以根据各风电场来风情况实时优化控制，易造成分配不公，且难以保证风电出力的最大化。

（4）风电场与其他发电厂相比，发电运行的单位众多，采用调度员人工控制的操作压力较大，不便进行。

（5）在进行调控时，各风电场看不到其他风电场的计划及出力，不利于网源和谐。

因此，风电有功控制需考虑电网的约束条件，实时计算电网最大可接纳风电能力，根据接纳能力的变化以及各风电场当前出力和风电场提出的加出力申请、风电功率预测，利用各风电场风资源的时空差异优化计算各风电场的计划，并下发至各风电场，各风电场有功功率控制装置根据该计划值进行控制。

目前控制风电有功功率控制主要考虑 2 个约束条件，一个是送出问题，另一个是调峰。风电场是否参与调频控制，国家尚没有相关规定。无论是送出还是调峰原因对风电进行控制时，一般分为 3 种控制级别：超前控制、正常控制、紧急控制。风电控制中心系统将对应的控制计划量下发至各风电场，风电场根据收到的控制级别的不同，采用不同的控制手段，超前控制一般通过变桨、启停风电机组实现；正常控制通过变桨、启停风电机组、优化切除风电场 35kV 或 10kV 馈线实现；紧急控制，应对紧急突发情况，通过优化切除风电场 35kV 或 10kV 馈线实现。

目前风电场参与有功控制时主要有两种模式：

一种是最大出力控制模式，即在保证电网安全稳定的前提下，根据电网风电接纳能力计算各风电场最大出力上限值，风电场低于上限值时处于自由发电状态（爬坡速率必须满足要求），超出本风场上限值时，可根据其他风场空闲程度占用其他风场的系统资源，以达到出力最大化和风电场之间风资源优化利用的目标。

二是出力跟踪模式，即以各风电场风功率预测（经控制中心站安全校核后下发的各风电场发电计划）为依据，各风电场必须实时跟踪发电计划进行有功功率的调整。

为满足风电大规模接入电网的需求，电网公司、科研院所考虑对风电有功进行智能控制，旨在提高电网对风电的接纳能力，保证电网的安全稳定运行，实现电网对风电有功控制的智能性、公平性、公开性、快速性、可靠性、经济性，提高风电的可控性，实现风电出力的最大化、最优化。

以我国某电力公司和电力科学研究院联合研制的大型集群风电有功智能控制系统为例，其系统结构如图 8 - 16 所示，该系统已于 2010 年投入运行，目前运行情况良好，提高了风电场的发电量，同时保证了电网的安全稳定运行。

该有功功率智能控制系统考虑电网约束的风电有功控制系统有 2 种运行模式：开环模式和闭环模式。在开环模式下，系统自动给出各风电场的控制计划值，供调度员参考使用；在闭环模式下，系统直接下发各风电场控制命令至相关风电场，每次控制都有详细的事件记录供分析。

3. 风电无功控制现状

目前国内实际投产应用的无功电压控

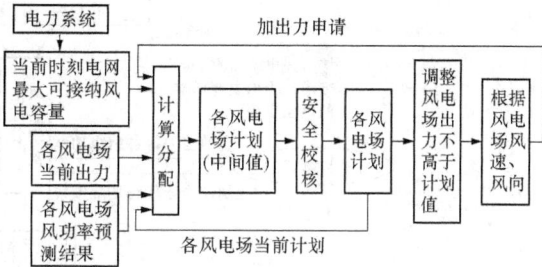

图 8 - 16　风电有功功率智能控制系统框图

制技术和装置，主要是通过对常规电厂、变电站的调节来实现无功电压控制的，并未将风电场纳入进来进行调节控制。

风电的随机性和间歇性容易造成电网电压波动大，无功补偿设备投切频繁，传统电压调节控制方式已不再适用。

一般要求首先充分利用风电机组的无功容量及其调节能力，仅靠风电机组的无功容量不能满足系统电压调节需要的，需在风电场集中加装无功补偿装置。实际运行的风电场都是根据自身并网点的考核指标进行无功电压控制来满足电网要求。

随着风电的大规模集中开发，现有的以风电场为单位、各自独立的无功电压调节方式无法兼顾地区电网的调压需求，从而影响电网接纳风电能力。因此，有必要研究集群风电的无功电压协调控制，提高整个区域电网的电压水平。

4. 风电场的功率控制现状

风电场不同于常规电厂，机组个数较多，单机容量较小，电网安全稳定控制系统在电网故障情况下需要切除风电时，一般采取优化切除风电场上网的 35 kV（10 kV）馈线或者直接切除整个风电场，而不是切除单机。此种控制一般通过部署在风电场的安全稳定控制装置优化切除风电场上网的 35 kV 或 10 kV 馈线来实现，其控制精细度和经济性优于直接切除整个风电场。

（1）风电场有功功率控制。

由于风机协议的开放性差，目前风电场的有功功率控制功能模块一般部署在风机厂商提供的风电场集控系统上，对于由多种类型风机组成的风电场，其集控系统一般有多个。由于风电场的集控系统厂商众多，技术水平不一，而且风电场集控主站与风机自身的控制单元经常会出现通信异常，另外风电场的集控系统与常规电厂不同，其可靠性一般较低。即使在集控系统出现问题时，风电机组依然能够并网发电，因此单独依靠集控系统来调节风电场的有功功率，其可靠性不高，手段单一，难以满足电网控制需求。特别是紧急控制情况下，需要引入后备控制措施，所以风电场的有功控制一般采取如图 8-17 所示的模式。这种模式在收到紧急控制命令或者风电场出力超过计划值一定范围时，经告警，在规定时间内处理未降至计划值以下时，就会切除馈线。通过该操作终端可看见所有风电场的计划和当前出力，以及电网当前最大允许风电出力；通过该终端可向电网提出增加出力申请。

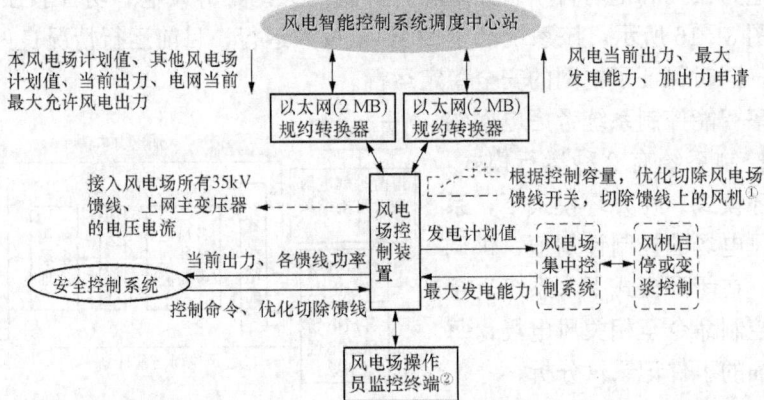

图 8-17 风电场控制装置配置

注：①当收到紧急控制命令，或者风电场出力超过计划值一定范围，经告警，在规定时间内处理未降至计划值以下时，应切除馈线。

②通过该操作终端可看见所有风电场的计划和当前出力，以及电网当前最大允许风电出力；通过该终端可向电网提出加出力申请。

如图 8-17 所示，该种控制模式经过实际运行对风电场有如下意义：

1）信息公开。每个风电场配备了风电场操作员监控终端，可看到所有风电场的当前控制计划和出力，以及电网当前最大允许风电出力。

2）控制公平。控制策略采用对各风电场公平的原则进行设计，各风电场可根据配备的监控终端监督控制策略的公平性。

3）可提高发电量。电网调度控制中心站可根据各风电场之间的时空差异，风风互补，优化各风电场出力，提高风电的利用率，提高风电整体发电量；电网调度控制中心站控制的精细化程度，远远大于人工控制水平，在控制容量和控制时间上都有利于风电场发电量的提高。由于能够自动控制各风电场出力，电网在安排时，不需要留人工控制时的裕量，从而提高电网对风电的接纳能力，提高了风机的发电量。

4）降低紧急控制代价。电网紧急情况下，需要切除风电场时，可通过对各 35 kV 馈线分散组合，保证切除量最小，从而降低控制代价，提高控制的经济性。

5）降低投资。风电场控制装置集成安全稳定控制装置和有功功率控制装置的功能，风电场只需投资建设一套系统。

（2）风电场的无功电压控制。

现阶段各大风电场主要由双馈和直驱风电机组组成。从机组能力来看，双馈和直驱风电机组本身具备一定连续可调的无功功率范围。但由于国内风电机组一般采用恒功率因数控制模式，不具备机端电压调节功能，并且机组功率因数只能在停机状态下进行设定，不可在线调节，这对于保持系统的电压稳定性是非常不利的。

在风电发展初期，由于风电场数量不多，容量较小，且处于电网末端，恒功率因数控制模式对电压的影响范围有限。然而，随着近几年大规模风电的集中开发，由于风电场群容量大，机组出力具有一定的空间耦合特性，因此风电的无功出力波动将急剧恶化局部地区无功、电压状况。

项目 9 机组控制与安全系统及设备

任务 1 控制系统及其组成

学习背景

风电机组控制系统是机组正常运行的管理中心，本任务将就风电机组控制系统的基本功能、总体结构、主要组成部分和硬件模块四个方面进行介绍。

学习目标

1. 掌握机组控制系统的基本功能和结构。

2. 掌握机组控制系统的主要组成部分和硬件模块。

一、风电机组控制系统的功能

机组控制系统是保证风电机组安全可靠运行的综合管理中心。控制系统采用计算机控制技术实现对风电机组的运行参数、状态监控显示及故障处理，完成对机组的最佳运行状态的管理和控制。

1. 机组控制系统基本功能

风电机组控制系统基本功能包括基本运行控制、输出功率控制、运行状态监测、故障检测与记录、远程通信和安全保护控制。

（1）风力发电机组的基本运行控制包括待机、起动、并网、脱网、停机、偏航对风、解缆、制动、升/降温、复位、照明等。

（2）风力发电机组的输出功率控制包括变桨距和变速。通过变速实现最大转差运行、最佳叶尖速比运行、恒转速运行；通过变桨距和变速实现恒功率运行。

（3）风力发电机组的运行状态监测包括各子系统的状态、电量状态、部件关键部位的温度、环境参数等。

（4）风力发电机组的故障检测/记录/处理包括及时发现故障、储存规定数量的近期故障。

（5）风力发电机组的安全保护控制包括紧急安全链保护、软件的安全保护和防雷击/接地保护等。

（6）远程通信功能风力发电机组与中央控制室的远程通信功能，以便中央控制室上位机监控机组运行状态，进行参数显示、远程控制、数据存储等。

2. 机组控制系统设计要求

风力发电机组系统的安全可靠运行很大程度取决于控制系统的安全性控制。对机组控制系统的基本要求有以下几点：

（1）能从风力发电机组配备的所有传感器获取信息。

（2）通过运行管理程序，实时收集和分析信息，发生指令，实现各种控制功能。

（3）机组控制系统应设计的理想状态是对于规定的所有外部条件，都能使风力发电机组的运行参数保持在正常范围内。

（4）机组控制系统应能监测风力发电机组运行故障，并进而采取适当措施。

（5）机组控制系统应能起动两套制动系统，当安全保护控制开启制动时，运行控制应自动降至服从。

二、控制系统的组成

控制系统组成主要包括各种传感器、变距系统、主控制器、功率输出单元、无功补偿单元、并网控制单元、安全保护单元、通信接口电路、监控单元等。图 9-1 所示为风力发电机组控制系统的逻辑结构框图。

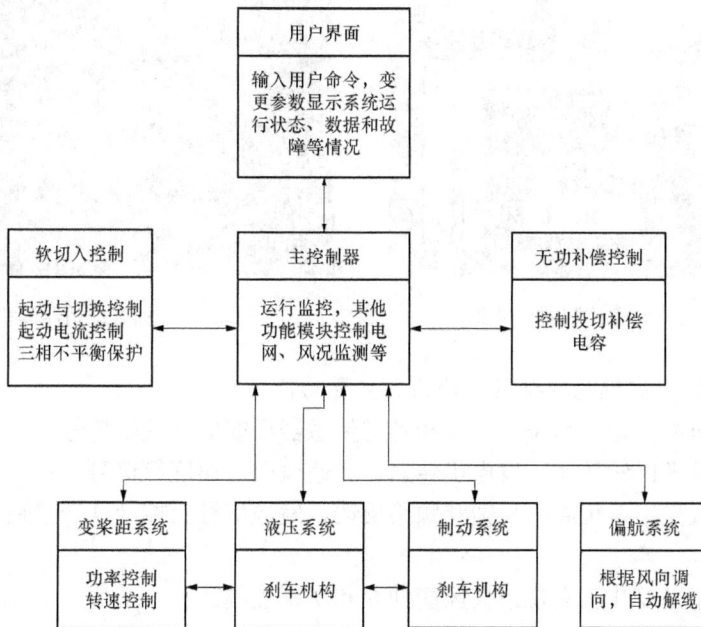

图 9-1　风力发电机组控制系统的总体逻辑结构框图

风电机组控制系统一方面将各部件的相关参数及时的反馈给操作人员，显示机组乃至整个风电场的运行状态、数据和故障信息情况，并显示实时外界风况和电网检测情况。另一方面通过用户界面接收控制操作人员的各类命令，实现对整个机组的起动控制、变桨距控制、偏航调向控制、刹车制动控制、转速功率控制以及无功补偿控制等等。

目前绝大多数风力发电机组的控制系统都采用分布式控制系统工业控制计算机。采用分布式控制的最大优点是许多控制功能模块可以直接布置在控制对象的位置，就地进行采集、控制、处理，避免了各类传感器、信号线与主控制器之间的连接。同时分布式控制系统现场适应性强，便于控制程序现场调试，另外在机组运行时可随时修改控制参数，并与其他功能模块保持通信，发出各种控制指令。

三、控制系统的硬件结构

大型风力发电机组的主控制系统硬件一般由两部分组成：塔底控制器模块组（DowntowerAssembly）和机舱控制器模块组（Top Box），其实物图如图 9-2、图 9-3 所示。

塔底控制器模块组安装在塔底电气柜内，机舱控制器模块组安装在机舱电气控制柜内。

两组模块之间一般使用多芯光纤组成的工业以太网等通信方式进行通信，而每组控制器模块之间使用 CAN 等通信总线协议进行内部通信。

图 9-2　塔底控制器模块组　　　　图 9-3　机舱控制器模块组

1. 常规风电机组的机舱控制器模块组的主要功能

(1) 采集机舱内振动、油位、压差和各类传感器反馈的开关量信号。

(2) 采集并处理风轮转速、发电机转速、风速风向、温度等信号。

(3) 通过接收变桨系统温度反馈和顺桨反馈，发送信号至控制器变桨距系统紧急顺桨和复位。

(4) 控制桨距角变化，实现最大风能捕获和功率控制。

2. 塔底控制器模块组的主要功能

(1) 完成数据采集及 I/O 信号处理，逻辑判定；对外围执行机构发出控制指令；与机舱控制柜光纤通信，接收机舱信号，返回控制信号。

(2) 对变流器、变桨系统、液压系统、偏航系统等设备的温度及环境温度等做监控。

(3) 实现变流器和变桨系统的耦合控制，与变流器通信，实现机组变速恒频运行、功率控制、偏航自动对风、自动解缆等。

(4) 对定子侧和转子侧的电压、电流进行测量，统计发电量，以及做并网前后的相序检测。

(5) 通过和机舱控制柜相连的信号线实现系统安全停机、紧急停机、安全链复位等功能。

如图 9-4 所示，电源/通信模块可以为本组所有模块提供模块内部电源，并提供人机界面所需的通信接口及模块组之间通信所需的光纤端口。

主控制器作为控制系统的核心部分，负责整个风力发电机组的控制与协调各个部件之间的动作，并可以提供与风电场通信的以太网口及监测控制器运行状态的继电器节点。

电网测量模块是与相关的电流互感器和电压互感器相连，测量风力发电机组电网出口端

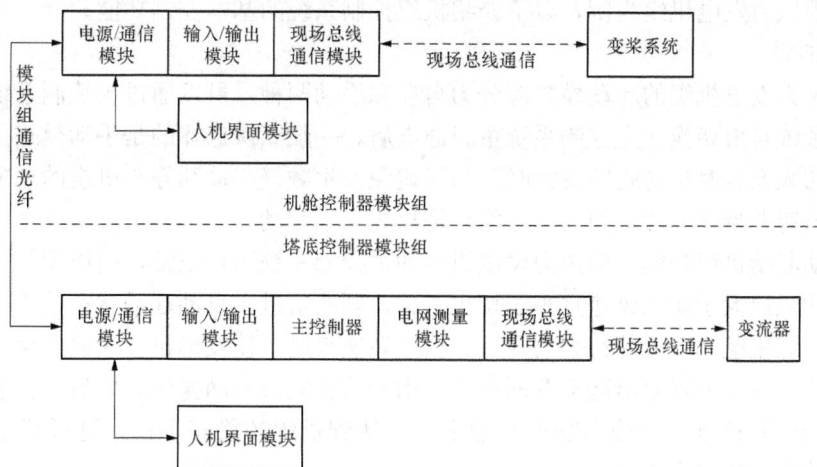

图 9-4　主控制系统硬件结构图

的电压和电流，并经过计算得到所有电网信息，如电网电压、电流、有功功率、发电量等。

输入/输出模块是用于接收风力发电机组中各个数字和模拟信息，并向所有执行机构控制继电器发出通断命令信号。

现场总线通信模块是以各种现场总线协议为基础，通过通信模块的内部转换单元把外部部件的现场总线协议转换为主控制器可以识别的模块内部通信协议。

任务 2　控制与安全系统的功能

学习背景

风力发电控制系统的基本目标就是保证风力发电机组安全可靠运行、获取最大能量和高质量的电能。具体控制内容有信号的数据采集、处理，变桨控制、转速控制、自动最大功率点跟踪控制、功率因数控制、偏航控制、自动解缆、并网和解列控制、停机制动控制、安全保护系统、就地监控、远程监控等。本任务将就机组控制系统的基本控制功能和安全保护系统的主要功能两个方面进行介绍。

学习目标

1. 掌握机组控制系统的基本控制功能。
2. 掌握机组安全系统的主要功能。

一、控制系统的功能设计

风力发电机组控制系统应以主动或被动的方式控制机组的运行，使系统运行在安全允许的规定范围内，且各项参数保持在正常工作范围内。控制系统可以实现的功能和参数包括功率极限、风轮转速、电气负载的连接等。变桨距风力发电机组的控制方法与定桨距恒速型风力发电机组略有不同，即功率调节方式不同，它采用变桨距方式改变风轮能量的捕获，从而使风力发电机组的输出功率发生变化，最终达到限制功率输出的目的。

以变桨距风力发电机组为例，以下介绍机组控制系统的基本控制功能。

1. 机组起动

变桨距风力发电机组的起动模式应分为自动和手动两种，可以通过主控制系统人机界面或远程监控系统自由切换。主控制系统重新通电后，一般默认选择的是手动模式。当风速过低，即小于切入风速时自动脱网关机时，为了避免发生频繁起动和停止机组的现象，平均风速大于切入风速并持续一段时间后，才能允许机组自动起动。

（1）自动起动机组功能。当风力发电机组的主控制系统运行正常，机组无任何故障和警告产生，平均风速大于切入风速且小于切出风速，则机组进入自动起动状态；当控制系统检查温度、油压等机组必备条件符合规定后，通过转速控制，使发电机转速提升至并网允许的转速范围，然后向变流器发出起动并网命令，由变流器完成并网操作。之后，控制系统实施转矩控制和变桨距控制，使输出功率平稳上升，达到机组的稳态平衡，这样机组就并网发电，并且自动起动功能完成。

（2）手动起动机组功能。当风力发电机组的控制系统运行正常，机组无任何故障和警告产生，平均风速大于切入风速且小于切出风速，技术人员通过控制系统手动起动按钮进行手动起动操作或者通过监控系统远程手动操作。当主控制系统接收到上述手动起动命令后，机组就会进入自动起动机组阶段。

2. 机组停机

变桨距风力发电机组的控制系统采用多个级别停机控制程序。除了正常停机模式之外，当风力发电机组的故障码激活时，根据故障码所对应的程序等级，执行相应的停机程序，在确保风力发电机组安全运行的前提下，尽可能地减少机组停机过程中的载荷。

（1）正常停机模式。当主控制系统接收到操作人员正常关机命令或者较低级别的故障码激活时，主控制系统首先协调控制变流器和变桨距系统等相关部件，逐步降低机组的输出功率，降低发电机转速，待功率降至停机允许的功率设定值时，主控制系统向变流器发出停机脱网命令，断开与电网的连接，叶片顺桨至停止位置，风轮自由旋转，机组进入待机状态。

（2）小风和逆功率脱网模式。小风和逆功率脱网是将风力发电机组停在待机状态。当平均风速小于小风脱网风速或发电机输出功率负到一定值后，风力发电机组不允许长期在电网运行，必须脱网，处于自由状态，风力发电机组靠自身的摩擦阻力缓慢停机，进入待风状态。当风速再次上升，风力发电机组可自行进入自动起动功能。

（3）普通故障停机模式。当机组运行时发生参数越限、状态异常等普通故障后，风力发电机组进入普通停机程序。机组投入气动刹车，软脱网，待低速轴转速低于一定值后，再通过制动系统抱闸制动。如果是由于内部因素产生的可恢复故障，计算机可自行处理，无需维护人员到现场，即可能恢复正常开机。

（4）紧急故障脱网停机模式。当主控制系统接收到较高级别的故障码时，即发生紧急故障如风力发电机组发生飞车、超速、振动及负载丢失等故障时，风力发电机组进入紧急停机程序，机组投入气动刹车的同时执行 $90°$ 偏航控制，机舱旋转偏离主风向，转速达到一定限定值后脱网，低速轴转速小于一定值后，抱机械闸制动。

（5）大风脱网停机模式。当风速平均值大于 25m/s 时，风力发电机组可能出现超速和过载，为了机组的安全，这时风力发电机组必须进行大风脱网停机。风力发电机组先投入气动刹车，同时偏航 $90°$，等功率下降后脱网，或者低速轴转速小于一定值后，抱机械闸，风力发电机组完全停止。当风速回到工作风速区后，风力发电机组开始恢复自动对风，待转速上升后，风力发电机组可重新开始自动并网运行。

（6）安全链触发停机模式。安全链动作停机指电控制系统软保护控制失败时，为安全起见所采取的硬停机，叶尖气动刹车、机械刹车和脱网同时动作。

3. 制动功能

除了停机功能，在机组运行过程中，制动功能在硬件上主要由变桨距控制系统（如果是非变桨距机组则是叶尖气动刹车系统）和盘式高速刹车机构组成。由液压系统来支持工作。制动功能的设计一般按照失效保护的原则进行，即失电时处于制动保护状态。在风力发电机组发生故障或由于其他原因需要停机时，控制器根据机组发生的故障种类判断，分别发出控制指令进行正常停机、安全停机以及紧急停机等处理，变桨距控制系统（或叶尖气动刹车系统）和盘式高速刹车先后投入使用，达到保护机组安全运行的目的。

4. 数据采集与处理

变桨距风力发电机组主控制系统应提供与控制和监测相关的数据信息通道及处理功能，如风速、风向、风轮转速、发电机转速、机舱位置、振动、温度等数据。对于关键数据信息，如风速、风向、转速、关键点温度等，主控制系统应提供冗余信息通道，保证关键数据不会突然中断。

5. 软件程序看门狗

软件程序看门狗可分为关键设备看门狗和通信看门狗。关键设备看门狗的功能是针对关键设备，如风速仪、风向仪、转速传感器等，风力发电机组的主控制系统应采用软件看门狗安全监测，确保每一个参与机组控制的物理量数据能真实反映设备状态。通信看门狗是保障主控制系统与各个子部件之间的通信状态异常时，能形成相应的故障码信息，根据故障码对应的关机程序等级，执行警告或关机程序。机组典型故障及其描述见附录三。

6. 硬件保护

变桨距机组的硬件本身的保护措施主要采取了 3 种方法：硬件互锁电路、过电压保护以及过电流保护。

（1）风力发电机组中的左、右偏航电机和大、小发电机只有一个可以运行，通过接触器辅助触点的互联对其进行互锁。如左右偏航电机接触器正常情况下处于断开状态，其各自的辅助触点处于闭合状态。将左偏航电机的辅助触点串接到右偏航电机回路里，右偏航电机的辅助触点串接到左偏航电机回路里；当机组需要左偏航时，左偏航接触器带电，而串在右偏航电机回路里的左偏航接触器辅助触点断开，从而保障了正确的偏航。当由于误动作引起左右偏航电机接触器都带电时，它们的辅助触点都断开，机组不进行偏航动作，从而达到了保护机组安全运行的目的。

（2）在设计时，对断路器、接触器等元件都进行了负荷计算。选择的原则：既保留有足够裕量又不会使执行机构等受到冲击，当有瞬时冲击电流通过电缆传入控制柜时，控制系统具有自我保护的能力。

（3）通过将快速熔断器、速断保护的断路器（根据各自的负荷计算允许通过的电流）等串在执行机构的前端，防止了大电流流过执行机构回路，从而减少了不必要的损害。

7. 防雷保护

多数风机的安装位置都是极易受雷击的场所，所以风力发电机组在长时间运行过程中受雷击的可能性极大。机组内部控制系统最容易因雷电感应造成过电压损害，因此设计者们通常在中大型风力发电机组控制系统的设计中专门做了防雷处理。

使用避雷器吸收雷电波时，各相避雷器的吸收差异容易被忽视，雷电的侵入波一般是同时加在各相上的，如果各相的吸收特性差异较大，在相间形成的突波会经过电源变压器对控制系统产生危害。因此，为了保障各相间平衡，在一级防雷的设计中使用了 3 个吸收容量相同的避雷器，二级防雷的处理方法与此类同。变桨距风力发电机组控制系统的主要防雷击保护：

（1）主电路三相 690 V 输入端，即供给偏航电机、液压泵等执行机构的前端做一级防雷保护。

（2）对控制系统中用到的两相 220 V 电压输出端，包括电磁阀、断路器、接触器和 UPS 电源等电子电路的输入端采取二级防雷措施。

（3）在电量采集通信线路上安装了通信避雷器加以保护。

（4）在中心控制器的电源端口增加了二级防雷保护。

8. 接地保护

接地保护是非常重要的环节。良好的接地将确保机组整个电气控制系统免受不必要的损害。在风力发电机组的控制系统中涵盖了以下 5 种接地方式来达到安全保护的目的。

（1）工作接地，一般在各个电气回路变压器的中性点设置接地处。

（2）保护接地。为了防止控制系统的金属外壳在绝缘被破坏时可能带电，以致危及人身安全而设置的接地。

（3）防雷接地。机组避雷装置的一端与控制系统中被保护的设备相连，另一端通过塔筒内的接地排连接到地下，能把雷电流引入大地。

（4）防静电接地。将控制系统中的金属可导电部分在工作过程中产生的静电电流引入大地。

（5）屏蔽接地。为防止外界磁场对流经电缆的信号产生影响，设计时选用了屏蔽电缆，并将电缆屏蔽层吸收的感应电接到地下。

9. 电网掉电保护 UPS 电源

UPS 即不间断电源，风力发电机组离开电网的支持是无法工作的，一旦有突发故障而停电时，控制计算机由于失电会立即终止运行，并失去对风机的控制，控制叶尖气动刹车和机械刹车的电磁阀就会立即打开，液压系统会失去压力，制动系统动作，执行紧急停机。紧急停机意味着在极短的时间内，风机的制动系统将风轮转速由运行时的额定转速变为零。

大型的机组在极短的时间内完成制动过程，将会对机组的制动系统、齿轮箱、主轴和叶片以及塔架产生强烈的冲击。紧急停机的设置是为了在出现紧急情况时保护风机安全的。突然停电往往出现在大气恶劣、风力较强时，紧急停机将会对风机的寿命造成一定影响；风机主控制系统计算机突然失电就无法将风机停机前的各项状态参数及时存储下来，这样就不利于迅速对风机发生的故障做出判断和处理。

针对上述情况，机组控制电路就要做出相应的防范措施。在控制系统电路中加设了一台在线 UPS 后备电源，这样当电网突然停电时，UPS 设备将会及时投入，为风机的控制系统提供足够的动力，使风机制动系统按正常程序完成停机过程。

10. 机组维护功能

一般情况下，风力发电机组主控制系统应装有维护状态转换开关。当机组处于待机或停机状态，维护转换开关切换至维护状态时，控制系统进入维护模式。在维护模式下，起动、自动偏航等自动控制功能一般都应该禁止，但是可实现手动变桨距、手动偏航等手动操作机组控制，以此保证相关维护人员对于机组进行维护工作。当维护工作结束后，需要把维护转换开关切换至正常操作模式。

11. 故障信息记录

风电机组的控制系统应能对故障信息记录一段时间，当故障触发时或复位时便将此记录保存。在信息记录中应该包括故障触发的详细信息，包括故障码、故障级别、故障原因、故障触发时间等信息。故障复位记录应包含故障复位时间、复位方式、操作级别等信息。

12. 实现人机交互

风力发电机组的控制系统应配备有人机交互界面，通过人机交互界面在风电场利用远程监测监视系统，可以实现查看并记录当前机组的运行状态的详细情况或故障信息、设置运行参数、手动偏航控制等功能，及时掌握风机运行状态。当机组出现故障报警时，可以提醒维护人员及时处理，并实现远程停机，从而能够及时对机组做出安全保护。

二、安全保护系统

1. 机组结构与主控制系统的安全保护策略

由于风力发电机组长期在野外运行，工作条件恶劣，自然界的风能不受人为控制，有时风区极端风速可达 80m/s 以上，机组在运行过程承受着各种复杂载荷，外界条件的变化随时威胁着风机运行安全。为了增强风机承载能力，风机制造所选用的材料一般都经过大量的性能实验和疲劳实验然后进行筛选确定，金属结构件选用耐高温、抗低温、耐腐蚀、耐冲击等机械性能优良的材料，材料的使用寿命超过 20 年。在结构设计方面，也采用加强结构。

虽然风力发电机组在设计、材料选用、电气控制等方面对运行安全有了较为全面的考虑，但是机组事故却依然发生，因此采取相应的安全控制措施是十分必要的。

风力发电机组属于全天候自动运行的设备，整个运行过程都处于自动控制中，电控系统要能够满足风力发电机组无人值守、自动运行、状态监测的要求。因此，控制系统的功能及其可靠性也直接影响着风力发电机组的运行安全。

在风机运行控制策略方面，变桨距控制技术通过变桨距功能可以有效降低机组运行承受的载荷，在机组停机时自动调整桨叶角至最大桨叶角位置，使风机处于相对安全位置。在制动系统中，此类机组采用三套独立的叶片变桨机构，当风机运行遇到极端情况，通过紧急顺桨使叶片回到最大桨叶角，实现气动刹车功能。由于风机在静态时所受到的载荷要远远小于动态载荷，因此，通过变桨和气动刹车使风机停止运行，实现机组安全保护。

风电机组在运行过程中受到风力和传动系统引起的振动对运行安全是有影响的。目前的风机叶片都增加了结构阻尼，这样能够有效消除叶片在高风速下运行时的有害摆振。在风机设计上通过模态分析，使机组的转速、叶片、塔架、传动链固有频率分开，通过控制加阻的方法，降低机组的振动，避免谐振。同时在风机的机舱里安装有振动传感器，当检测到机组振幅超过限定值时，风机立刻报警停机。在自动偏航系统中，偏航制动器加有部分刹车载荷，使得偏航过程始终有阻尼存在，这样能够保证机舱偏航时平稳转动。

2. 机组的安全保护系统

安全保护系统是主控制系统的冗余备份系统。安全保护系统是在严重恶劣环境下保护风电机组不受损坏，如极端风速、失电、严重故障等。风力发电机组的运行管理一般由主控制系统执行，其控制逻辑保证风力发电机组在规定条件下安全有效运行。当主控制系统不能使机组保持在正常运行范围内，或超出极限值时，将由安全保护系统代之执行。

安全系统与主控制系统相互独立，如果安全保护系统功能与主控制系统功能发生冲突，就要以安全系统功能为前提。当安全保护系统已经触发，就必须等待相关技术人员完成必要的维护并排除故障后才能使风电机组重新投入运行。

机组安全系统一般要完成如下三个方面的任务：

（1）多任务协调。

风力发电机组是一个多任务系统，即各任务间的进程是有相关性的，并且部分输出口属于临界资源，如果被多个任务同时控制就可能出现故障或造成器件损坏。因此，一些重要的任务控制需要加入状态查询，通过状态参数的设置和判别，保证临界资源在一个时刻只被一个任务控制，防止任务间逻辑冲突，造成系统混乱。

（2）权限管理。

一般情况风力发电机组控制系统的软件提供三层权限限制。最底层为用户层，提供给风电场值班人员使用，允许查询风力发电机组的状态参数、故障记录、运行参数等，可以控制风力发电机组的起动、关机和偏航等。中间级是维护层，提供给风力发电机组维护人员使用，需要密码登录，除用户层权限外，还可以修改风力发电机组运行参数。最高级是设计层，提供给设计人员使用，可以防止用户程序被非法修改，保护软件版权。

（3）安全链控制。

安全链是一个单信号触发的控制系统，是独立于主控制系统的最后一级保护措施。将可能对风力发电机组造成致命伤害的故障点串联成一个回路，当风力发电机组触发安全链中任一信号，安全链便立即工作使风力发电机组安全关机。

三、机组的安全链

1. 机组安全链的概念

除了利用风机电控系统来实现各项控制功能从而保证风机安全运行以外，目前多数机组采用了安全链保护系统。

安全链是独立于机组常规控制系统之外的硬件保护措施，即使控制系统发生异常，也不会影响安全链的正常动作。风力发电机组安全链通常由直流24V供电，采用单回路结构，当安全链动作后，将引起紧急停机，执行机构失电，机组瞬间脱网，从而最大限度地保证机组的安全。

安全链采取反逻辑设计，安全链保护系统所有可能对风力发电机造成致命伤害的重要监测点（如超常振动、过速、扭缆、变桨超限、电网异常、出现极限风速等）串联成一个继电器自锁回路。

安全链自锁回路主要包括：紧急停机按钮（塔底主控制柜）、发电机过速、扭缆开关、变桨系统安全链信号、紧急停机按钮（机舱控制柜）、机舱振动开关、风轮超速开关、主轴过速模块、24V电源失电、并网开关闭合信号、控制模块运行状况以及主线路闭合信号，其结构图如图9-5所示。

一旦其中的一个节点动作，将引起整条回路断电，机组立刻紧急停机，执行机构失电，机组瞬间脱网，并使主控制系统和变桨系统处于闭锁状态，从而最大限度地保证机组的安全。如果故障节点得不到恢复，整个机组的正常的运行操作都不能实现。同时，安全链也是整个机组的最后一道保护，它处于机组的软件保护之后。

2. 机组安全链的应用

风力发电机组的安全链是十分重要的，在逻辑上，安全链系统的等级比控制系统优先。其目的是确保风力发电设备在出现故障时，设备仍处于安全状态。如果出现比较大的故障，安全链系统的任务是保证设备安全动作，使 24V 和 230V 带电回路掉电，风机正常停机。

图 9-5　安全链组成示例

安全链一般分为两部分：一级安全链和二级安全链。①一级安全链主要是主控制系统的安全保护装置。②二级安全链主要是变桨系统的安保装置。

在具体应用过程中，机组上电后，如果风力发电机组正常时，整个安全链是带 24V 电的，安全链继电器的电自锁闭合。

如果机组某个部件出现故障时，那么与它所对应故障的动断触点断开，安全链断开失电。由安全继电器控制的 230V 供电回路同时失电，整个电磁阀回路和 230V 回路中的交流接触器失压，机组进行紧急刹车过程，叶片通过后备电源快速收桨。主轴刹车立即抱死。

执行机构的电源 230VAC、24VDC 失电，机组处于闭锁状态。同时每一个触点的闭合和断开都有信号传到数字量输入模块中。在模块中，有信号指示灯来显示各个节点的状态。维护人员可通过各节点状态分析故障原因。

如当风轮超速时，安全链中的超速开关触发，导致安全链断开。变桨距系统执行紧急关机程序，将叶片快速顺桨至安全停机位置，利用空气动力制动使风力发电机组停机，以保护机组的安全。紧急停机中包含机舱柜紧急关机按钮、机舱紧急关机按钮、塔底柜紧急关机按钮、控制器紧急关机等部分。

只有当安全链中所有环节全部闭合时，即安全链监控部件均处于正常状态时，风力发电机组才能正常工作。

3. 安全链断开状态实现的控制功能

（1）给正向偏航及反向偏航电机继电器提供 230V 交流电源失电。安全链断开时将禁止机舱自动偏航。

（2）给电池快速收桨信号提供复位。安全链断开时，将立即启动电池进行快速收桨操作。

（3）给变频器提供复位信号。经过一个交流中间继电器转换，将直流 24V 电压等级的主控安全链继电器动合触点转换为 230V 交流继电器触点，串联到一个 230V 交流电压的变频器内并网断路器的失压脱扣线圈回路，安全链断开时，将立即断开并网断路器。

（4）给偏航刹车继电器、发电机散热风扇继电器提供电源。安全链断开时，偏航刹车器

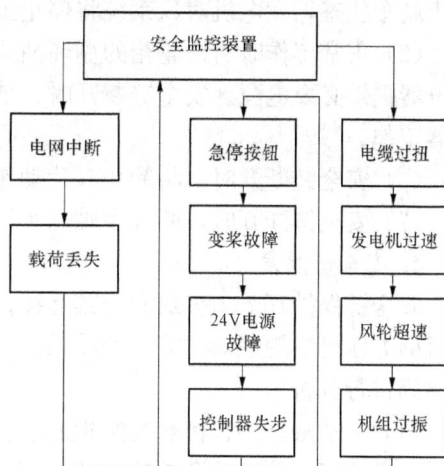

处于刹车状态，发电机对风系统将停止工作。

（5）正常工作时给齿轮箱的循环油泵继电器、齿轮箱散热风扇电机继电器、齿轮箱加热继电器提供必要电源。安全链断开时，禁止齿轮箱的循环油泵、齿轮箱散热风扇、齿轮箱加热器工作。

（6）安全链断开时，将禁止叶片动作。

（7）安全链断开时，断开主轴刹车继电器提供电源，主轴刹车系统处于刹车制动状态。

4. 安全链触发

安全链保护环节为多级安全链互锁，在控制过程中具有逻辑"与"的功能，而在达到控制目标方面可实现逻辑"或"的结果。下面就介绍几种风力发电机组常见的安全链触发现象及原因进行分析。

（1）手动触发。在机舱控制柜面板上，有一个叶片维护开关。运维人员需要进入轮毂工作时，必须把叶片维护开关打到"ON"位置，将风电机组安全链断开，确保人员在轮毂里工作时，风电机组无法远程复位或自动复位而起动运行。

（2）急停开关触发。当机舱急停开关和主控柜急停开关按钮被按下，或者急停回路断开、主控柜急停开关接线端子松开、接触不良，将造成急停开关输出断开信号从而使安全链断开。

（3）扭缆触发。在风电机组运行过程中，机组偏航系统达到的扭缆条件（如720°），扭缆保护装置启动，左右偏开关触动，将风电机组安全链断开，机组进入紧急停机状态。此时禁止继续偏航，防止从塔筒底部送到机舱上的电缆以及发电机定/转子电缆及光纤被扭断。

此外，扭缆开关凸轮计数器是机械式的行程开关，由控制开关和触点机构组成，当它们的行程到达设定值时，触点机构被提升或松开从而触发控制开关，因此，首先要考虑扭缆开关的左右偏开关触点位置调整是否正确。其次要考虑线路接线是否有问题，左右偏计数器接线是否接反。在处理此故障时，可以通过手动反方向解缆顺缆到机舱初始零位解除硬件报警，恢复安全链，使凸轮计数器的基点归位。

（4）振动触发。当风电机组强烈振动，机舱前后或左右振动超过设定保护值时，机舱振动传感器动作，机组安全链将断开。

此外，当振动开关被其他物体碰到导致断开，24V直流电源失电；或者振动开关内部线路接线存在松动和脱落现象，也将触发振动故障，并断开安全链。

（5）主轴过速触发。在风电机组主轴上安装有主轴转速测速盘，主轴旋转一圈，可以产生相应数量的脉冲。当外界有强风刮过，使得风机叶轮主轴转速超过设定的极限值，此时安全链将断开，进行制动保护，同时给主控制系统端口一个高电平故障信号。待风速稳定后可以按复位按钮即可恢复正常运行。

当主轴转速的检测传感器与主轴安装距离过远或过近，导致传感器采点不规律，使模块内部的计量错乱，也会引起叶轮过速故障。此外，有些主轴超速模块的接点设计为带电吸合，可以监视 UPS 电源或模块的接插件是否接触良好。当接插件松动或 UPS 掉电时，就会立即触发安全链动作。

（6）发电机过速触发。在风电机组齿轮箱输出轴上安装有齿轮箱高速轴测速盘，齿轮箱高速轴旋转一圈，通常产生 2 个脉冲。如主轴旋转速度 2100r/min，脉冲频率为：2100×2/60＝70Hz。例如齿轮箱高速轴允许最大旋转速度 1950r/min，对应脉冲频率 65Hz，当模块检测到脉冲频率大于 65Hz 时,齿轮箱高速轴超速检测模块开关的动合触点断开,将机组安全链断开。同时给主控制系统端口一个高电平故障信号,通知齿轮箱高速轴超速模块动作了。当转速下降,脉冲频率小于 65Hz 时,齿轮箱高速轴超速检测模块开关复位,其动合触点接通,但安全链需要人工复位,其动断触点断开,给主控制系统的高电平信号断开,通知主控制系统:齿轮箱高速轴旋转速度已经小于超速整定值,允许人工复位。

此外,当发电机转速的检测传感器与高速轴距离过远或过近,导致传感器采点不规律,使模块内部的计量错乱,会引起发电机过速故障。在初调阶段,如果发电机相序接反,也会导致同样的效果,解决办法是更改发电机相序。

(7) 硬件问题触发。安全链系统几乎贯穿风机内部的所有回路,安全链所接设备较多,节点也较多,并且电气回路从机舱柜到轮毂内部的变桨柜是需要经过滑环连接的,而从滑环到变桨柜是需要通过重载连接器连接。因此,在实际运行中,安全链连接回路上也经常出现问题。当出现此类问题时,只能对整个安全链回路进行检查。

5. 安全链触发后的处理

风电机组安全链断开故障发生后,主轴刹车系统一直处于刹车制动状态,同时机舱禁止自动偏航。此时由于风电机组不能自动对准风向,大风期间风向发生变化后,叶片将受侧向风力影响产生转动,又因为主轴刹车一直处于刹车状态,将造成齿轮箱高速齿面一直持续产生打齿现象,造成齿轮箱齿面的损伤。

我国就曾经发生过因为北方冬季大雪封路,机组安全链触发故障不能及时解决,风电机组连续数天一直处于齿轮箱齿面撞击状态,而损伤齿轮箱的事故。

所以,风电机组安全链断开故障发生后,必须尽快安排人工到风力机塔基进行复位操作并排除故障隐患。因为如果故障机组距离监控室较远,来回路途常常就要 1 个多小时,如果故障不能及时准确排除,刚复位起机转不到 1~2h 又报故障,运维人员来回复位起机,将造成极大的人力物力的浪费。

目前已经有一些国产的风电机组主控制系统,设计成为允许安全链远程复位,虽然可以解决远距离就地复位长途奔波问题,但也容易引起相对更严重的安全问题,如某风电场由于风电机组叶片没有完全收桨,机组超速,安全链断开,报紧急刹车程序,虽然主轴刹车已经把主轴刹死,但监控室又通过远程复位了安全链故障,机组又重新旋转至超速紧急状态,由于主轴刹车片已经严重磨损,最后导致无法有效制动,最后造成风电机组超速倒机的严重事故!因此,安全链触发后的远程复位处理一定要重视,建议如下:

(1) 远程复位安全链故障必须输入多级密码锁,由多个不同级别的人员保管。确保风电机组不存在颠覆性故障情况下,才允许进行远程复位操作。

(2) 风电机组安全链复位后的 24h 内,只允许远程复位 1~2 次。小风情况下报安全链断开故障,虽然暂时不会引起机组超速危险,但每次紧急刹车故障都激活叶片快速收桨制动,如果是蓄电池或超级电容作为紧急电源,最多完成收桨 3 次就没有电了。一旦安全链短时间内连续复位次数超过 3 次,下次大风出现时就可能存在叶片不能完全收桨的潜在危险,可能引发超速倒机事故。

四、风电场运维监控系统

1. 风力发电的运行

我国风力发电机组随着这些年的发展逐渐由原来的引进进口设备,逐步发展为自主设计、生产的国产化设备。风电机组的日常运行维护也越来越重要。

　　风电机组系统在设计之初就采用了高度集成的工业自动化装置来进行控制，故其自身就具备了相当的抗干扰能力。风电场的众多机组通过通信线路与计算机相连，可进行远程集中控制、自动运行并自动完成运行数据的存储，这大大降低了风电场运行的工作量。所以风电场的运行维护工作主要负责完成三个方面的工作：远程故障排除、运行数据统计分析和故障原因分析。

　　(1) 远程故障处理。风电机组的部分故障可以进行远程复位和自动复位控制。机组的稳定运行和电网质量好坏息息相关。为了实现机组和电网的双向保护，机组设置了多重故障保护，如电网电压高、低，电网频率高、低等，这些故障是可自动复位的。机组运行工作主要是监控风电机组可自动复位故障、手动复位故障，及时通知检修班组处理不可复位故障，做好变配电设备定期巡视及倒闸处理。

　　(2) 运行数据统计分析处理。通过运行数据的统计分析，可对风电场的设计、风资源的评估、设备选型提供有效的理论依据，数据监测包括温度监测、转速监测、功率监测、电网数据监测等等。

　　通过对异常数据如发电机绕组温度、控制柜温度、机舱温度、叶轮转速、三相电压、电流、频率、功率等信息的统计和分析，可以掌握各型风电机组随季节变化的出力规律和提早预判机组运行的健康状况，并以此可制定合理的定期维护工作时间表和进行预测性维护，以减少风资源的浪费和提高机组可利用率。

　　(3) 故障原因分析。通过对风电机组各种故障的深入分析，可以缩短故障排除的时间或防止多发性故障的发生次数，减少停机时间，提高设备完好率和可利用率。

　　2. 风力发电机组的维护

　　风电机组软、硬件是否状态良好，要通过维护检修来保持，及时有效地开展维护工作，是安全风险预防的重要措施。风电机组维护可分为风电机组的定期检修维护和风电机组的缺陷消除。

　　(1) 风电机组的定期检修维护是指风电机组的定期检查维护和季节性维护工作。正常情况下，除设备制造商的特殊要求，风电机组的例行维护周期是固定的，即新投运的机组500h 例行维护；已投运的机组进行半年或一年例行维护。部分机型在运行满 3 年或 5 年时，在一年例行维护的基础上增加了部分检查项目。具体定检维护项目和周期应参照厂家提供的维护手册为标准执行。

　　(2) 风电机组的缺陷消除是指消除风电机组在发电过程中产生的因本身不良或外力影响，导致设备的运行指标异常、部件损坏或介质泄漏等不正常现象，缺陷的消除简称消缺。

　　3. 风电场运维的现状

　　我国风电场的运维方式主要分为三种：

　　(1) 发电集团自己独立组织运维工作。如龙源电力集团、大唐集团等发电集团都通过组建专门的运维公司和研究机构来对旗下各发电场进行运行维护工作。

　　(2) 依靠规模大的整机制造厂商下设的运维公司。如金风科技、明阳风电等风电制造企业也都有自己专门负责运维工作的公司。

　　(3) 独立的第三方专业运维公司，在初期一般只负责某个领域的维护，如保定盛联风电科技有限公司、东润环能等。

经过近十年的快速建设，各大风电运营公司和风电制造企业已经取得了很大的进步，但在风电场运行维护工作方面也出现了很多问题：

（1）在风电运营公司方面。随着建设速度的加快，大多数人员缺乏风电场的运行管理经验，且许多新建的风电机组的运行维护工作在早期多数都在质保期内。因此，有些风电运营公司没有意识到风电机组在质保期到期后，可能产生的维修费用，相应的技术储备和人才储备工作滞后。

（2）在风电机组本身方面。国内整机制造企业涉足风电机制造的时间较短，在设计和制造方面以借鉴模仿国外的成熟技术为主，同时缺乏风电机组运行和维护经验，增加了风电公司的维护成本，从而导致风电公司的投资回报率低于预期。

目前国内各大风电场的运行维护工作以班组为单位进行组织，把员工分成运行班组和检修班组。这种模式通常只能适用于新建成和 5 万 kW 以内规模的风电场。但是，其不足之处是由于风电机组还在质保期，机组的检修和维护工作主要还是由制造厂来承担，风电场运维工作人员主要还是负责运行和检修监督方面的工作。表面上运检是分离的，实际上双方分工是模糊不清的，同时一旦后期质保到期，势必增加风电场运维工作开展难度的和成本。随着装机容量的不断增加，此种矛盾愈加突出，运行管理和设备维护都需要增加人员、增加成本。

4. 风力发电运维的发展趋势

已有相当数量的企业开始了新运维模式的探索实践，比较有代表性的如下。

（1）风电场的无人值守。

我国风电发展的主要方向一般在偏远山区、高海拔地区、戈壁无人居住地区和海上等。这些地区的风电场运维工作人员必须要克服生活条件艰苦不便、工作环境恶劣等问题，这对运维员工的人才吸引和用人成本都增加了难度。

另外，同一区域多个风电场分散于不同的区域，如果对每个风电场单独进行管理，需要消耗大量的人力物力，也给电网的调度和电网的安全运行带来诸多问题。

为了解决这些问题，国内风电企业已经开始逐步尝试采取无人值守的新运维模式。这种模式对风电机组高度自动化、高可靠性方面有较高的要求。通过设置风电场远程监控自动化系统，建立风电场远程集控中心，实现风电场的集中运行管理、集中检修管理、集中经营管理和集中后勤管理，是风电场未来发展的趋势，保障实现风电场综合利用效益最大化。

（2）风电场运维一体化。

现代风力发电机组是按照无人值守、高度自动化，高可靠性原则设计的发电设备。为了缩短故障响应时间和处理时间，提高检修工作效率，运行和检修的任务完全可以合二为一，实现风电运维一体化。

通过风电企业对员工进行全面的岗位技能培养，使同一员工同时具备风电场的分属不同岗位的运行、检修岗位技能；在执行一定的生产运行、检修维护的工作任务中，员工同时履行风电场的运行和检修维护工作，有效地提高了企业全员劳动生产率。

（3）风电运维的信息化

风电运维场包含多项内容，如风电机组集中监控、风电场群生产管理、风电机组状态评价与诊断、备品备件供应、风电检修运维服务等。为了提高风电运维的效率，降低运维成本，风电运维的信息化是必然方向。

风电场的信息化运营管理可具备易扩展性、移动应用、大数据挖掘、智能分析与诊断、企业故障库和知识库的建立及持续优化、状态检修实施、备件供应、电力交易自动化、运维决策智能化等功能。

五、机组监控系统

1. 机组监控系统的概念

风力发电机组的监测与控制系统是风力发电机组人机交互的媒介。它主要对分布在不同地区风电场的风力发电机组和场内变电站的设备运行情况及生产运行数据进行实时采集和监控，使监控中心能够及时准确地了解各个机组的当前运行状态，并能调用历史运行数据对机组的运行性能进行分析。

可以说，机组所有的运行检修工作起于监控系统，而止于监控系统。所以，熟悉机组的监测与控制系统是做好风机运行维护的基础。

机组监控系统的主要功能包括：

1）在总部可以监控风电场所有风机的运行状况，并实时了解风机动态；

2）利用运维系统的故障处理智能知识库，增强了风场故障处理的快速响应能力；

3）运维系统优良的报表功能、分析决策功能为风电场运营商提供附加技术服务；

4）所有风场风机故障统计功能，可以为风机的优化设计提供原始参考资料；

5）风场风机零部件的质量管理功能，可追溯零部件质量。

根据图 9-6 所示，风电场的监测与控制系统由两部分组成，一部分是风电场的中央监控系统，如图 9-7 右边部分；一部分是风力发电机组的本地控制系统，如图 9-7 左边部分。

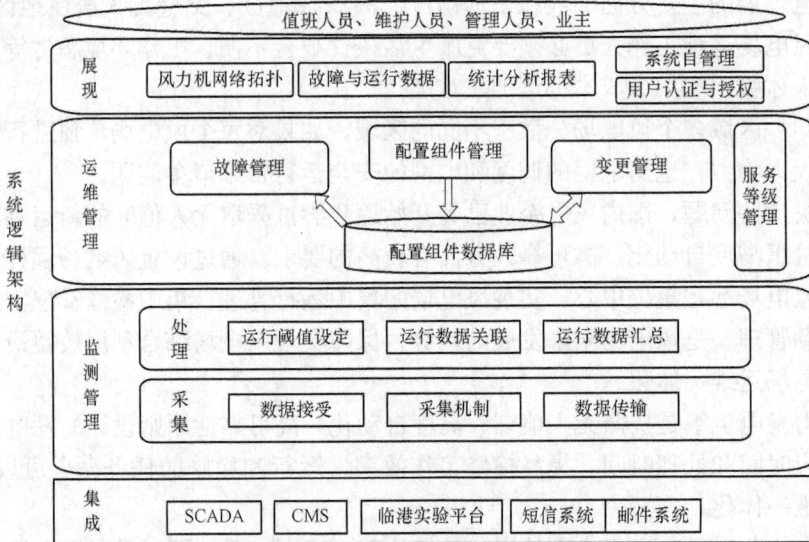

图 9-6　风电场监控系统框架图

本地控制系统完成机组的自动运行控制，以及一定的数据存储和统计功能，一般存储数据采样频率较高，可用于故障诊断，但受存储空间限制，存储数据量小。

中央监控系统完成机组的集中监控和运行数据统计功能，一般依托服务器可以存储机组整个寿命期内的运行数据。

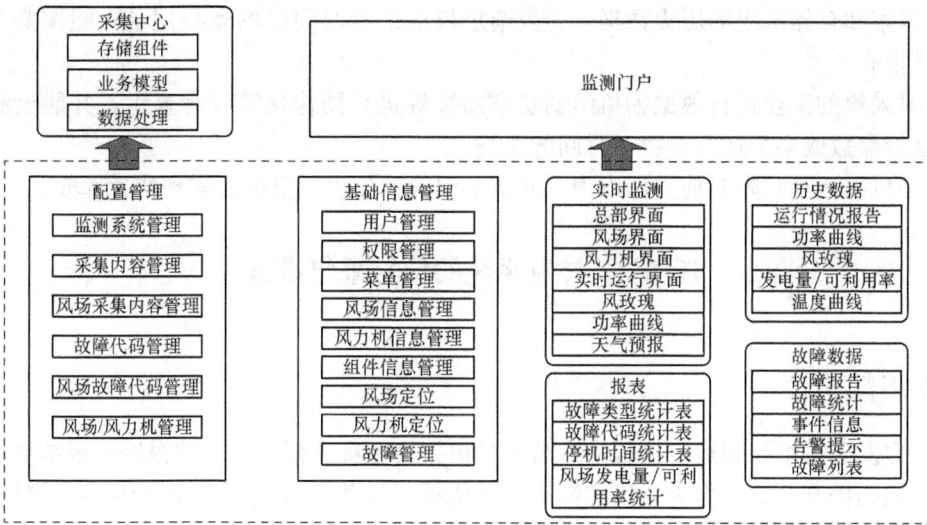

图 9-7　风力发电发电机组的监测与控制系统功能组成

2. SCADA 系统的概念

SCADA（supervisory control and data acquisition）系统，是数据采集与监视控制系统的简称。SCADA 系统是以计算机为基础的生产过程控制与调度自动化系统，它在风电场监控中占重要地位，主要通过对现场的运行设备进行监视和控制，实现数据采集、设备控制、测量、参数调节以及各类信号报警等各项功能。

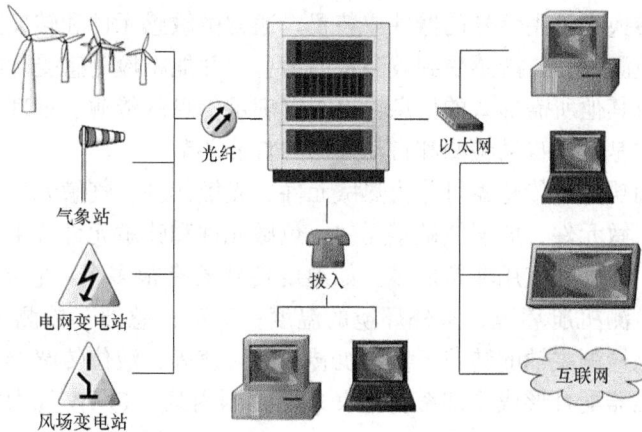

图 9-8　风电场 SCADA 系统网络结构

风电场的 SCADA 系统通常都必须具备如下功能：

1）显示所有机组的当前运行状态信息，包括实时数据、警报和警告信息。在媒介上显示整个风电场的总揽状况。

2）能对机组进行远程控制，包括实现机组的启停控制，发送业主要求的其他控制功能，并能对故障信息进行确认操作。

3）显示选定机组的详细运行状态信息，并能进行参数设置查询。

4）采集和存储机组的历史数据，查询选定机组选定时间段的运行记录，能按要求生成各种统计报表。

5）对采集的重要运行数据如机组的功率曲线等进行图像化统计和显示，并能绘制选定的一个运行参数或多个运行参数对时间的曲线。

6）当机组运行故障时能立即以声、光或不同的颜色进行报警，实现快速通知。

任务 3　控制系统的信号采集设备

学习背景

在风力发电机组控制运行过程中，需要对相关物理量进行测量，并根据测量结果发出相应信号传递到控制系统，作为发出控制指令的依据。这些信号主要包括机组转速信号采集、基本电量测量、风向及风速信号、温度信号、振动及压力信号等。本任务将对这些机组常见信号采集设备类型及原理进行介绍。

学习目标

1. 了解风力发电机组中信号采集设备的常见类型。

2. 掌握风向、风速信号采集设备。

一、风电机组信号采集设备概述

根据 GB 7665—1987《传感器通用术语》对传感器有如下定义："能感受规定的被测量并按照一定的规律转换成可用信号的器件或装置，通常由敏感元件和转换元件组成"。

传感器是一种检测装置，能感受到被测量的信息，并能将检测感受到的信息，按一定规律变换成为电信号或其他所需形式的信息输出，以满足信息的传输、处理、存储、显示、记录和控制等要求。它是实现自动检测和自动控制的首要环节。

通常据基本感知功能，传感器可分为热敏元件、光敏元件、气敏元件、力敏元件、磁敏元件、湿敏元件、声敏元件、放射线敏感元件、色敏元件和味敏元件等十大类。

在风力发电机中传感器应用非常之多。如温度传感器有很多个，它不仅要检测齿轮箱、发电机温度，还要检测机舱环境、室外环境的温度；振动传感器，检测风电机组的振动频率；转速传感器时刻检测主轴的转速、发电机转子的转速等；液位传感器时刻检测齿轮箱液位，同时和温度传感器配合形成冷却系统。表 9-1 是国内某 1.5MW 风力发电机主要传感器测点清单。

表 9-1　　　　　　　　　　某 1.5MW 风力发电机主要传感器测点清单

序号	测点名称	元件	规格
1	主轴承温度 1	PT100	−200～850℃
2	液压站油温油位开关	压力开关	0—1（开关量）
3	主轴承温度 2	PT100	−200～850℃

序号	测点名称	元件	规格
4	齿箱润滑油入口油温	PT100	−200～850℃
5	齿轮箱润滑油油温	PT100	−200～850℃
6	齿轮箱高速轴输出端	PT100	−200～850℃
7	齿轮箱高速轴输入端	PT100	−200～850℃
8	发电机前轴承温度	PT100	−200～850℃
9	发电机后轴承温度	PT100	−200～850℃
10	发电机入口风温	PT100	−200～850℃
11	发电机出口风温	PT100	−200～850℃
12	风机振动	风机振动传感器	
13	偏航角度及位置	偏航编码器及纽缆开关	−750°～750°
14	叶轮锁定状态	叶轮锁定接近开关	0-1（开关量）
15	齿轮箱润滑油泵杂质开关	压力开关	0-1（开关量）
16	齿箱入口压力	齿箱入口压力开关	0-1（开关量）
17	发电机绕组温度（u1，v1，w1，u2，v2，w2）	PT100	−200～850℃
18	偏航润滑脂油位	油位开关	0-1（开关量）
19	发电机转速	发电机编码器	0～1800 转
20	高速轴刹车磨损、刹车压力	刹车磨损及压力开关	0-1（开关量）
21	机舱顶部实时风速	风速仪	0～30m/s
22	机舱顶部实时风向	风向标	0°～360°

　　风力发电机中信号传送方式通常有电压信号、电流信号两种。风力发电机上的机械限位开关，也都通过电压或者电流信号来传递的。风电机组的传感器主要包括：转速传感器、温度传感器、压力传感器、红外传感器等，这些传感器是将一些物理现象，转化为电压电流信号，反馈给机组监控系统。

二、典型信号采集设备

1. 风速信号采集设备

　　风速信号是由安装在机舱顶部的风速仪传感器采集的信号，风力发电机组一般安装有两套风速仪。而风速仪大致可以分为采用机械旋转式风杯式风速仪和采用超声波共振风速仪两种，外形分别如图 9-9 和图 9-10 所示。两者把瞬时风速转化为模拟信号或脉冲信号，输入到主控制系统的输入/输出模块上。

图 9-9　机械旋转式风杯式风速仪

图 9-10　超声波共振风速仪

当风力发电机组正常运行时，主控制系统有时只采用其中一套风速仪作为风速测量源，只有当这套风速仪被检测出故障时，如输出信号长时间无变化等，主控制系统自动切换另一套风速仪作为风速测量源。

机械旋转式风杯式风速仪所采集的 4～20mA 模拟电流信号经过处理变为主控制系统所需的风速值，具体计算方法如下：

输出风速信号＝（最大测量风速－最小测量风速）/（最大模拟电流－最小模拟电流）×（当前输入模拟电流－最小模拟电流）

机械旋转式风杯式风速仪的接线包括六根线，分别是两根电源线、两根信号线和两根加热线，目前每台机组上有两个风向标和两个风速仪，风向标的 N 指向机尾，偏航取一分钟平均风向。安装在机舱顶上的风速仪处于风轮的下风向，本身并不精确，一般不用来产生功率曲线。

超声波风速风向仪是利用超声波时差法来实现风速的测量。声音在空气中的传播速度会和风向上的气流速度叠加。若超声波的传播方向与风向相同，它的速度会加快；反之，若超声波的传播方向与风向相反，它的速度会变慢。因此，在固定的检测条件下，超声波在空气中传播的速度可以和风速函数对应，通过计算即可得到精确的风速和风向。由于声波在空气中传播时，它的速度受温度的影响很大；风速仪检测两个通道上的两个相反方向，因此温度对声波速度产生的影响可以忽略不计。

用户可根据需要选择风速单位、输出频率及输出格式。也可根据需要选择加热装置（在冰冷环境下推荐使用）或模拟输出。可以与电脑、数据采集器或其他具有 RS485 或模拟输出相符合的采集设备连用。如果需要，也可以多台组成一个网络进行使用。

超声波传感器的优点：

1）无启动风速限制，360°操作，同时具备风速、风向、温度的测量。
2）可全天候工作，受暴雨、冰雪、霜冻天气的影响小。
3）测量精度高；性能更加稳定。
4）结构坚固，仪器抗腐蚀性强，在安装和使用时无需担心损坏。
5）信号接入方便，同时提供数字和模拟两种信号。
6）不需维护和现场校准。

2. 风向信号采集设备

机组的风向信号采集设备一般有机械旋转式风向标或超声波共振风向测量仪，其中超声波共振风向测量仪与图 9-10 介绍的超声波共振风速测量仪是集成在一起的设备。

机械旋转式风向标如图 9-11 所示，它通常安装在机舱顶部两侧，主要测量风向与机舱中心线的偏差角，它的输出信号通常为 4～20mA 模拟电流信号。现在一般用集成版本的风速风向仪集成了风速、风向和环境温度的测量。

风电机组一般采用两个风向标，正常运行时，主控制系统采用其中一套风向标作为主风向测量源，另一套用于校验测量数据，排除可能产生的错误信号。

当风向标的信号被采集后，数据传输到主控制系统，通过程序计算后进行判断是否应偏航。当确定需要偏航后，主控制系统发出偏航动作信号驱动顺时针或逆时针偏航继电器，再由继电器驱动接触器吸合，通过偏航电机运行来完成顺时针或逆时针偏航对风，偏航系统的正、反驱动电路互为闭锁回路。当两个风向标严重不一致时，偏航系统一般会自动中断或暂停控制。

风向标所采集的 4～20mA 模拟电流信号经过处理变为主控制系统所需的风向值，具体公式如下：

输出风向信号＝（最大输出风向－最小输出风向）/（最大模拟电流－最小模拟电流）×（当前输入模拟电流－最小模拟电流）＋最小输出风向＋偏移量

风向标的接线包括六根线，分别是两根电源线，两根信号线和两根加热线，风向标的 N 指向机尾，偏航取一分钟平均风向。

3. 偏航相关信号采集设备

由前面可知，偏航解缆系统的作用是防止从机舱到塔筒间布置的柔性电缆由于偏航动作向单个方向连续旋转而发生扭曲损坏。解缆系统通常通过传感器采集机组偏航角度和圈数，在扭转达到 2 至 3 圈后，一旦机组由于风速或其他原因导致风机停机，此时主控制系统将会使机舱反向旋转一定圈数，直到电缆不再扭曲。当电缆扭曲达到 ±4 圈后安全回路将会中断，机组紧急停机。

机组偏航计数传感器的主要功能是记录偏航位置，如图 9-12 所示。它是通过记录偏航轴承齿数与编码器盘齿数之比来进行运算，并判断偏航位置，使风机处于安全位置。负责采集机组偏航信号的传感器通常有两个，其中一个称为指北传感器，用于定基准，另一个传感器以指北传感器为标准来计算出偏航的方向和角度。

图 9-11　风向标实物图　　　　图 9-12　偏航计数传感器

4. 转速信号采集设备

风力发电机组的转速的采集测量点主要有 3 个，即风轮转速、齿轮箱输出端（低速轴）转速和发电机（高速轴）转速。各采集点所用的传感器数量不一，一般为：发电机输入端转速 1 个，齿轮箱输出端转速 1 个，风轮转速 2 个，还有 2 个转速传感器安装在机舱与塔筒连接的齿轮上，用来识别偏航旋转方向。

转速信号主要用于机组的并网、脱网以及变速控制。转速测量一般采用光电转速传感器和电感式接近开关两种。

（1）光电转速传感器。

光电式转速传感器就是工业上广泛应用的增量值旋转编码器，也叫圆光栅、脉冲码盘，其外观如图 9-13 所示，可分为投射式和反射式两种，风力发电机组中主要采用投射式。投射式光电转速传感器的测速原理是将一个圆周均匀分布着很多小圆孔或齿槽的圆盘固定在被测轴上，齿盘两侧分别设置红外光源和光敏晶体管，当红外光束通过小孔或槽部投射到光敏晶体管上时，光敏晶体管导通；当光束被齿盘的无孔部分或齿部遮挡时，光敏晶体管截止。因此，每当齿盘随转轴转过一个孔距，光敏晶体管就会送出一个脉冲信号，脉冲信号的频率与被测轴的转速成正比。

　　（2）电感式接近开关。

　　机组电感式转速测量传感器一般安装在变速齿轮箱前面的主轴承附近，其外观如图 9-14 所示。传感器的感应探头正对前轴承螺纹环上的螺栓，风轮旋转时依靠轴承螺纹环上的螺栓跟随着主轴旋转，当经过接近开关时接近开关发出脉冲信号，再输入到主控制系统的输入/输出模块上，即将脉冲频率信号转换至风轮转速信号，计算方法如下：

$$输出转速 = 输入脉冲频率 \times 60 / 风轮每旋转一周的脉冲数$$

图 9-13　投射式光电转速传感器　　图 9-14　电感式接近开关安装位置

5. 振动信号采集设备

　　为了采集并检测机组的异常振动，在机舱上应安装振动传感器。振动加速度传感器一般安装在机舱中的主要部件（如发电机定子下面）和机舱底盘上的不同角度上，并把振动加速度数值传至控制系统。机舱后部还设有桨叶振动探测器，过振动时将引起正常停机。振动加速度传感器实物图如图 9-15 所示。

　　振动传感器由一个与微动开关相连接的钢球及其支撑组成。它并不是直接将原始要测量的机械量转变为电量，而是将原始要测的机械量作为振动传感器的输入量，然后由机械接收部分加以接受，形成另外一个适合于变换的机械量，然后由机电变换部分再将其变换为电量。因此一个传感器的工作性能是由机械接收部分和机电变换部分的工作性能来决定的。

　　当检测部位发生异常振动时，钢球从支撑它的圆环上落下，拉动微动开关，引起安全停机。重新启动时，必须重新安装好钢球。振动加速度传感器通常被用在安全链中，当传感器被激活后，风力发电机组停止工作。

　　现在已经有专门的振动检测模块，使振动信号的测量、采集和记录更加方便。

6. 温度信号采集设备

风力发电机组的温度信号采集是一般通过安装在机组各种部件的温度传感器来测量的，再传至控制系统。一般测量前、后主轴承、齿轮箱油温、发电机轴承以及定子绕组等的温度，如增速齿轮箱体内一侧装有 Pt100 温度传感器。运行前，保证齿轮油温高于 0℃，否则加热到 10℃ 再运行。

温度传感器有四种主要类型：热电耦、热敏电阻、电阻温度检测器（RTD）和 IC 温度传感器。在风力发电机组中，更多采用热敏电阻来进行温度信号采集与预警。

热电阻检温计是利用金属导体的电阻随温度变化而变化的特性来测量温度的。铂、铜等金属材料的温度系数可以在很宽的温度范围内保持恒定，使铂、铜导体的电阻值与温度的关系在很宽的温度范围内保持良好的线性度。铂热电阻和铜热电阻是工程上广泛应用的热电阻检温计，具有体积小、安装方便等优点。铂热电阻传感器实物图如图 9-16 所示。

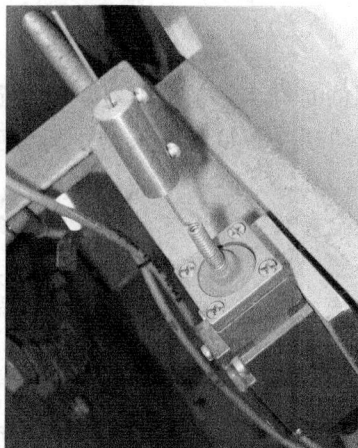

图 9-15　振动加速度传感器实物　　图 9-16　铂热电阻传感器实物

目前热电阻的引线主要有三种方式：

二线制：在热电阻的两端各连接一根导线来引出电阻信号的方式叫二线制；这种引线方法很简单，但由于连接导线必然存在引线电阻 r，r 大小与导线的材质和长度的因素有关，因此这种引线方式只适用于测量精度较低的场合，如机组齿轮箱油温的测量等。

三线制：在热电阻的根部的一端连接一根引线，另一端连接两根引线的方式称为三线制，这种方式通常与电桥配套使用，可以较好的消除引线电阻的影响，是风电机组控制中的最常用的引线方式。

四线制：在热电阻的根部两端各连接两根导线的方式称为四线制，其中两根引线为热电阻提供恒定电流 I，把 R 转换成电压信号 U，再通过另两根引线把 U 引至二次仪表。可见这种引线方式可完全消除引线的电阻影响，主要用于高精度的温度检测，在风电机组上应用不多。

7. 互感器和电量变送器

风力发电机组需要持续监测的电力参数包括电网三相电压、发电机输出的三相电流、电网频率、发电机功率因数等。风力发电机组的电力参数测量最常使用互感器和电量变送器。互感器是一次系统和二次系统间的联络元件，是一种专供测量仪表、控制及保护设备的特殊变压器。互感器分为电压互感器和电流互感器。

对风力发电机组发出的电量进行自动检测或对风力发电机组进行自动控制时，需要使用电量变送器，将被测电量变换成标准的直流电信号。电量变送器主要有电流变送器、电压变送器和功率变送器等几种类型。

（1）电流、电压变送器。电压、电流变送器有平均值变送器和有效值变送器，交流电压、电流测量时，常使用有效值变送器，变送器输出的标准直流电压或电流信号的大小与被测交流电压或电流的有效值成正比。

（2）功率变送器。功率变送器可以把被测电功率变换成与之成比例变化的标准直流电压或电流信号。常用的有霍尔功率变送器和时分割乘法器式功率变送器。

（3）电功率的测量通常是指有功功率的测量。功率变送器就是基于检测到的电路电压信号和电流信号进行信号的处理和运算，得到该电路的有功功率、无功功率、功率因数以及频率等信息。

8. 刹车磨损情况采集设备

风力发电机组的刹车磨损情况采集装置采用的是刹车磨损传感器，通常至少设置 2 个，安装于刹车装置上，以感应刹车盘的状态是制动还是释放，并根据距离感应刹车片磨损程度。

它安装在齿轮箱刹车器上，只有在刹车被完全释放后，开关才能动作，微动开关指示刹车衬套的磨损。当刹车片磨损到一定值后，传感器给出一个信号，要求正常关闭风机，如要再次运行则要求手动复位，在这信号后还可以进行 3 次启动或 3 天运行，然后必须要求更换新的刹车衬套。更换后，并要求能被主控制系统识别检测到。

任务 4　拓展内容：典型风电场监控系统以及对机组故障的描述

学习背景

本任务将结合所学机组控制安全系统所学的相关知识，向大家详细介绍国内某风机监控系统的主要功能，学习机组监控系统在风电场运维过程中的实际运用现状。

学习目标

1. 巩固风电机组监控系统的基本组成。
2. 了解风电场对监控系统的相关要求。
3. 了解常见风电机组故障及描述。

资料一　国内某机组监控系统简介

1. 监控系统概述

通过本项目所介绍的监控系统，风电场运营者可以在监控室就可以查看到各风机的详细参数，如电能、风速、风向、气温、风机压力、风机温度和转速等。还可以查看到历史趋势图、实时趋势图、报警信息、升压站运行状况及报表信息。

通过风电场监控系统还可以对风电场的风电机组进行远程控制，如远程开机、停机、偏航、复位等。

远程监控系统使用户可以通过网络连接（电话线或宽带），在 PC 机上执行和中央监控系统相同的功能，而无需安装任何额外的软件。

2. 监控系统的基本原理

中央监控系统一般采用双闭环的网络结构。每个闭环网络支持 20～50 台的风电机组。

可根据现场安装环境，配置多个闭环网络。每台风电机组配置一台工业交换机。在服务器机柜中，每个闭环网络也需要配置一台工业交换机，其型号和每台风电机组配置的交换机相同。图 9-17 中，下面不带箭头的为光纤网络，上面带双箭头的为双绞线网络。

中央监控系统采用两层结构，即中央控制室结构和风电机组塔基柜监控系统网络部分。

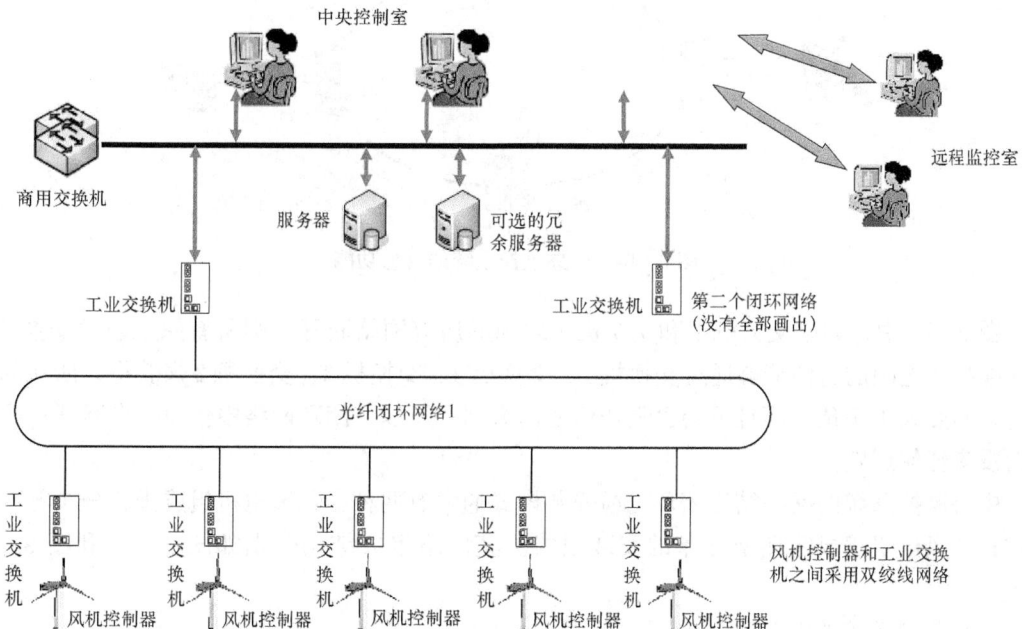

图 9-17　风电系统监控结构图

3. 监控系统的各部分功能简介

（1）中央控制室。

中央控制室主要具有下述软件功能：实时数据库、历史数据库、服务器后台统计和分析计算、远程 Web 监控系统通信网关、OPC Server 通信网关、监控风电机组运行的人机界面。

中央控制室的硬件配置包括 1 台服务器计算机和 2 台操作站计算机。

服务器运行上面描述除了"监控风电机组运行的人机界面"以外的其他软件功能。为了提高系统的性能，可以把历史数据库、远程 Web 监控系统通信网关放置在单独的服务器上。服务器可以配置为双服务器冗余，两台服务器都是热备用的，客户端会自动在两台服务器之间自动切换。

操作站数量可以按照用户的要求配置为更多数量，每个操作员站的功能完全相同，而不会互相冲突。中央控制室，每个操作站标配一个报警音箱。

（2）塔基柜监控系统部分。

塔基柜监控系统部分主要为一台工业交换机，交换机电源来自塔基柜控制系统电源。塔基柜工业交换机通过光口连接为一个闭环网络。工业交换机和光纤接线盒安装在塔基柜的左侧柜壁上。工业级交换机和塔基柜控制器之间用双绞线连接。通信协议采用倍福公司的 ADS 协议。该协议是基于以太网 TCP 的高层协议。

（3）中央监控系统网络结构。

中央监控系统通常采用双闭环网络结构。系统支持更多数量的闭环网络，每个闭环可连接 20～50 台风电机组。

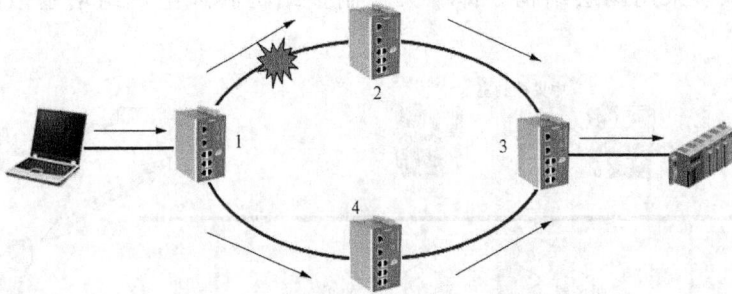

图 9-18 中央监控系统的自愈功能

图 9-18 中，如果交换机 1 和交换机 2 之间的所有网络断开，则所有原来通过交换机 1 和交换机 2 之间的通信能够通过交换机 1、交换机 4、交换机 3、交换机 2 来获得，所有的切换过程不要人工干预，而且不会丢失任何通信数据。所以，闭环网络中任何一点断开对网络通信没有任何影响。

中央监控系统的网络结构闭环光缆安装模式通常有两种：①风电机组成排状分布的安装模式；②风电机组成闭环型分布的安装模式。其网络组成结构分别如图 9-19 和图 9-20 所示。

（4）监控系统硬件介绍。

监控系统主要元器件包括服务器、商业交换机、工业交换机、服务器机柜、UPS 电源、操作员站计算机等，其中对工业交换机和 UPS 电源有如下技术要求。

1）工业级交换机。采用工业以太网交换机，支持自愈型闭环，闭环冗余切换时间小于 100ms，2 个光口、3 个电口；2 个光口形成光纤闭环以太网络。要求 DIN 导轨安装、双电源输入、工业级运行环境、振动冲击：IEC 60068、防护等级：IP30、操作温度：0～60℃存储温度：－40～85℃；湿度：5%～95%（无凝露）、电磁兼容要求：EN61000 等级 3。

2）UPS 不间断电源，要求具备在线式或者在线互动式、单相输入，容量为 1250VA、实际功率达到 1100W、电池后备 1 个 h、主机和后备电池都采用机架式安装、主机内置带小型液晶显示器，可以显示运行状态，例如梅兰日兰的 UPS。

（5）监控系统软件。

监控系统软件主要分为三个层次：①驱动程序数据采集层；②数据库层，包括历史数据库和实时数据库；③中央控制室人机界面层和远程 Web 监控层。

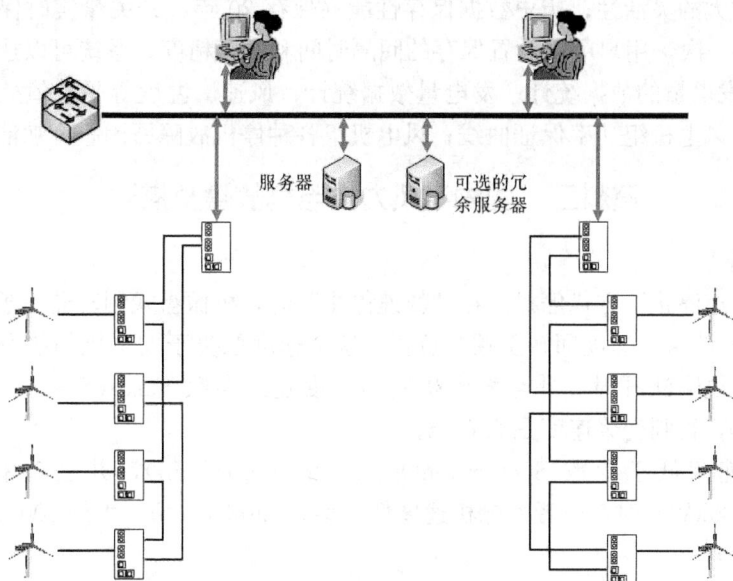

图 9-19　机组成排状分布的安装模式

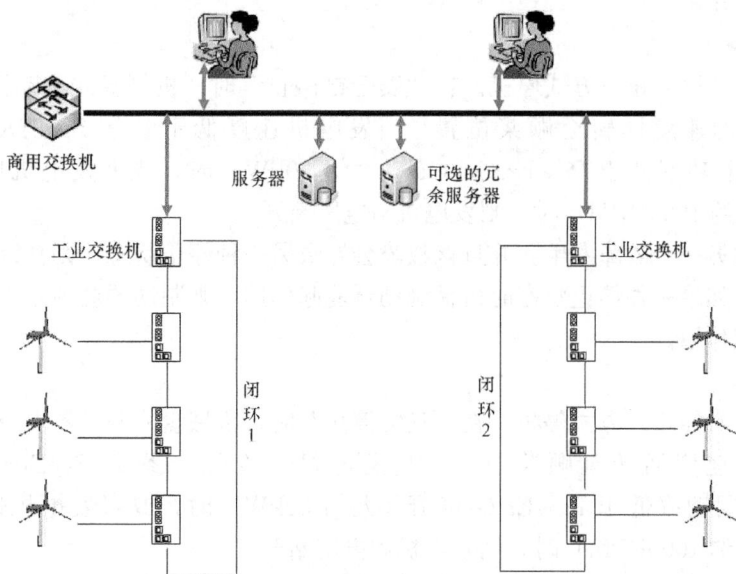

图 9-20　机组闭环型分布的安装模式

　　监控系统软件功能主要包括：监视风电机组运行状态；监视整个风电场的运行状态；风电机组运行模式，并网、急停、维护等；风电机组运行参数，有功、无功、转速等；风电机组报警信息显示；风电机组控制；风电机组启停控制；风电机组维护模式控制；趋势图；全场趋势图；每台风电机组趋势图；趋势图标签点和时间可以配置；可以在同一幅趋势图中对不同时段的数据进行比较，如可以比较今天和昨天的功率曲线；报警；报警记录显示；报警数据记录保存；区分不同的报警区；风电机组运行报表；日报表、周报表、月报表、年报表；风电机组报警音响；采用音箱实现语音报警，不需要预先录制语音，根据文本文字直接读出，具有非常大的灵活性；历史数据保存性能（保存 20 年，开关量实时保存，模拟量大约每隔 10s 保存一次，用户可以设置保存的间隔时间和保存精度，系统可以达到毫秒级时钟保存）；风电场发电量的数据统计；发电量数据统计；风速、温度等平均值处理；风电机组可利用率分析；风电机组功率保证曲线；风电机组各种停机故障原因查询功能。

资料二　国内某风力发电机故障及描述

1. 快速停止

风机以"快速停止"方式停机。在"快速停止"时，机械盘式制动器不予以使用。叶片将以 9°/s 或者 2.6°/s 的速度回转至顺桨位置。这个速度取决于发电机的状态和发电机的速度。当发电机与电网断开时，并且发电机实际速度超过参数 FasStoSpe（1750r/min）时，变桨速度是 9°/s，否则变桨速度是 2.6°/s。

当发电机速度低于参数 SpeErrGenOff（大约 1200r/min），并且功率低于 PowErrGenOff（大约 30kW）时，或者发电机速度低于参数 LimGenOff（大约 1000r/min）时，则发电机与电网断开。

如果同时有另一个故障发生，并且该故障会导致另一种停止状态，则会以最高变桨速度执行停止状态。如果一种停止状态时机械制动器能起作用，则制动器会独立于其他能起作用的停止状态而起作用。

2. 安全链停止

风机以"安全链停止"方式停机。在"安全链停止"时，机械盘式制动器不予以使用。叶片将以 9°/s 的速度回转至顺桨位置。当发电机速度低于参数 SpeErrGenOff（大约 1200RPM），并且功率低于 PowErrGenOff（大约 30kW）时，或者发电机速度低于参数 LimGenOff（大约 1000RPM）时，则发电机与电网断开。

如果同时有另一个故障发生，并且该故障会导致另一种停止状态，则会以最高变桨速度执行停止状态。如果一种停止状态时机械制动器能起作用，则制动器会独立于其他能起作用的停止状态而起作用。

3. 正常停止

风机以"正常停止"方式停机。在"正常停止"时，机械盘式制动器不予以使用。转动叶片以 9°/s 的速度回转至顺桨位置。当发电机速度低于参数 SpeErrGenOff（大约 1200RPM），并且功率低于 PowErrGenOff（大约 30kW）时，或者发电机速度低于参数 LimGenOff（大约 1000RPM）时，则发电机和电网断开。

如果同时有另一个故障发生，并且该故障会导致另一种停止状态，则会以最高变桨速度执行停止状态。如果一种停止状态时机械制动器能起作用，则制动器会独立于其他能起作用的停止状态而起作用。

4. 紧急按钮停止

风机以"紧急按钮停止"方式停机。在"紧急按钮停止"时，机械盘式制动器被予以使用。转动叶片以 9°/s 的速度回转至顺桨位置。发电机立即和电网断开。只能在风电机组上重新启动。

5. 制动链停止

风机以"制动链停止"方式停机。在"制动链停止"时，转动叶片以 9°/s 的速度回转至顺桨位置。当发电机速度低于参数 SpeErrGenOff（大约 1200RPM），并且功率低于 Pow-ErrGenOff（大约 30kW）时，或者发电机速度低于参数 LimGenOff（大约 1000RPM）时，则发电机和电网断开。

6. 不通过变频器的快速停止

风机以"不通过变频器快速停止"方式停机。在"不通过变频器快速停止"时，机械盘式制动器不予以使用。叶片将以 9°/s 或者 2.6°/s 的速度回转至顺桨位置。这个速度取决于发电机的状态和发电机的速度。当发电机与电网断开时，并且发电机实际速度超过参数 FasStoSpe（1750r/m）时，变桨速度是 9°/s，否则变桨速度是 2.6°/s。发电机立即和电网断开。

如果同时有另一个故障发生，并且该故障会导致另一种停止状态，则会以最高变桨速度执行停止状态。如果一种停止状态时机械制动器能起作用，则制动器会独立于其他能起作用的停止状态而起作用。

7. 风机状态

风力发电机组在监控系统中的状态名称主要见表 9-2。

表 9-2　　　　　　　　　　　某风电机组监控状态名称

序号	机组状态描述	序号	机组状态描述
01	S0 _ START 开始	09	S9 _ ICE 冰冻
02	S1 _ ERROR 故障	10	S10 _ SETUP 设置
03	S2 _ MAINS 主程序	11	S11 _ HEALTH 状态检测
04	S3 _ INIT 初始化	12	S12 _ WIND 风速状态
05	S4 _ READY 准备	13	S13 _ SERVICE 服务状态
06	S5 _ STARTUP 启动	14	S14 _ SLOW _ STOP 慢停状态
07	S7 _ PRODUCTION 发电	15	S15 _ NACELLE _ RESET 机舱复位
08	S8 _ NIGHT _ OFF 重启		

附录 A　风电机组维护相关要求与标准

根据国内几家主要风电机组制造厂家汇总风电机组维护相关要求如下。

1. 安全规程

（1）安装现场的安全要求

1）现场安装人员应经过安全培训，工作区内不允许无关人员滞留。

2）现场指挥人员应唯一且始终在场，其他人员应积极配合并服从指挥调度。

3）在风机安装现场，工作人员必须穿戴必要的安全保护装置进行相应的作业。

4）恶劣天气特别是雷雨天气，禁止进行安装工作，工作人员不得滞留现场。

（2）搬运、起吊的安全要求

1）在任何情况下应首先使用机械方式进行物体的搬运和起吊。除非在别无选择的情况下，才允许采用人工操作。

2）在使用吊车等机械设备搬运起吊物体时，首先应检查设备是否合格，负荷量是否在安全要求范围之内。

3）吊车操作人员应持证上岗。

（3）接近风机时的安全要求

1）雷电天气，禁止人员进入或靠近风机，因为风机能传导雷电流，至少在雷电过去1小时后再进入。

2）塔架门应在完全打开的情况下固定，避免意外伤人。

3）用提升机吊物时，须确保此期间无人在塔架周围或者在安全距离之外，避免坠物伤人。

（4）在风机内工作的安全要求

1）工作人员在攀爬塔架时，应该头戴安全帽、脚穿胶底鞋。在攀爬之前，必须仔细检查梯架、安全带和安全绳，如果发现任何损坏，应在修复之后方可攀爬。平台窗口盖板在通过后应当立即关闭。

2）在攀爬过程中，随身携带的小工具或小零件应放在袋中或工具包中，固定可靠，防止意外坠落。不方便随身携带的重物应使用提升机输送。

3）不能在≥10m/s的风速时进行吊装，风速≥12m/s时，禁止在机舱外作业，风速≥18m/s时，禁止在机舱内工作。

4）当人员需要在机舱外部工作时，人员及工具都应系上安全带。作业工具应放置在安全地方，防止出现坠落等危险情况。

5）一般情况下，一项工作应由两个或以上的人员来共同完成。相互之间应能随时保持联系，超出视线或听觉范围，应使用对讲机或移动电话等通讯设备来保持联系。

6）塔筒安装：吊装过程中风速<10m/s。

7）机舱安装：吊装过程中风速<10m/s。

8）叶轮安装：吊装过程中风速<8m/s。

（5）风机的安全装置及使用方法

在爬塔架或滞留在风电机组里的时候，必须穿戴安全装备，如：安全带、安全锁扣、安全帽等，在向上爬之前，每个人都要能正确地使用安全装备，认真阅读安全装备的说明书，"错误的使用可能会导致生命危险"，同时对于安全装备要正确的维护，而且注意其失效期。

安全带必须与防滑块和缓冲绳一起使用，在攀爬梯子时，防滑块必须卡入防滑导轨，防滑块与安全带胸前安全环相扣，严禁不挂防滑块爬塔架以及在机舱外工作时不挂缓冲绳。

（6）电气安全。

1）为了保证人员和设备的安全，只有经培训合格的电气工程师或经授权人员才允许对电气设备进行安装、检查、测试和维修。

2）带电工作时必须使用绝缘工具，而且要将裸露的导线作绝缘处理。应注意用电安全，防止触电。

3）现场需保证有两个以上的工作人员，工作人员进行带电工作时必须正确使用绝缘手套、橡胶垫和绝缘鞋等安全防护措施。

4）对超过 1000V 的高压设备进行操作，需按照工作票制度进行。

2. 国内某风电场风力发电机组维护计划（节选）

（1）维护计划。

按照规定的维护时间完成所有要求的维护工作，风力发电机的故障和损坏可以减小到最少。

维护工作包括塔架、机舱、发电机、叶轮、控制系统和远程监控。

（2）维护计划说明。

维护计划是指执行维护清单中列出的维护工作的时间表。维护计划列出了风力发电机从开始运行后 20 年的维护工作。机组维护计划见附表 A1。

维护时间（年）是从首次运行后开始，确定了维护时间表。

维护代码 A、B、C，确定在维护清单中标记了本级代码的维护项目都要在这个级别的维护工作中执行。

维护代码 X1、X2、X3 表示扩展维护，维护清单中所有标记了 X1、X2、X3 的维护项目都要在这级维护工作中执行。

维护工作 A、B、C 级及扩展维护分别介绍如下。

1）维护 A：首次运行后 1～3 个月维护，维护 A 是单次的工作，在风力发电机的维护计划中只执行一次。

维护 A 执行的时间误差是±1 个月。

2）维护 B：半年维护。维护 B 执行的时间误差是±1 个月。

3）维护 C：一年维护。维护 C 执行的时间误差是±1 个月。

4）维护 X，扩展维护。

标注 X1 的项目是每隔两年扩展维护。标注 X2 的项目是每隔三年的扩展维护。标注 X3 是每隔五年扩展维护。扩展维护 X1、X2、X3 执行的时间误差是±1 个月。

除了维护计划外，可以在任何有必要的时候检查风机或单个的零部件。

所有的维护操作和检查都必须完整地记录在维护记录中。

进行维护和检查工作前，应查阅维护记录，可以了解风机当前的状态和一些特殊的情况。

附表 A1   **机组维护计划表**

时间（年）	级别	扩展
1/4	A	—
1/2	B	—
1	C	—
1+1/2	B	—
2	C	X1
2+1/2	B	—
3	C	X2
3+1/2	B	—
4	C	X1
4+1/2	B	—
5	C	X3
5+1/2	B	—
6	C	X1、X2
6+1/2	B	—
7	C	—
7+1/2	B	—
8	C	X1
8+1/2	B	—
9	C	X2
9+1/2	B	—
10	C	X1、X3
10+1/2	B	—
11	C	—
11+1/2	B	—
12	C	X1、X2
12+1/2	B	—
13	C	—
13+1/2	B	—
14	C	X1
14+1/2	B	—
15	C	X2、X3
15+1/2	B	—
16	C	X1
16+1/2	B	—
17	C	—
17+1/2	B	—

时间（年）	级别	扩展
18	C	X1、X2
18＋1/2	B	—
19	C	—
19＋1/2	B	—
20	C	X1、X3

（3）维护清单。

维护清单列出了风力发电机的所有的维护工作。附表 A2～附表 A5 中，第一列是维护工作检查内容，第二列至第五列是维护级别代码。最后一列是维护工作的执行情况记录。

在表格中，填"√"表示本项维护工作按要求完成，"R"表示本项维护工作有问题需要记录；"×"表示本项维护工作因某种原因没有执行。

每一项维护工作出现了问题或做了调整（设备的状态超出了规定的要求）都必须记录在维护记录中。维护记录的内容将记录在维护报告中。

附表 A2　　　　　　　　　　　总体、塔架部分维护清单

	检查内容	A	B	C	X	结果
总体检查						
1	检查防腐、裂纹、破损、渗漏情况	A	B	C		
2	检查运行噪声	A	B	C		
3	检查防坠落装置、灭火器、警告标志	A	B	C		
塔架和基础						
1	检查塔架、基础外观－裂纹、防腐、破损	A	B	C		
2	检查塔架和基础的连接有无防腐破损，有无进水	A	B	C		
3	检查塔架门的百叶窗、门、门框和密封圈是否损坏，门锁的性能（开、闭、锁）	A		C		
4	检查基础内支架的紧固，有无电缆烧焦、基础内有无进水、昆虫并清洁	A		C		
5	检查塔架内梯子，平台是否损坏，防腐是否破损并清洁	A	B	C		
6	检查塔架内电缆和接电线是否完好	A	B	C		
7	紧固梯子、平台的连接螺栓	A		C		
8	检查螺栓力矩，底法兰：4500N·m	A		C		
9	检查螺栓力矩，中下法兰：4500N·m	A		C		
10	检查螺栓力矩，中上法兰：4500N·m	A		C		

附表 A3　　　　　　　　　　　　机舱部分维护清单

检查内容	A	B	C	X	结果
偏航系统 - 偏航减速器					
1　检查偏航减速器 - 泄漏	A	B	C		
2　检查偏航减速器 - 油位，在油窗的 1/2 处	A	B	C		
3　首次运行 6 个月后更换润滑油，润滑油型号：Shell Omala HD 320，以后每 5 年更换一次					
4　化验偏航减速器润滑油，不合格则更换				X3	
5　检查螺栓力矩，偏航减速器 - 底座：340N·m	A		C		
偏航系统 - 偏航电机					
1　制动器气隙的检查与调整	A	B	C		
2　摩擦片的检查与更换	A	B	C		
3　检查电机绝缘电阻	A	B	C		
4　检查接地装置	A	B	C		
5　检查电机接线盒电缆连接	A	B	C		
偏航系统 - 偏航轴承					
1　检查偏航轴承密封圈的密封性，擦去泄漏的油脂及灰尘	A	B	C		
2　检查螺栓力矩，偏航轴承 - 底座：1640N·m	A		C		
3　检查螺栓力矩，偏航轴承 - 塔架上法兰：1640N·m	A		C		
4　检查偏航小齿轮 - 磨损，裂纹，润滑	A	B	C		
5　检查偏航轴承齿轮 - 磨损，裂纹，润滑	A	B	C		
6　检查偏航齿轮间隙 0.4～0.9mm（在 3 个做绿色标记的齿处）			C		
偏航系统 - 偏航刹车					
1　检查液压接头是否紧固和有无渗漏	A	B	C		
2　检查偏航刹车盘有无裂纹、划痕或损坏，刹车盘不允许有油脂	A	B	C		
3　检查偏航刹车片，刹车片厚度小于等于 2mm 时更换	A	B	C		
4　检查螺栓力矩，偏航制动器 - 偏航刹车盘：1200N·m	A		C		
液压系统					
1　检查油位	A	B	C		
2　检查过滤器，必要时更换	A	B	C		
3　检查接头有无泄漏	A	B	C		
4　检查油管有无泄漏和表面裂纹、脆化	A	B	C		
5　连接测压表，检查下列参数：刹车压力 15～16MPa，偏航余压 2～3MPa	A	B	C		
6　化验液压油，不合格则更换液压油				X2	
自动润滑系统					
1　检查油位，补加油脂					
2　检查接头有无泄漏，过压保护单元是否启动	A	B	C		

续表

	检查内容	A	B	C	X	结果
3	检查油管有无泄漏和表面裂纹、脆化	A	B	C		
4	检查泵单元是否工作正常，偏航轴承、润滑小齿轮各润滑点是否出油	A	B	C		
机舱						
1	检查机舱罩外观 - 裂纹、损伤、腐蚀	A	B	C		
2	检查机舱、天窗的密封性	A	B	C		
3	检查梯子、平台的连接螺栓并清洁	A		C		
4	紧固机舱体与舱底连接螺栓	A		C		
5	紧固螺栓，机舱体 - 下平台总成：$T=575\mathrm{N\cdot m}$	A		C		
底座						
1	检查底座裂纹、损坏及防腐层，补刷破损的部分	A	B	C		
2	检查螺栓力矩，底座与底座骨架：$475\mathrm{N\cdot m}$	A		C		
电控						
1	紧固所有电控柜固定和连接螺栓	A		C		
2	紧固接线端子	A		C		
3	检查电缆 - 裂纹，破损	A	B	C		
4	检查照明系统	A	B	C		
5	清洁电控柜通风滤网	A	B	C		
提升机						
1	检查提升机的状态、链条、链盒和提升机的固定支撑	A		C		
2	检查护栏及电缆的固定连接情况	A		C		
风向标、风速仪						
1	检查测风支架是否有腐蚀现象	A	B	C		
2	紧固测风支架与机舱的固定螺栓	A		C		
3	检查风向标、风速仪工作是否正常	A	B	C		
4	检查温度传感器和接地电缆有无破损及连接	A	B	C		

附表 A4　　　　　　　　　　发电机部分维护清单

	检查内容	A	B	C	X	结果
定子、转子						
1	发电机定子的外观检查，检查有无损坏	A	B	C		
2	发电机转子的外观检查，检查焊缝和漆面	A	B	C		
转动轴						
1	转动轴的外观检查，有无裂纹、损坏和漆面	A	B	C		
2	紧固螺栓，转动轴 - 转子支架：$1640\mathrm{N\cdot m}$	A		C		
3	紧固螺栓，转轴止定圈 - 转轴：$243\mathrm{N\cdot m}$	A		C		

续表

检查内容		A	B	C	X	结果
定子轴						
1	检查定子轴裂纹、损坏及防腐层，补刷破损的部分	A	B	C		
2	紧固螺栓，定轴 - 发电机定子支架：1640N·m	A		C		
3	紧固螺栓，定轴 - 底座：2850N·m	A		C		
4	紧固螺栓，定轴止定圈 - 定轴：243N·m	A		C		
5	紧固螺栓，轴承端盖 - 轴承：243N·m	A		C		
前轴承（小轴承）						
1	检查密封圈的密封并清洁，擦去多余油脂	A		C		
2	润滑，油脂量：300g，油脂型号：SKF LGEP2，每个油嘴均匀地加注油脂，加注时打开放油口	A		C		
3	排出旧油脂，加注新油脂				X3	
后轴承（大轴承）						
1	检查密封圈密封并清洁，擦去多余的油脂	A		C		
2	油脂量：200g，油脂型号：SKF LGEP 2，每个油嘴均匀地加注油脂，加注时打开放油口	A		C		
3	排出旧油脂，加注新油脂				X3	
转子锁定						
1	螺栓是否有裂纹、变形	A	B	C		
2	检查接近传感器的间距：3~5mm	A	B	C		
3	检查转子锁定装置转动是否灵活，手轮与螺栓必要时涂润滑脂	A		C		
4	检查转子上锁定槽是否完好	A		C		
转子制动器						
1	检查液压油管有无破损及接头的密封性	A	B	C		
2	检查刹车片有无裂纹、划痕或损坏，刹车片厚度小于等于 2mm 时更换	A	B	C		
3	检查螺栓力矩，转子制动器 - 定子：1200N·m	A		C		

附表 A5　　　　　　　　　叶轮部分维护清单

检查内容		A	B	C	X	结果
叶片						
1	检查叶片外观 - 裂纹、变形、破损和清洁	A	B	C		
2	检查叶片毛刷的密封情况	A		C		
3	检查防雷保护的连接是否完好	A	B	C		
4	检查螺栓力矩，叶片 - 变桨轴承 1640N·m	A		C		
轮毂						
1	检查轮毂防腐层，补刷破损的部分	A	B	C		

	检查内容	A	B	C	X	结果
2	检查轮毂外观 - 裂纹、破损	A	B	C		
3	检查螺栓力矩，轮毂 - 转动轴：2850N·m	A		C		
4	检查螺栓力矩，轮毂 - 变桨轴承：1640N·m	A		C		
变桨轴承						
1	检查变桨轴承密封圈的密封，除去灰尘及泄漏出的油脂	A		C		
2	润滑变桨轴承滚道 fuchs gleitmo 585k		B	C		
3	检查变桨轴承防腐层，补刷破损的部分	A	B	C		
4	变桨轴承油脂采样			C		
5	油脂量：（单个轴承 1250g/半年），每个油嘴均匀地加注油脂，加注时打开放油口，排出旧油脂，加注新油脂		B	C		
变桨减速器						
1	检查变桨减速器 - 泄漏和油位	A	B	C		
2	运行变桨驱动，检查有无异常噪声	A	B	C		
3	换油：首次运行 6 个月更换润滑油，以后每 5 年更换一次					
4	化验变桨减速器润滑油，不合格则更换				X3	
5	紧固螺栓，变桨减速器 - 调节滑板：160N·m	A		C		
6	紧固螺栓，变桨减速器 - 变桨驱动齿轮（天津卓轮）：70N·m	A		C		
7	紧固螺栓，变桨减速器 - 变桨驱动齿轮（邦飞利）：110N·m	A		C		
变桨驱动支架						
1	外观检查，腐蚀以及漆面和焊缝的完好度	A	B	C		
2	紧固螺栓，顶板 - 变桨驱动支架：243N·m	A		C		
3	紧固螺栓，调节滑板 - 变桨驱动支架：243N·m	A		C		
4	紧固螺栓，轮毂 - 变桨驱动支架：475N·m	A		C		
变桨盘						
1	检查变桨盘破损、裂缝、腐蚀及变形情况	A	B	C		
2	检查齿形带的连接螺栓	A		C		
3	检查叶轮锁定的连接螺栓	A		C		
张紧轮						
1	检查破损、裂缝、腐蚀和密封	A	B	C		
2	检查张紧轮与齿形带轮的平行，平行度为 2mm	A	B	C		
3	加脂，油脂型号：SKF LGEP2，排出旧油脂并清洁	A		C		
齿形带						
1	检查是否有损坏和裂缝，检查齿形带齿并清洁	A	B	C		
2	用张力测量仪 WF - MT2 测量齿形带的振动频率，频率 f 为85～95Hz	A		C		
3	在顺桨和工作状态分别检查齿形带的位置，距中心±5mm	A	B	C		

续表

	检查内容	A	B	C	X	结果
4	检查齿形带压紧板与变桨盘的连接螺栓	A		C		
限位开关传感器支架						
1	检查限位开关的紧固螺栓	A		C		
变桨柜						
1	检查变桨柜支架固定及电缆固定	A	B	C		
2	紧固螺栓，变桨柜支架-变桨轴承，力矩：1640N·m	A		C		
导流罩						
1	外观检查，有无裂纹、损坏，梯步的状况，以及与发电机的密封间隙	A	B	C		
2	检查导流罩连接螺栓	A		C		
3	检查导流罩前、后支架有无裂纹、损坏和漆面	A	B	C		
4	检查导流罩的前、后支架及连接螺栓	A		C		
清洁风电机组						
1	清洁，补涂破损防腐	A	B	C		

注：A级维护要求重新紧固所有的螺栓；C级维护要求按照力矩表要求的数量紧固螺栓并做标记以使下次检查时不会重复。如果发现有松动的螺栓，则紧固该项所有的螺栓并做记录。

针对上面风电机组维护清单中螺栓紧固的操作，附表 A6 给出了螺栓紧固力矩表，机组的所有螺栓在吊装和维护过程中均必须严格按要求紧固。

附表 A6　　　　　　　　　　　　螺栓紧固力矩表

序号	位置	检查数（总数）	螺栓型号及强度等级	扳手（mm）	力矩[N·m]
叶轮					
1	叶片-变桨轴承	40（162）	双头螺柱 M30×550-10.9	46	1640*
2	轮毂-变桨轴承	40（162）	GB/T 5782-2000 M30×240-10.9	46	1640*
3	轮毂-变桨驱动支架	24（24）	GB/T 5782-2000 M20×160-10.9	30	475
4	轮毂-转动轴	12（48）	GB/T 5782-2000 M36×220-10.9	55	2850*
5	顶板-变桨驱动支架	3（18）	GB/T 5782-2000 M16×90-10.9	24	243
6	调节滑板-变桨驱动支架	18（18）	GB/T 5782-2000 M16×90-10.9	24	243
7	变桨柜支架-变桨轴承	3（9）	GB/T 5782-2000 M30×240-10.9	46	1640*
8	变桨减速器-调节滑板	24（24）	GB/T 70.1-2000　M16×100-8.8	14（内六角扳手）	160
9	变桨减速器-变桨驱动齿轮（天津卓轮）	18（18）	GB/T 70.1-2000 18-M12×40-8.8	10（内六角扳手）	70
10	变桨减速器-变桨驱动齿轮（邦飞利）	18（18）	GB/T 70.1-2000 9-M14×40-8.8	12（内六角扳手）	110

续表

序号	位置	检查数（总数）	螺栓型号及强度等级	扳手（mm）	力矩 [N·m]
发电机					
1	定轴 - 底座	10 (48)	双头螺柱 M36×300 - 10.9	55	2850 *
2	定轴 - 定子支架	12 (48)	GB/T 5782 - 2000 M30×170 - 10.9	46	1640 *
3	转动轴 - 转子支架	12 (48)	GB/T 5782 - 2000 M30×170 - 10.9	46	1640 *
4	转轴止定圈 - 转轴	6 (24)	GB/T 5782 - 2000 M16×100 - 10.9	24	243
5	定轴止定圈 - 定轴	5 (18)	GB/T 5782 - 2000 M16×100 - 10.9	24	243
6	转子制动器 - 定子	4 (8)	GB/T 5782 - 2000 M27×240 - 10.9	41	1200
偏航					
1	偏航减速器 - 底座	12 (54)	GB/T 70.1 - 2000 M18×90 - 10.9	14 (内六角扳手)	340
2	偏航轴承 - 底座	10 (75)	GB/T 5782 - 2000 M30×190 - 10.9	46	1640 *
3	偏航轴承 - 塔架上法兰	10 (76)	GB/T 5782 - 2000 M30×290 - 10.9	46	1640 *
4	偏航制动器 - 底座	20 (80)	GB/T 5782 - 2000 M27×260 - 10.9	41	1200 *
5	底座 - 底座骨架	4 (8)	GB/T 5782 - 2000 4 - M20×120 - 10.9 GB/T 5782 - 2000 4 - M20×200 - 10.9	30	475
机舱					
1	机舱体 - 下平台总成	2 (4)	GB/T 5783 - 2000 4 - M24×200 - 10.9	36	475
塔架					
1	下法兰	14 (124)	GB/T 5782 - 2000 M42×220 - 10.9	65	4500 *
2	中下法兰	12 (108)	GB/T 5782 - 2000 M42×220 - 10.9	65	4500 *
3	中上法兰	8 (76)	GB/T 5782 - 2000 M42×215 - 10.9	65	4500 *

注　1. 带 * 为重点检查。

　　2. 对每项需检查的螺栓在圆周上应均匀地选择，并在紧固后做好标记。

　　3. 采用液压扭力扳手检查时，必须确保其力矩误差在±3％范围之内。采用手动力矩扳手进行检查时，必须确保其力矩误差在±5％范围之内。

　　4. 重新紧固螺栓时，如果发现螺母转动超过 20°时，则该项剩余的所有螺栓必须重新紧固。如果螺母转动超过 50°时，则必须更换螺栓和螺母，且该项剩余的所有螺栓必须重新紧固。更换后的螺栓应做"已更换"标记，并在维护报告中做好记录。

针对上面风电机组维护清单中润滑油脂和损耗品的规格，附表 A7 给出明确要求。附表 A8 为风电机组日常维护所需的维护工具清单。

附表 A7　　　　　　　　　　　　　维　护　工　具

序号	名称	规格型号	单位	数量	备注
1	活动扳手	最大开口 35mm	个	1	
2	双开口扳手	13 件套	套	1	
3	公制组套工具	58 件套	套	1	

序号	名称	规格型号	单位	数量	备注
4	双开口扳手	41-46	个	1	
5	双开口扳手	50-55	个	1	
6	双开口扳手	60-65	个	2	
7	公制球形内六角扳手	9件套	套	1	
8	公制球形内六角扳手	12，14，17	个	1	
9	液压扭力扳手	HYTORC3mxta	个	1	
10	扭力扳手	340N·m（12.5）	个	2	
11	扭力扳手	500N·m（19）	个	2	
12	套筒头（20）	30mm	个	4	
13	套筒头（25）	41mm	个	2	
14	套筒头（25）	46mm（薄壁加长）	个	2	
15	套筒头（25）	55mm	个	2	
16	套筒头（25）	65mm	个	2	
17	一字形螺钉旋具	125mm×3	个	2	
18	一字形螺钉旋具	125mm×6	个	2	
19	十字形螺钉旋具	125mm×3	个	2	
20	十字形螺钉旋具	125mm×6	个	2	
21	钢卷尺	5m	个	1	
22	数显游标卡尺	150mm	个	1	
23	塞尺	200（14片）	个	1	
24	数字万用表	电压量程750V以上	个	1	
25	数字钳形表	电压量程750V以上	个	1	
26	相序表	XZ-1	个	1	
27	张紧力测量仪	WF-MT2	个	1	
28	小木锤		个	1	
29	工具包		个	6	
30	对讲机		对	2	
31	望远镜		个	1	
32	多用插线板		个	1	
33	红外测温枪	AZ8859	个	2	
34	兆欧表	ZC25-4　1000V	个	2	
35	测压表及接头	0～20MPa	套	2	
36	排气管、带接头	3m	套	4	
37	手摇油泵	刮板式	个	2	
38	软管漏斗	中	个	2	
39	油脂加注枪		个	3	

附表 A8   **油脂和耗品清单**

序号	名称	规格型号	说明	A	B	C	X
1	发电机前轴承润滑油脂	SKF，LGEP2	加脂周期 4000h，加脂量每次 300g	A	B	C	
2	发电机后轴承润滑油脂	SKF，LGEP2	加脂周期 4000h，加脂量每次 200g	A	B	C	
3	偏航（变桨）减速器润滑油	Shell Omala HD 320	观察窗 1/2 位置	A	B	C	
4	润滑泵（偏航轴承油脂及齿面润滑脂）	fuchs gleitmo 585k	最大量 3kg				
5	变桨轴承油脂	fuchs gleitmo 585k	每个油嘴约 100g 总计约 1250g/半年/轴承		B	C	
6	液压油	道达尔 Total EQUIVIS XV32（低温地区）	见油位	A	B	C	
7	螺纹锁固胶	可赛新 1277 50mL		A	B	C	
8	清洗剂	洗洁精		A	B	C	
9	机械密封胶	山泉 AM-120C 300mL		A	B	C	
10	偏航刹车摩擦片						X1
11	转子刹车摩擦片						X1

附录B 风电机组叶片除冰防冻问题

国内各大风力发电公司近年来都十分重视风机结冰对风力发电的影响进行研究和数据跟踪。本附录介绍近年来数个风电场发电的数据。通过对这些风电场在冬季恶劣天气条件下发电运行数据的监测跟踪，得到的结论是：风机结冰对风力发电影响很大，会直接导致风力发电出力减小或直接停机。不同的风电场，由于气候条件不同，风电机组发电运行所受的影响也会不同。雨雪天气下对风电机组发电运行影响最大；寒冷晴朗天气当空气湿度达到一定条件也会引起风机叶片结冰，造成风电机组出力减少，影响发电。并且冬季结冰天气不仅造成风电机组发电量减少，而且对风电设备也会造成一定的破坏。此外，结冰天气对变电、输电设备、线路也会造成影响。

下面是在恶劣雨雪天气下2014年2月期间几个国内风电场现场数据记录及各风场的处理措施和分析建议。

1. 湖北某风电场冬季除冰防冻相关故障

该风电场分为一期和二期，一期总装机容量49.6MW，共31台GE1600kW风电机组；五岳山二期总装机容量48MW，共24台2000kW的风电机组。

(1) 冰雪恶劣天气对升压站及发电计划实施的影响。

2014年2月3日晚间全国天气预报：受强冷空气影响，长江以北不少地区经历大风降温。2月4日0:30开始强冷空气到达风电场，部分风机报暴风停机。

2月4日早8点一期12号风电机组10分钟平均风速23.66m/s。二期六号线1号、2号、4号、5号、7号、8号、9号，五号线18号、19号，四号线22号、24号均显示无风速或者风向无变化，判断为风速仪风向标结冰。一期14号、22号显示风速值与实际功率值不符，3号报风速仪串口通信中断，30号报变桨轴1、2、3无通信，全场出力为47 580kW，风机开始覆冰并随着时间推移不断发展。

截至2月25日0时随着天气好转升压站及风机运行情况全部恢复正常，月发电量513.88万kWh，月计划电量1720万kWh，月度完成率仅仅为29.8%。

(2) 冰雪恶劣天气对风机运行的影响。

附图B1 二期风电机组风速仪风向标被冻住

冰冻雨雪天气发生后对风机进行巡视、处理故障发现：一、二期风机（见附图B1、附图B2）确实因冻雨天气导致风机无风速风向且叶片覆冰，造成了风机无法正常运行，产生了严重的电量损失。

截至2月25日0时全场55台风机无覆冰造成的风机出力受限及停机。现场检修人员尽全力检修故障，风机有2台停机。

(3) 冰雪恶劣天气对35kV集电线路运行的影响。

由于天气恶劣，风电场运行值班人员对35kV集电线路和风机多次进行巡视。但因道

路积雪和结冰原因，2 月 13 日之前只对 35kV A26 号 - A24 号
之间的线路和塔架进行了巡查，并于 2 月 6 日发现 35kV 出线
四 26 号塔 B 相导线与绝缘子连接部位断开（见附图 B3）。经
积极组织消缺，缺陷于 2 月 11 日消除。消除上述缺陷后对
35kV 出线四、出线五（出线四、出线五的终端塔为同一个，
即 A26 号塔）进行绝缘测试，准备送电，却发现出线四、出线
五三相对地绝缘均为"0"，不符合送电条件。观察 A26 号塔 -
A22 号塔之间的线路后也未发现其他异常情况，由于道路结
冰，无法对所有塔架进行巡查，故 2 月 11 日并未对 35kV 出线
四、出线五送电。

附图 B2　一期 GE 风电机组
覆冰情况

附图 B3　26 号塔 B 相导线与绝缘子连接部断开

附图 B4　线路绝缘子覆冰情况

　　2 月 14 日，天气由雪转晴，道路结冰情况稍有好转，拟对 35kV A23 号 - A1 号塔进行
巡视后为出线四、出线五线路巡视后送电。A23 号 - A14 号塔地处峡谷之内，通过远处望远
镜观察，未发现异常。对处于山脊的 35kV 集电线路 A13 - A1 塔进行了徒步巡视，发现了几
处较为严重的安全隐患：

　　1）35kV 集电线路 A9 号塔出线四 A 相有一个绝缘子掉落，与 A 相导线悬吊在空中，
处于可摆动状态，导线与塔架之间最小距离已经小于 10cm。

　　2）A7 号 - A1 号塔架、导线、绝缘子之间覆冰严重，塔架、导线、绝缘子、避雷器的
覆冰已经连成一片（见附图 B4）。

　　3）A10 号塔与 A9 号塔之间的通信光缆断掉。

　　截至 2 月 25 日现场 35kV 集电线路已消除的缺陷：A9 号塔上 A 相绝缘子与线路断开缺
陷已处理。遗留缺陷有 A10 号与 A9 号塔之间通信光缆因天气原因预计 26 日恢复完毕。线
路巡视暂未发现其他新的问题但也发现一些隐患。

　　1）绝缘子与铁塔之间连接件的焊接工艺不过关，可能会再次造成绝缘子与线路断开问
题的发生。

　　2）塔架之间的光缆由于无法承受覆冰而断裂的问题，此次观察塔架间架空断裂的光缆发现
其强度无法承受覆冰的重量，如不加以改进下次依然会发生风机光缆因冻雨天气而断裂的问题。

　　（4）冰雪恶劣天气对道路通行的影响。

　　冻雨期路面结冰湿滑，积雪厚度平均到达 20cm，车辆通行困难，在保证现场车辆安全

的情况下采取了多种安全措施全力保障风场正常运行用车需求。到25日现场道路已可正常通行。

（5）损失电量情况。

即便是在地处华中内陆的地区，冰冻雨雪天气给风电场生产运行也会造成严重的影响，像风电机组叶片覆冰、风速风向仪冻住、道路湿滑、集电线路缺陷等都会最终直接影响发电量任务的完成情况。

该电场从2月4日起遭受大风降温冻雨，这对风机发电量造成严重影响。统计损失电量一期210.29万kWh，二期257.27万kWh。由于风机风速仪被冻住，在现场统计过程中的风速值比实际值小。同时考虑风机运行情况，造成统计损失电量值比实际损失电量小很多。经过风电场管理部门总结，二期风场采用某W-99-80型风机损失电量高的原因有以下几个方面：①叶片覆冰严重；②风机故障率高；③风速风向仪冻住；④5号风机发电机故障；⑤风机没有远程安全链复位功能加之道路冰冻湿滑人员无法到达机位。

（6）对风力发电机组产生的问题。

1）叶片覆冰严重。由于雨雪天气空气湿度大，加之夜间温度低导致风机叶片覆冰严重无法正常出力工作。较明显的表现为风速较大但是功率很小。

2）风机故障率高。根据后台SCADA系统记录的数据从2月1日0时至18日仅仅18天内风机仅变桨系统报"故障300686轴3实际桨距角与设定值超限""故障300685轴2实际桨距角与设定值超限""故障300684轴1实际桨距角与设定值超限"次数分别为129、128、126次，且报此故障会伴随其他变桨故障产生同时触发安全链故障，无法后台复位启机。

根据与现场发电机组厂家维保人员沟通，此故障与滑环质量问题有关，运行过程中滑环不稳定造成PLC与变桨系统的通信产生瞬时中断。

3）风速风向仪冻住。风机采用的是风杯式风速仪、风向标式风向仪。在现场运行中发现此风速仪风向标加热器功率太小，在该地区冬季冻雨天气无法正常运行均会冻住。发现此问题后现阶段只能采取人工登机手动敲掉冰块，不仅费时费力且严重影响风机可利用率。建议将此风速仪更换为加热功率大的风速风向仪（加热功率需在90W）。对比一期采用的FT702LT型风速仪，其加热器系统功耗能在0到99W之间范围自动调节，在风场登机观察发现未有冰冻情况，见附图B5。

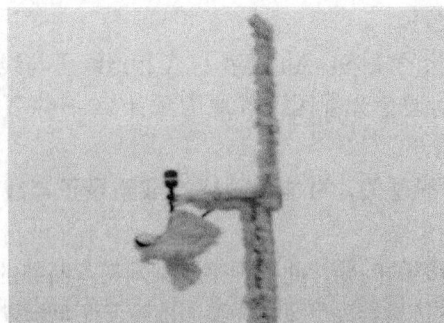
附图B5　一期FT风速仪冰冻情况

附图B6　发电机转子主轴损伤情况

4）5号风机发电机故障。5号风机在1月22日报发电机碳刷故障登机检查后发现集电环B相打火，待厂家客服到场检查后发现为发电机后轴轴承损坏需更换后轴轴承，1月26日更换完后轴轴承后运行发现发电机振动大。经风场技术人员全程跟踪反馈的情况看5号发电机转子主轴后轴承位置已发生了明显的磨损，如附图B6，现场安装工艺无法满足电机工艺要求。故在与现场机组生产厂家客服沟通出具解决方案。

5）风机没有远程安全链复位功能加之道路冰冻湿滑人员无法到达机位：由于风机后台现在无法进行远程安全链复位，大雪天气人员又无法及时到达机位，故风机故障停机时间太长。在以后工作的改进中，应当在有客服人员授权的情况下实现机组远程安全链复位的功能，从而尽量减少在恶劣天气情况下因道路原因造成的停机时间过长的情况。同时由于集电线路缺陷原因造成了风场二期风机电量损失大，一期风机现在随着天气情况慢慢好转覆冰情况已消除，下一步风场会积极开展生产恢复工作，同时针对风机覆冰融化情况做好相应安全措施避免发生掉冰伤人情况发生。

2. 某风电场冬季除冰防冻相关数据统计

（1）现场积雪覆冰整体记录。

该台风电场一期工程目前有8台机组调试完成，其中6台并网发电（I01006号风机离主吊车吊臂过近未运行，I01008号风机机舱提升机故障机组发电机主轴未对中）。2014年2月5日上午开始下雨夹雪，至下午19时，风机由于叶片覆冰，6台风机都处于空转或停机模式，见附表B1。截至2月12日24时，风机都恢复正常。同期，风机风速仪和风向标在6日11时21分至11日15时期间完全冻结。2月16日至18日下雪，风机没有出现覆冰现象。

附表 B1　　　　　　　　该风电场 2014 年 2 月份积雪覆冰故障记录

日期	叶片积雪覆冰情况	风速仪风向标积雪覆冰情况	道路积雪覆冰情况
2014.2.5	下午开始覆冰严重	正常	正常
2014.2.6	积雪覆冰严重	积雪覆冰严重	1、2、3、6、7、8号机组车辆无法通行
2014.2.7	积雪覆冰严重	积雪覆冰严重	1、2、3、6、7、8号机组车辆无法通行
2014.2.8	积雪覆冰严重	积雪覆冰严重	1、2、3、6、7、8号机组车辆无法通行
2014.2.9	积雪覆冰严重	积雪覆冰严重	1、2、3、6、7、8号机组车辆无法通行
2014.2.10	积雪覆冰严重	积雪覆冰严重	1、2、3、6、7、8号机组车辆无法通行
2014.2.11	积雪覆冰严重	下午恢复正常	1、2、3、6、7、8号机组车辆无法通行
2014.2.12	下午恢复正常	正常	1、2、3、6、7、8号机组车辆无法通行

（2）电量损失。

结合天气预报风速，2月5日19时至2月12日24时，风场损失电量约为33.32万kWh。附表B2为电量损失具体情况记录。

附表 B2　　　　　　该风电场 2014 年 2 月份叶片覆冰电量损失记录

日期	风速	损失电量（万 kWh）	上网电量（万 kWh）
2014.2.5	9.5	3	7.1
2014.2.6	7	5.5	0
2014.2.7	5	3	0
2014.2.8	6	3.6	0
2014.2.9	7	5.5	0
2014.2.10	5	3	0
2014.2.11	4	0.72	0
2014.2.12	10.63	9	7.1
平均	6.8	4.2	1.775
合计		33.32	14.2

（3）结冰情况分析。

环境温度较低，风机机舱外环境温度一直处于−7.9～−1℃，雨雪在这一温度范围易结冰。2 月 5 日开始先下雨后下雪，叶片淋湿后，积雪易附着叶片表面而结冰。叶片结冰后严重影响叶片气动性能，导致机组功率曲线大幅度下降。2 月 6 日中午开始，现场道路因积雪结冰，车辆行驶困难，现场人员不便于及时去风机清理气象站。机舱顶部积雪结冰情况严重，且阵风较强，人员出舱清理风速仪风向标较为危险。风场道路部分路段坡度较大，变电站至 2 号机位路段、2 号至 1 号机位路段、5 号至 6 号机位路段、6 号至 7 号机位路段，只要现场下雨或者下雪，这几处路段车辆通行都比较危险，只能走路巡检或抢修。

（4）现场采取措施。

2 月 5 日晚上通知机组制造厂家现场维护人员，他们于 6 日上午到达现场，因雨夹雪较大，没有到风机顶部清理风速仪和风向标，对叶片积雪结冰也没有很好的解决办法，只能让其处于停机状态，到各机位现场观察叶片和箱式变压器积雪覆冰情况。9 日至 11 日每天中午现场巡检完后，确定风机周围无人后，对该机组间隔进行多次远程启动和停机操作，并密切关注机舱振动数据，希望能将叶片覆冰甩开，但效果不明显。观察风机风速仪风向标结冰情况，发现 1 号风机风速仪风向标加热器工作不正常，告知厂家现场维护人员，他们检修后加热器恢复正常。11 日中午 14 时，启动《风电场防冰冻、暴风雪应急预案》，现场人员依照该预案各司其职，以及时应对恶劣天气条件下出现的各种突发情况。巡视现场，防止外单位人员及当地村民靠近风机，避免叶片冰块砸伤人和车辆，杜绝安全事故发生。

3. 贵州某风电场冬季除冰防冻相关数据统计

（1）当地气象数据统计及分析。

2 月 7 日 1 时 30 分，受强冷空气的影响，贵州出现温度骤降，从以上每日温度与风速统计分析可以看出：从 2 月 7 日 01 时起截至 02 月 19 日 13 时，风电场当地最低温度值：零下 5.8℃，最高温度 7.03℃，平均气温：零下 0.68℃；最大风速：10.92m/s，最小风速：0.79m/s，平均风速：5.00m/s。其湿度值是现场用湿度计测量为 78%～89%。

具体气象参数（取典型三日为例）见附图 B7、附图 B8。

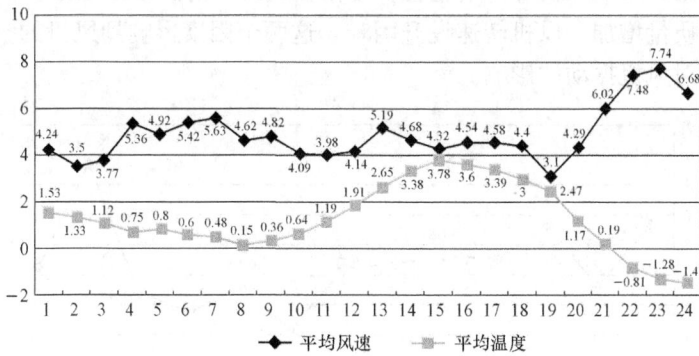

附图 B7　二月八日风电场当地温度与风速统计

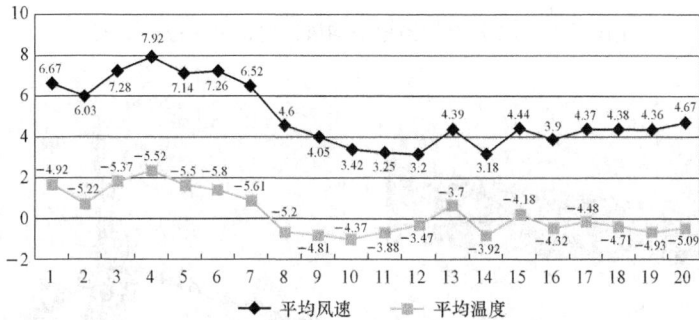

附图 B8　二月十日风电场当地温度与风速统计

（2）该风电场损失电量统计及平均风速分析。

从附图 B9 冰冻故障停机损失电量对比分析，最多的是：2 月 18 日，损失电量值：186.85 万 kWh，其次是 2 月 7 日，损失电量：124.295 万 kWh；最少的是：2 月 14 日，电量值：5.3 万 kWh，其次是：2 月 19 日，电量值：9.83 万 kWh。期间平均每日损失电量值 57.78 万 kWh。

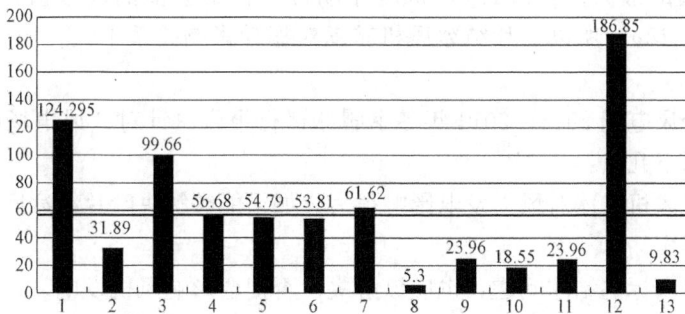

附图 B9　二月上旬冰冻故障停机损失电量对比（单位：万 kWh）

从附图 B10 平均风速对比图分析：风速最大值：8.71m/s，最小值：3.18/s，期间平均风速：5.36m/s。

综上所述，结冰故障损失电量的原因：

1）风机叶片结冰影响风机叶片的韧性，如附图 B11、附图 B12 所示。

2）风机转轮质量增加，风机转速提升困难，这两个因素影响到风机的空气气动性能。

3）叶片结冰对风机振动的影响。

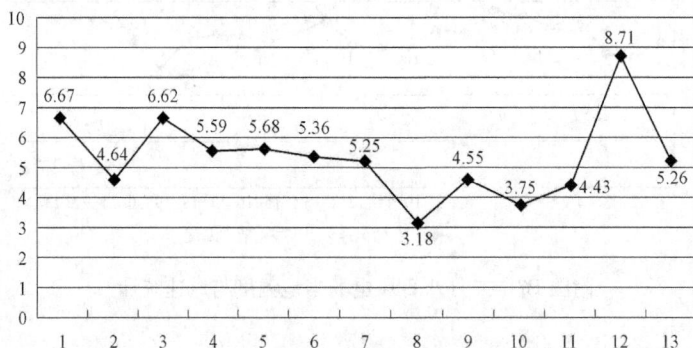

附图 B10　二月上旬当地平均风速对比（单位：m/s）

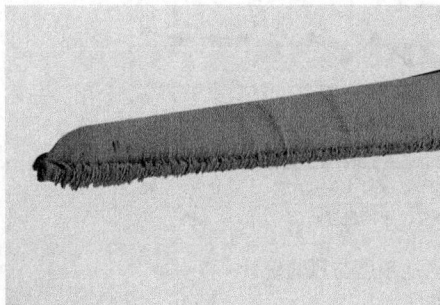

附图 B11　该风电场结冰的叶片

附图 B12　该风电场叶片结冰停机的机组

从风机各种参数数据分析：叶片结冰严重时，在大于启动风速时，风机转速提升值有限，无法达到风机的并网转速值（1200r/min），振动值也远小于风机厂家设定的数值：机舱振动偏移有效值的最大值：$0.15g$，机舱振动传感器最大值的极限值：$0.35g$，机舱振动报警设定值：$0.28g$，所以叶片结冰风机转动对振动影响关系不大。

（3）小结。

综合以上 3 个风电场 2013～2014 年冬季履冰运行报告，针对"风电场防冻雨方案的研究"课题，总结以下几点：

冬季恶劣天气风机结冰对风力发电影响很大。如果能够解决叶片结冰问题，将会使风电机组发电量增加很多。

对风速仪、风向标的结冰问题，也应该解决，否则会影响风机发电。

寒冷天气即使天气晴朗，当空气湿度达到一定值时，风机叶片也会结冰，风机发电出力也会减少。

冬季恶劣天气对变电、输电设备、通信线路也有影响，在研究"风电场防冻雨方案的研究"课题时，也要考虑这部分的影响。

附录 C 风电机组典型故障及其描述

风电机组典型故障及其描述见附表 C1。

附表 C1   **我国某 1.5MW 风力发电机组故障及描述清单**

故障序号	故障名称	参数要求	故障描述	复位方式	停止方式
1	变频器检测到电网损耗		变频器通过线路看门狗监测电网损耗,当线路电压超出预定范围,一个信息发送到 PLC 快速任务中,变频器处于等待状态,PLC 产生故障代码。当线路重新恢复正常,变频器进入准备状态,故障在 PLC 侧复位		快速停止
4	变频器复位超时	TimConOff(200):变频器关断的监视时间,以 100ms 为单位	在 S_INIT 状态下,变频器关断,如果关断时间超时,故障代码置位		快速停止
8	初始化状态,轮毂没有达到停止状态	TimHubOff(350):轮毂关断的监视时间,以 100ms 为单位	在 S_INIT 状态下,轮毂关断,如果关断时间超时,故障代码置位		快速停止
10	机舱零位置信号丢失		风机第一次启动时,机舱零位置信号没有找到,计时器运行,如果时间超时,故障代码置位		快速停止
11	SS-0 熔丝断	TimYawConRes(1s):偏航变频器的复位的监视时间	当安全链熔丝熔断时,安全链打开,故障产生	手动	紧急按钮停止
12	SS-1 紧急按钮	无	当紧急按钮被按下时,安全链打开,故障产生		紧急按钮停止
13	SS-5 发动机超速		当安全链由于发电机超速而打开,故障产生	手动	安全链停止
14	SS-6 振动传感器	无	当安全链由于振动传感器过于振动而打开,故障产生	手动	安全链停止
15	SS-7 转动超速		当安全链由于 TURCK 继电器检测的超速而打开,故障产生		制动链停止
16	SS-8 看门狗	无	如果一些模块不在总线上,那么 PLC 将打开安全链,故障产生	手动	安全链停止
17	SS-9 制动位置	无	当安全链在检测制动位置时打开,故障产生	手动	安全链停止

故障序号	故障名称	参数要求	故障描述	复位方式	停止方式
18	SS-10 超越工作位置	无	当安全链在检测制动位置时打开，故障产生		安全链停止
19	SS-11 轮毂驱动	无	当安全链由于轮毂驱动故障而打开时，故障产生	手动	安全链停止
20	SS-12 存储继电器没有复位	无	当安全链存储继电器没有复位，故障产生	手动	安全链停止
22	柜外 24V 熔断器	无	柜外 24V 电源熔丝反馈信号丢失	手动	
23	变频器没有连接到 CAN 总线		变频器通信通过信息交换位进行监视，如果风机不处于 PlcStaSta、PlcStaIni、PlcStaHeaChe 状态或变频器复位，则当通信超时限时，故障代码产生		不通过变频器的快速停止
24	变频器检测出错误		当变频器进入闭塞状态时，故障产生，有一个来源于变频器 CAN 故障序号，如果序号不为 0，则变频器处于闭塞状态	手动	不通过变频器的快速停止
26	风速计 24V 熔断器	无	风速仪 24V 电源反馈信号丢失		快速停止
27	数字模块 10 不在总线上	无	检查数字模块是否在总线上，如果不在，故障产生		安全链停止
28	模拟量模块不在总线上	无	模拟量模块通过简单的存在位进行检测，如果该位置位，并且所有模拟量输入为零，则模拟量输入故障。如果该位置位，模拟量输入不合理，则风机在故障状态下停机		快速停止
29	熔断器线路侧接触器 690V	无	电网 690V 熔断器失效时，故障产生		快速停止
30	辅助 24V 熔断器	无	辅助 24V 电源熔断器反馈信号丢失		快速停止
31	变桨变频器 1 的通信	无	变桨 1 的通信故障位被检测。如果置位，故障代码产生		安全链停止
32	变桨变频器 2 的通信	无	变桨 2 的通信故障位被检测。如果置位，故障代码产生		安全链停止
33	变桨变频器 3 的通信	无	变桨 3 的通信故障位被检测。如果置位，故障代码产生		安全链停止
34	SS-2 制动时转速超速	无	当制动时检测到超速，故障产生		制动链停止

故障序号	故障名称	参数要求	故障描述	复位方式	停止方式
35	SS-3 三个叶片错误	无	当制动输出没有置位，故障产生		制动链停止
36	SS-4 制动存储继电器	无	当制动存储继电器没有复位，故障产生		制动链停止
38	变桨 1 停止时间	HubStoTim（40s）：轮毂停止的监视时间	叶片 1 的停止时间被监视。如果轮毂被卡住了，计时器运行，若超时限，故障代码产生		快速停止
39	变桨 1 访问时间	HubRefTim（30s）：轮毂访问的监视时间	叶片 1 的访问时间被监视。如果轮毂被卡住了，计时器运行，若超时限，故障代码产生		快速停止
40	变桨 1 合理性		叶片 1 合理性被监控，如果依赖于安全链某个状态不被允许，计时器运行，若超出状态的时间限制，故障代码产生		安全链停止
41	变桨 2 停止时间	HubStoTim（40s）：轮毂停止的监视时间	叶片 2 的停止时间被监视。如果轮毂被卡住了，计时器运行，若超时限，故障代码产生		快速停止
42	变桨 2 访问时间	HubRefTim（30s）：轮毂访问的监视时间	叶片 2 的访问时间被监视。如果轮毂被卡住了，计时器运行，若超时限，故障代码产生		快速停止
43	变桨 2 合理性		叶片 2 合理性被监控，如果依赖于安全链某个状态不被允许，计时器运行，若超限，故障代码产生		安全链停止
44	变桨 3 停止时间	HubStoTim（40s）：轮毂停止的监视时间	叶片 3 的停止时间被监视。如果轮毂被卡住了，计时器运行，若超时限，故障代码产生		快速停止
45	变桨 3 访问时间	HubRefTim（30s）：轮毂访问的监视时间	叶片 3 的访问时间被监视。如果轮毂被卡住了，计时器运行，若超时限，故障代码产生		快速停止
46	变桨 3 合理性		叶片 3 合理性被监控，如果依赖于安全链某个状态不被允许，计时器运行，若超限，故障代码产生		安全链停止
48	变桨 1 操作箱连接		如果操作箱已经连接，故障代码产生		安全链停止
49	变桨 1 驱动错误		变桨驱动故障时，故障代码产生		安全链停止
51	变桨 2 操作箱连接		如果操作箱已经连接，故障代码产生		安全链停止

故障序号	故障名称	参数要求	故障描述	复位方式	停止方式
52	变桨 2 驱动错误		变桨驱动故障时，故障代码产生		安全链停止
54	变桨 3 操作箱连接		如果操作箱已经连接，故障代码产生		安全链停止
55	变桨 3 驱动错误		变桨驱动故障时，故障代码产生		安全链停止
56	变桨 1 位置错误延时	HubPosLimDel（1000）：轮毂位置错误限值，以 0.001°为单位	叶片 1 位置错误大于指定参数，经过一段时间延迟后，故障代码产生		快速停止
57	变桨 2 位置错误延时	HubPosLimDel（1000）：轮毂位置错误限值，以 0.001°为单位	叶片 2 位置错误大于指定参数，经过一段时间延迟后，故障代码产生		快速停止
58	变桨 3 位置错误延时	HubPosLimDel（1000）：轮毂位置错误限值，以 0.001°为单位	叶片 3 位置错误大于指定参数，经过一段时间延迟后，故障代码产生		快速停止
59	变桨位置没有同步变慢	HubPosLimDel（50）：轮毂同步变慢故障限值，以 0.001°为单位	当变桨位置差异大于指定参数，经过一段时间延迟后，故障代码产生		快速停止
60	变桨位置没有同步变快	HubPosLimDel（50）：轮毂同步变快故障限值，以 0.001°为单位	当变桨位置差异小于指定参数，经过一段时间延迟后，故障代码产生		快速停止
61	最大轮毂速度没有设定成额定最大值	HubPosLimDel（650）：轮毂最大位置时的最大速度限值，以 0.001°为单位	当轮毂位置远离顺桨位置时，轮毂速度必须设置为额定最大值。如果没有设置，则故障代码产生		安全链停止
62	叶片 1 基准位置错误		当叶片 1 基准位置错误大于指定参数，故障代码产生		快速停止
63	叶片 2 基准位置错误		当叶片 2 基准位置错误大于指定参数，故障代码产生		快速停止
64	叶片 3 基准位置错误		当叶片 3 基准位置错误大于指定参数，故障代码产生		快速停止
65	叶片 1 限位开关在 STOP_OK 状态不起作用	无	叶片 1 处于停止状态，并且吸纳为开关不起作用，故障代码产生		安全链停止
66	叶片 2 限位开关在 STOP_OK 状态不起作用	无	叶片 2 处于停止状态，并且吸纳为开关不起作用，故障代码产生		安全链停止

故障序号	故障名称	参数要求	故障描述	复位方式	停止方式
67	叶片 3 限位开关在 STOP_OK 状态不起作用	无	叶片 3 处于停止状态，并且吸纳为开关不起作用，故障代码产生		安全链停止
68	叶片 1 吸纳为开关在 SAFETY_OK 状态不起作用	无	叶片 1 处于 SAFETY_OK 状态，并且限位开关不起作用，故障代码产生		安全链停止
69	叶片 2 吸纳为开关在 SAFETY_OK 状态不起作用	无	叶片 2 处于 SAFETY_OK 状态，并且限位开关不起作用，故障代码产生		安全链停止
70	叶片 3 吸纳为开关在 SAFETY_OK 状态不起作用	无	叶片 3 处于 SAFETY_OK 状态，并且限位开关不起作用，故障代码产生		安全链停止
71	快速停止时间-高速	高速限值，以 0.1r/min 为单位，在故障状态下，限定时间内速度不允许超过该限定值	检查故障状态下，经限定时间减速后速度是否符合高速限值要求		安全链停止
72	快速停止时间-低速	低速限值，以 0.1r/min 为单位，在故障状态下，限定时间内速度不允许超过该限定值	检查故障状态下，经限定时间减速后速度是否符合低速限值要求		安全链停止
73	正常停止时间-高速	高速限值，以 0.1r/min 为单位，在故障状态下，限定时间内速度不允许超过该限定值	正常停机时，经限定时间减速后速度是否符合高速限值要求		安全链停止
74	正常停止时间-低速	低速限值，以 0.1r/min 为单位，在故障状态下，限定时间内速度不允许超过该限定值	正常停机时，经限定时间减速后速度是否符合低速限值要求		安全链停止
75	安全链停止时间-高速	高速限值，以 0.1r/min 为单位，在故障状态下，限定时间内速度不允许超过该限定值	安全链停机时，经限定时间减速后速度是否符合高速限值要求		安全链停止
76	安全链停止时间-低速	低速限值，以 0.1r/min 为单位，在故障状态下，限定时间内速度不允许超过该限定值	安全链停机时，经限定时间减速后速度是否符合低速限值要求		安全链停止

故障序号	故障名称	参数要求	故障描述	复位方式	停止方式
93	齿轮箱加热时间	齿轮箱加热的最长时间，以 5ms 为单位	如果齿轮箱的加热时间超时，则故障代码置位		快速停止
94	电池充电时间		电池的快速充电时间过长		快速停止
95	偏航时间		如果设定了自动偏航，当机舱不在指定位置时，偏航启动，偏航达到指定位置的最长时间被监视	手动	快速停止
96	轮毂速度信号差异		转动速度信号速度差异，1s 的转动速度差异大于 100r/min		快速停止
97	轮毂速度继电器 1 线路切断	3277 接口等效于 2mA 以下	线路切断故障输入值小于 4mA，此时，轮毂速度信号切断故障置位		安全链停止
98	轮毂速度继电器 2 线路切断	3277 接口等效于 2mA 以下	线路切断故障输入值小于 4mA，此时，轮毂速度信号切断故障置位		安全链停止
103	NCC310 柜紧急停止按钮		NCC310 柜紧急停止按钮被按下		紧急按钮停止
104	CTB300 齿轮箱紧急停止按钮		CTB300 齿轮箱紧急停止按钮被按下		紧急按钮停止
105	TBC100 紧急停止开关		TBC100 紧急停止开关被按下		紧急按钮停止
107	高压变压器温度	Modbus 地址：410689 高压变压器温度故障限值，以 0.1℃ 为单位	高燕变压器所有 3 个温度检测高于 120℃，传感器是在短路情况下检测		快速停机
108	发电机绕组 1 处 PT100 传感器		发电机绕组 1 处温度传感器 PT100 在短路及断路时被检测		快速停机
109	发电机绕组 2 处 PT100 传感器		发电机绕组 2 处温度传感器 PT100 在短路及断路时被检测		快速停机
110	发电机绕组 3 处 PT100 传感器		发电机绕组 3 处温度传感器 PT100 在短路及断路时被检测		快速停机
111	发电机轴承驱动端 PT100 传感器		发电机驱动端轴承处温度传感器 PT100 在短路及断路时被检测，如果传感器有故障，故障代码产生		快速停机

故障序号	故障名称	参数要求	故障描述	复位方式	停止方式
112	发电机轴承非驱动端PT100传感器		发电机非驱动端轴承处温度传感器PT100在短路及断路时被检测		快速停机
113	齿轮箱轴承PT100传感器		齿轮箱轴承处温度传感器PT100在短路及断路时被检测		快速停机
114	齿轮箱油PT100传感器		齿轮箱油温度传感器PT100在短路及断路时被检测		快速停机
115	机舱电池电量极低或没有		电池电压低于330V的时间大于参与TimBatLow限定的时间（大于20s）		快速停机
116	机舱温度-高	Modbus地址：410617机舱高温故障限值，以0.1℃为单位	检测到机舱高温，限值存储在参数TimNacHig中		快速停机
117	机舱温度-低	Modbus地址：410618机舱低温故障限值，以0.1℃为单位	检测到机舱高温，限值存储在参数TimNacLow中		快速停机
119	变频器侧滤波器的熔断丝		滤波器线路熔断器反馈信号丢失		快速停机
120	偏航额定速度没有达到	Modbus地址：410642偏航系统打开偏航动作的最长时间，在低温情况下时间加倍（环境温度<15℃）	如果偏航没有达到额定频率，故障代码产生。由于偏航系统在温度低的情况下需要更长的时间达到额定功率，所以温度低时时间加倍		快速停机
128	制动泵没有压力	TimBraFai（10s）：Modbus address：420644制动事故障操作的最长持续时间	液压泵被监视		快速停机
129	安全链没有检测到关闭的制动器		正常运行时制动启动，故障产生		安全链停止
131	齿轮箱油温大于90℃		当齿轮箱油温高于90℃时，故障代码产生。该温度通过一个数字传感器进行测量（高位＝齿轮箱油温小于90℃，低位＝齿轮箱油温大于90℃）		快速停机
133	接地故障保护限制低	FaiCurLimLow（250）：故障电流限值1，以0.1A为单位	接地故障保护限制低，此时，同步以后故障电流可以忽略		快速停止
134	接地错误保护限制高	FaiCurLimHig（500）：故障电流限值2，以0.1A为单位	接地故障保护限制高，安全链打开并且变频器立即关断，此时，同步以后故障电流可以忽略		不通过变频器的快速停止

故障序号	故障名称	参数要求	故障描述	复位方式	停止方式
135	电池测试三次不成功，低压		电池测试三次不成功，低压		快速停止
137	接地故障保护信号切断		接地故障保护信号切断		快速停止
140	机舱位置超出		如果偏航断路器断开且终端位置开关信号为低位（机舱处于终端位置），此时软件不能移动机舱偏航。为了重新启动偏航，必须通过建立短路桥来移出终端位置。故障代码产生		快速停止
141	偏航变频器熔丝		如果偏航熔断器断开，故障代码产生，风电机组不能启动		快速停止
142	直流电源的熔断器或接地电流保护		变桨及电池柜直流电源的熔断器或接地电流保护		快速停止
144	齿轮箱泵高速运行时断路器		齿轮箱泵高速运行时断路器断开		快速停止
145	转动锁定开关没有设定成自动模式		如果转动锁定开关没有设定成自动模式，故障产生。可以通过手动操作盒来锁定制动控制		安全链停止
146	制动阀故障	TimBraTOF（4s）：Modbus address：420645 制动脉冲的时间范围。如果制动泵频繁运行，故障代码产生 TimBraTON（15s）：Modbus address：420646 两次制动泵运行的最小时间间隔	如果制动泵由于制动阀没有正确闭合而一直处于通和断状态，则故障产生		安全链停止
147	400V 电源中断		400V 电源中断，故障产生		快速停止
149	齿轮箱泵低速运行断路器		齿轮箱泵高速运行时断路器断开		快速停止
150	轮毂速度过低	SpeDifMax：二者差异最大值：200r/min TimSpeDifDel：错误的发电机速度与轮毂速度差异持续时间：500ms	轮毂和发电机的速度差异被检测，轮毂速度过低		快速停止

故障序号	故障名称	参数要求	故障描述	复位方式	停止方式
151	发电机转速过低	SpeDifMax：二者差异最大值：200r/min TimSpeDifDel：错误的发电机速度与轮毂速度差异持续时间：500ms	轮毂和发电机的速度差异被检测，发电机速度过低		全面停止
152	高级别超速检测	SpeErrSaf：Modbus 地址：410620 安全链速度限制为：1980r/min。当达到这个限制值时，安全链通过 PLC 打开，故障 Err152 产生	高级别超速，利用所有速度信号的最大值检测，故障出现安全链将打开		全面停止
153	低级别超速检测	SpeErrMax：Modbus 地址：410619PLC 速度极限值为：1950r/min。当达到这个极限值时，故障 Err153 生成	当超速软件级别到达时，一个故障代码生成。这个故障不需要硬件检测		全面停止
155	电池检测电网掉电		电池检测电网掉电		快速停止
156	机舱位置改变很小	NacPosSpeLim：偏航测量速度占需求速度的百分比极限为：60。需求速度为偏航5s 后必须达到的速度	当变频器的"变频器 25 - 未详细说明的"故障位置位，故障代码就产生了		快速停止
157	不同负载的电池测试电压差异很小		不同负载的电池测试电压差异很小		快速停止
158	发电机速度检测超速	SpeErrGen：发电机错误速度极限值：1930 r/min	低级别超速，通过发电机速度检测		快速停止
159	变频器不同步		如果轮毂处于状态 3 并且速度高于参数 SpeConSynLim 值，变频器已经不同步。当同步进行时间超过参数 TimConSyn 值（大约 20s），故障也被创建		快速停止
160	风速计测量错误		风速计测量错误直接由风速计发送。当错误测量超过 10s，信号将发送给 PLC。在故障产生前，信号延迟两分钟		快速停止
162	风速在 0m/s 超过 9h	TimFaiWin：Modbus 地址：420643 在小于 0.2m/s 风速下持续最长时间：9h。如果持续时间更长，则故障产生	如果风速在 0m/s 超过 9h，故障则被输出		快速停止

续表

故障序号	故障名称	参数要求	故障描述	复位方式	停止方式
163	风速计通信错误		如果5秒钟没有接收到风速计发出的数据包，PLC从站将创建风速计通信故障代码。如果风速计测量正常，这个信息可以不受约束		快速停止
164	PT100传感器电池温度		PT100传感器电池温度在短路和断路时测试，如果环境温度低于0℃则故障产生，其他情况仅是警告		快速停止
165	电池温度过低		当电池温度过低时，故障产生		快速停止
167	在备用或更新单元电池电压过低		如果在备用或更新单元电池电压过低，则故障产生		快速停止
168	与偏航变频器连接的手动操作箱		与偏航变频器连接的手动操作箱		快速停止
169	功率消耗大于30kW		如果一分钟内功率过滤值在30kW以下（应不从不发生这种情况），一个故障输出		快速停止
170	偏航变频器没有连接到CAN总线上		当偏航断路器接通，偏航驱动位没有被设置，计时器开始计时，如果测量时间超过两秒，则故障代码产生并且风电机组停机		快速停止
172	230V偏航制动器熔丝		偏航制动器的线路保护器被检测，如果熔丝断，则风机停机并产生故障代码		快速停止
173	水泵的断路器		当水泵断路器打开，故障代码产生		快速停止
174	变频柜入水口水压阀断路器		当变频柜入水口水压阀断路器打开，故障代码产生		快速停止
175	230V变浆制动器熔丝		变浆制动器的线路保护器被检测，如果熔丝断，则风机停机并产生故障代码		快速停止
205	变频器CROWBAR安全检查		2安全检查的第二步骤是CROWBAR检查，如果变频器CROWBAR测试失败，则一个故障输出		快速停止
208	在安全链打开的情况下，桨叶不向回移动		在安全链打开的情况下，桨叶不向回移动		制动链停止

故障序号	故障名称	参数要求	故障描述	复位方式	停止方式
209	安全检查时制动器没有关闭		当安全检查时制动器是闭合的，制动器位置传感器在制动器闭合时信号不是低的		快速停止
210	安全检查时制动器压力		当安全检查时制动器是闭合的，制动器压力在其闭合时不是低的		快速停止
215	不间断电源完全放电，电流接触器		如果不间断电源完全放电时电流接触器没有功能体现，则故障代码产生		快速停止
216	不间断电源测试启动，电流接触器		如果不间断电源测试启动的电流接触器没有功能体现，则故障代码产生		快速停止
217	400V 不间断电源 电流接触器 1		400V 不间断电源 电流接触器 1		快速停止
218	400V 不间断电源 电流接触器 2		400V 不间断电源 电流接触器 2		快速停止
219	直流电源 500V 电流接触器没关闭		直流电源 500V 电流接触器没关闭		快速停止
220	柜子风扇熔断器		如果柜子风扇开关反馈有问题，则故障代码产生		快速停止
221	230V 电源接口继电器熔丝		如果熔断器给 230V 电源线路的电流接触器反馈有问题，则故障代码产生		快速停止
223	温控加热器熔丝		如果温控加热器熔丝有问题，则故障代码产生		快速停止
225	制动泵电流接触器	TimCot：电流接触器输出和反馈之间的时间最大值为 500ms			快速停止
230	齿轮箱风扇电流接触器	TimCot：电流接触器输出和反馈之间的时间最大值为 500ms	齿轮箱风扇电流接触器输出和反馈必须相同		快速停止
231	水泵电流接触器	TimCot：电流接触器输出和反馈之间的时间最大值为 500ms	水泵电流接触器输出和反馈必须相同		快速停止
232	PLC 从站检测到从站的通信故障		PLC 从站检测到一个通信错误，在主 PLC 上故障被提出		安全链停止

故障序号	故障名称	参数要求	故障描述	复位方式	停止方式
234	齿轮箱泵低速运行电流接触器	TimCot：电流接触器输出和反馈之间的时间最大值为500ms	泵低速运行电流接触器输出和反馈必须相同		快速停止
235	齿轮箱泵高速运行电流接触器	TimCot：电流接触器输出和反馈之间的时间最大值为500ms	冷却泵高速运行电流接触器输出和反馈必须相同		快速停止
238	22kV 接地故障！！！！！！		当塔基连接到以太网上，而且从22kV接地故障发出的输入信号低，则故障产生		快速停止
239	690V 接地故障！！！！！！		当塔基连接到以太网上，而且从690V接地故障发出的输入信号低，则故障产生		快速停止
240	机舱烟雾探测		当机舱从站连接到以太网上，而且从烟雾探测器发出的输入信号低，则故障产生		快速停止
241	驱动序列摆动		驱动序列摆动被监控，当超过极限时，故障产生。当轮毂已经以最大的速度退缩时，故障不被设置。（Out-HubSta．Ram＝OHubRam000）。当在故障状态故障等级是双倍的，这个动作进行，因为驱动序列滤波器输出量随着速度的增加而增大。故障代码产生没有延时		全面停止
242	塔架移动驱动侧		塔架移动被监控，当超过极限时，故障产生。故障代码产生没有延时		全面停止
243	塔架移动非驱动侧		塔架移动被监控，当超过极限时，故障产生。故障代码产生没有延时		全面停止
245	加速度传感器驱动侧	AccSenOffLim：Modbus 地址：410630 加速度传感器的最大允许偏移为 2000，3277 相当于 1V	加速度传感器非驱动侧的直流部分如果超越极限，则故障信号产生。故障代码产生没有延时		快速停止
246	加速度传感器非驱动侧	AccSenOffLim：Modbus 地址：410630 加速度传感器的最大允许偏移为 2000，3277 相当于 1伏	加速度传感器非驱动侧的直流部分如果超越极限，则故障信号产生		快速停止
247	600s 内机舱摆动警告 3 次		如果 600s 内机舱摆动警告 3 次，那么故障信号产生		快速停止

故障序号	故障名称	参数要求	故障描述	复位方式	停止方式
248	一分钟内定子电流过滤值过高	MaxStaCur：1min内定子电流过滤值高于1450A，则风电机组停止	将1分钟内的过滤值与参数比较，如果测量值高于这个等级，则故障信号产生		快速停止
249	一分钟内总电流过滤值过高	MaxTotCur：1分钟内总电流过滤值高于1450A，则风电机组停止	将1分钟内的过滤值与参数比较，如果测量值高于这个等级，则故障信号产生		快速停止
250	偏航定位系统-左/右位被转换		如果故障产生，那么终点位置开关的左右环必须连接在其他可交换的路径上		快速停止
251	电网功率10min内过滤值过高	MaxPow10min：10min内功率过滤值高于1550kW，则风电机组停止	将10min内的过滤值与参数比较，如果测量值高于这个等级，则故障信号产生		快速停止
252	电网功率1min内过滤值过高	MaxPow1min：1min内功率过滤值高于1600kW，则风电机组停止	将1min内的过滤值与参数比较，如果测量值高于这个等级，则故障信号产生		快速停止
253	电网功率10s内过滤值过高	MaxPow10s：10s内功率过滤值高于1680kW，则风电机组停止	将10s内的过滤值与参数比较，如果测量值高于这个等级，则故障信号产生		快速停止
254	移动时偏航功率低于错误极限值	YawPowErrMin：最小偏航功率为4000W，如果低于此数值则故障产生；TimYawPow：偏航功率低于极限5s，故障产生	移动时偏航功率低于错误极限值		快速停止
255	塔基烟雾检测		当塔基连接到以太网上，而且烟雾探测器的输入信号低，则故障产生		快速停止

参 考 文 献

［1］叶杭冶. 风力发电机组的控制技术［M］. 北京：机械工业出版社，2015.

［2］王昌国. 风力发电设备制造工艺［M］. 北京：化学工业出版社，2013.

［3］任清晨. 风力发电机组生产及加工工艺［M］. 北京：机械工业出版社，2010.

［4］马宏革. 风电设备基础［M］. 北京：化学工业出版社，2013.

［5］侯昭湖. 风电作业危险点辨识及预控［M］. 北京：中国电力出版社，2013.

［6］贾大江. 永磁直驱风力发电机组的设计与技术［M］. 北京：中国电力出版社，2012.

［7］姚兴佳. 风力发电机组设计与制造［M］. 北京：机械工业出版社，2012.

［8］贺益康. 并网双馈异步风力发电机运行控制［M］. 北京：中国电力出版社，2012.

［9］沈德昌. 我国大型风电机组技术发展情况［J］. 太阳能，2015（2）：11-14.

［10］孙传宗. 兆瓦级风力发电机轮毂强度分析［J］. 沈阳工业大学学报，2008（1）：46-49.

［11］李楠. 海上型风力发电机组冗余安全链设计［J］. 科技视界，2014（19）：248-249.

［12］郝益波. 风电机组传动系统维护与故障诊断［J］. 工业C，2016（10）：00252-00252.

［13］孟祥瑞. 新环境下的风电运维模式［J］. 中国农机工业协会风能设备分会，风能产业：风力发电设备原理2014（10）.

［14］王瑞杰. 风力发电机轮毂组件的强度分析和结构优化设计［D］. 北京：北京工商大学，2012.

［15］徐晓光. 风力发电机组刹车系统关键技术研究［D］. 长春：吉林大学，2012.

［16］徐志坚. 水平轴风力机轮毂的强度分析及其优化［D］. 成都：西华大学，2013.

［17］陈爽. 兆瓦级风力发电机组传动链动态特性研究［D］. 重庆：重庆大学，2013.